SERVIÇO SOCIAL DO COMÉRCIO
Administração Regional no Estado de São Paulo

Presidente do Conselho Regional
Abram Szajman
Diretor Regional
Luiz Deoclecio Massaro Galina

Conselho Editorial
Carla Bertucci Barbieri
Jackson Andrade de Matos
Marta Raquel Colabone
Ricardo Gentil
Rosana Paulo da Cunha

Edições Sesc São Paulo
Gerente Iã Paulo Ribeiro
Gerente Adjunto Francis Manzoni
Editorial Clívia Ramiro
Assistente: Antonio Carlos Vilela
Produção Gráfica Fabio Pinotti
Assistente: Thais Franco

aves
no sesc
bertioga
do mar à serra

Fabio Schunck

3ª edição
revista e ampliada

© Fabio Schunck, 2024
© Edições Sesc São Paulo, 2024
Todos os direitos reservados

1ª edição, 2004
2ª edição, 2012
3ª edição, 2024

Fotografias e gravação dos áudios das aves Fabio Schunck
Preparação Maria Alice Gonçalves
Revisão Marina Nogueira, Edgar Costa Silva
Design Casa Rex

Dados Internacionais de Catalogação na Publicação (CIP)

Sch866a   Schunck, Fabio

Aves no Sesc Bertioga: do mar à serra / Fabio Schunck. – São Paulo: Edições Sesc São Paulo, 2024. – 332 p. il.

Glossário; Tabela de espécies
ISBN: 978-85-9493-306-5

1. Aves Brasileiras. 2. São Paulo: Bertioga. 3. Sesc Bertioga. 4. Reserva Natural Sesc Bertioga. 5. Projeto Avifauna Sesc Bertioga. 6. Clube de Observadores de Aves de Bertioga. I. Título.

CDD 598.2

Elaborada por Maria Delcina Feitosa CRB/8-6187

Edições Sesc São Paulo
Rua Serra da Bocaina, 570 – 11º andar
03174-000 – São Paulo-SP – Brasil
Tel. 55 11 2607-9400
edicoes@sescsp.org.br
sescsp.org.br/edicoes
/edicoessescsp

Sustentabilidade ambiental como compromisso

Instituição criada em 1946, mantida e administrada pelo empresariado, o Sesc dedica-se a valorizar o tempo de lazer em sua relevância e complexidade. Desenvolvendo um trabalho modelar nas áreas de educação, cultura, lazer, saúde e assistência, tem como principal missão possibilitar às pessoas empregadas dos setores do comércio de bens, serviços e turismo, seus familiares e a comunidade, a experiência de qualidade de vida.

A Colônia de Férias Ruy Fonseca, atual Centro de Férias Sesc Bertioga, é um marco nessa trajetória. Instalada em 1948, no litoral de São Paulo, atendia aos anseios de uma classe trabalhadora que se via extremamente exigida em seu cotidiano laboral, em um país que vivenciava uma acelerada curva de urbanização das cidades. Passadas mais de sete décadas, esse espaço segue propiciando momentos de descanso e lazer, os quais colaboram com as perspectivas de promoção de educação e emancipação.

Nesse sentido, observando que a incorporação de vínculos com a natureza no cotidiano é um dos fatores que permitem a transformação social das pessoas, o Sesc, como parte de seus compromissos com a inovação e com a responsabilidade social, adotou nas últimas décadas uma perspectiva para a sustentabilidade ambiental. Visando incentivar a consciência crítica na população e difundir a importância da adoção de hábitos sustentáveis, o Sesc iniciou em 2012 o processo para a criação de uma Reserva Particular de Patrimônio Natural, em uma área próxima ao Centro de Férias do Sesc Bertioga.

A nova edição do livro *Aves no Sesc Bertioga: do mar à serra* representa a materialização do senso de comprometimento vinculado à instituição desde o início. É a convicção em um projeto de educação permanente, construído a partir de bases sólidas, que permite imaginar um futuro de modos de viver mais sustentáveis, apoiados nos pilares econômico e social, para uma sociedade mais justa, ética e democrática.

Abram Szajman
PRESIDENTE DO CONSELHO
REGIONAL DO SESC SÃO PAULO

Educação permanente como
ferramenta para a emancipação 13
Luiz Deoclecio Massaro Galina

descobrindo
as aves no
sesc bertioga

a jornada 18
Fabio Schunck

as aves 60
Fabio Schunck

observação de aves

o começo 270
Marcelo Bokermann

as aves: mais natureza em nossa vida 276
Martha Argel

voando mais alto 282
Martha Argel

Projeto Avifauna Sesc Bertioga 289
Marcelo Bokermann

Tabela de espécies 293

Glossário 327

Sobre o autor e os colaboradores 330

Educação permanente como ferramenta para emancipação

"Quando as aves falam
com as pedras e
as rãs com as águas –
é de poesia que estão falando".
Manoel de Barros

Conservar ecossistemas é, sobretudo, garantir a capacidade dos seres de construir vínculos entre si e com o espaço que ocupam no mundo. Nesse sistema, onde confluem indivíduos, comunidades e territórios, seres humanos têm um papel complexo: são potenciais responsáveis por desencadear o desequilíbrio socioambiental, mas também podem atuar de maneira propositiva sobre seu cuidado. O modo de viver baseado no crescimento contínuo e no consumo exacerbado promovido pelas sociedades ditas modernas conduziu à crise ambiental, acarretando aceleradas transformações no meio ambiente, com impactos para o clima e para a biodiversidade. Face a esse quadro, pensar em estratégias que conduzam a uma lógica de reedição das ações humanas frente à natureza, como evoca o líder quilombola e ativista político Antônio Bispo dos Santos, o Nêgo Bispo, pode estabelecer uma relação ampliada com o coletivo, em um exercício de cidadania sobre as responsabilidades individuais com e para o comum.

Considerar, então, os processos educativos torna-se fundamental. Disposição prioritária nas ações do Sesc, a educação está presente em programas e projetos que promovem a integração entre as múltiplas dimensões da sustentabilidade – ecológica, social, ética, cultural, econômica e política –, partindo de atividades que visam contribuir para a melhoria da qualidade de vida atual e futura das pessoas. Com isso, espera-se promover espaços de compartilhamento de saberes entre agentes engajados na defesa de todas as formas de existência.

A instituição, entendendo-se como parte desse tecido social, emprega esforços também para incorporar a questão socioambiental em sua estrutura. As iniciativas de gestão voltadas à diminuição da geração de resíduos e sua destinação responsável, ao uso racional de água e energia, a construções sustentáveis e à conservação de áreas verdes em ambientes urbanos auxiliam a manutenção da vida de humanos e não humanos que se abrigam dentro e fora desses espaços.

O Sesc Bertioga, situado no litoral paulista e em funcionamento desde 1948, possui uma área total de quase quatro milhões de metros quadrados e incentiva, a partir da experimentação e do contato com o meio ambiente, diversas atividades que versam sobre preservação e conservação da natureza. Um exemplo disso, o projeto Avifauna mobiliza desde 1993 o conhecimento sobre aves como ferramenta de educação para a sustentabilidade, em um conjunto de estratégias que englobam estudos das espécies presentes nas áreas do Sesc e em seus arredores.

A criação da **Reserva Natural Sesc Bertioga**, uma área de conservação que conta com 60 hectares de floresta alta de restinga na Mata Atlântica, enraizada em meio ao território urbano da cidade de Bertioga, é parte desse leque de ações. Posteriormente, foi preparado um plano de manejo – uma metodologia registrada e orientada pelas diversas condições do local – que contou com envolvimento da comunidade. Por meio de reuniões, rodas de conversa, encontros e entrevistas, as pessoas puderam compartilhar impressões, expectativas e sonhos que tinham ao pensar no papel desse espaço para a cidade.

A terceira edição do livro *Aves no Sesc Bertioga: do mar à serra* traz uma atualização do projeto Avifauna. Traçando um caminho que parte do limite da orla imediatamente à frente do portão principal do Sesc Bertioga, rumando para o topo da Serra do Mar, a mais de 900 metros de altitude, o biólogo e ornitólogo Fabio Schunck realizou um mapeamento das aves autóctones ou visitantes, descrevendo comportamentos e características marcantes. O aumento expressivo no número de registros de aves identificadas, passando de pouco mais de oitenta espécies que compõem a primeira edição, de 1993, para quase quatrocentas nesta, marca a celebração dos esforços de conservação, valorização e difusão do patrimônio natural que o Sesc empreende nesse espaço, atrelado às ações educativas destinadas a hóspedes do Sesc Bertioga e comunidade local.

Iniciativas direcionadas à conservação dos espaços naturais, como a edição de *Aves no Sesc Bertioga: do mar à serra*, constituem uma trama de dispositivos educativos aptos a colaborar para a proteção da biodiversidade local, ao mesmo tempo que engajam a comunidade em um senso de dever e cuidado compartilhado. Espera-se que ações desse tipo possam promover um aumento da consciência crítica, fruto de um trabalho de educação permanente, que tem como premissa enxergar mundos possíveis, onde a interconexão entre seres humanos e meio ambiente seja a substância vital de uma coexistência harmoniosa e sustentável.

Luiz Deoclecio Massaro Galina
DIRETOR DO SESC SÃO PAULO

descobrindo as aves no sesc bertioga

a jornada

Fabio Schunck

O Centro de Férias Sesc Bertioga está inserido em uma das regiões mais conservadas da Mata Atlântica brasileira, bioma entre os mais ricos em biodiversidade do mundo, com altas taxas de endemismo, ou seja, de organismos com distribuição geográfica restrita, que só existem nessa parte do planeta. As aves se destacam nesse cenário, pois entre as cerca de novecentas espécies já registradas para a Mata Atlântica, 223 são exclusivas, ou seja, endêmicas desse bioma. Tal exclusividade é fascinante do ponto de vista biológico e evolutivo, mas preocupante sob a perspectiva da conservação, pois a degradação ambiental dos últimos séculos, que ainda persiste, deixou apenas 15% da vegetação original, colocando várias espécies sob o risco de extinção, com algumas já extintas e outras bem próximas de desaparecer para sempre da natureza. Isso também faz da Mata Atlântica um dos biomas mais ameaçados do mundo, e essa grande biodiversidade precisa ser protegida de forma emergencial por todos nós, seja com o propósito de ela continuar existindo e contribuindo com suas funções ecológicas, ambientais, climáticas e culturais, seja para que as gerações futuras possam ter contato com essa riqueza ambiental única no mundo. Nesse contexto, o Sesc Bertioga se destaca por proteger cerca de 3.675.000 metros quadrados de Mata Atlântica em cinco áreas de Bertioga, onde é possível ter contato com toda essa biodiversidade, que inclui mais de trezentas espécies de aves.

Quando se está no Centro de Férias Sesc Bertioga, pode-se observar tanto a imensidão azul do mar e escutar o som das ondas quebrando na praia, quanto a muralha verde e silenciosa da Serra do Mar, que pode ser vista de forma íntegra e imponente ou encoberta pela neblina típica da encosta Atlântica. Tais cenários opostos estão a apenas 7 quilômetros de distância entre si e se completam e conectam por meio de estuários, manguezais, matas paludosas[46] e restingas, formando um mosaico ambiental contínuo e único no litoral paulista. Todos esses ambientes estão ocupados pelas aves, seres inseparáveis das paisagens marinha e terrestre, que estão presentes, portanto, no dia a dia dos moradores e de quem visita a região. Diante de todos esses elementos, convidamos você a nos acompanhar em uma longa caminhada pelas áreas do Sesc Bertioga, onde vivenciaremos a associação das paisagens urbanas e naturais com a riqueza das aves, desde a beira da praia até o topo da serra. Ao longo de nossa caminhada, vamos subir de zero a 900 metros de altitude, andando entre jardins, entrando em matas, cruzando rios e manguezais do mosaico ambiental protegido pelo Sesc. Nessa experiência única, você entrará em contato com a natureza exuberante da Mata Atlântica e com todo seu contexto cultural, por meio da história, da literatura, dos costumes tradicionais e das lendas.

Expectativas do primeiro dia*

Ao começar essa longa jornada na beira da praia[22], observamos o belo nascer do sol de Bertioga, com a silhueta do Arquipélago de Alcatrazes no horizonte, uma cena deslumbrante. Ainda com pouca luminosidade, começam a surgir os primeiros gaivotões[142], aves marinhas típicas e curiosas, que chegam voando e ficam procurando comida pelo chão, consumindo desde invertebrados marinhos, expostos pela movimentação do mar, até peixes recém-mortos, o que contribui com a limpeza da areia. Os adultos possuem plumagem branca e preta vistosa e bico amarelo intenso com uma pequena mancha vermelha na ponta. Os jovens são todos marrons, sendo possível observar grupos familiares com plumagens intermediárias.

Conforme o dia vai clareando, notamos uma movimentação próximo das ondas e ao lado dos pequenos corpos de água que deságuam no mar. São batuíras-de-coleira[80] e batuíras-de-bando[79], aves limícolas, ou seja, que vivem no limo, lodo ou lama, de tamanho pequeno e pernas curtas, mas muito ágeis, correndo rapidamente pela praia em busca de comida ou para fugir das ondas. A batuíra-de-coleira é residente, isto é, permanece o ano todo no Brasil. O nome dessa simpática ave relaciona-se a sua pequena coleira preta. A espécie pode ser encontrada em todo o país, vivendo sempre na beira da água.

---

* O número após o nome da ave indica a página deste livro em que sua ficha aparece. Igualmente, o número após o nome do ambiente leva à página em que o ambiente é retratado.

Denominada manuelzinho-da-croa pelo escritor Guimarães Rosa (1908-67), a ave foi imortalizada na obra *Grande sertão: veredas* como a mais bonita e gentil que existe. Já a batuíra-de-bando é migratória e visita o Brasil sempre nos meses mais quentes do ano, entre agosto e março, durante sua longa viagem entre o norte da América do Norte, em regiões como Alasca e Canadá, onde se reproduz, e o sul da América do Sul, em países como Chile e Argentina, onde passa uma temporada fugindo do frio do Hemisfério Norte. Essas aves destemidas viajam milhares de quilômetros todos os anos e precisam, durante suas longas jornadas, de locais seguros e protegidos para se alimentar e descansar, encontrando essas condições na faixa de areia do Centro de Férias Sesc Bertioga. Durante os dias de mar agitado e de tempestades, essas batuíras se abrigam no jundu, vegetação nativa rasteira e arbustiva típica das praias litorâneas.

Com o dia mais claro, observamos maior movimentação de aves pela praia, e cada uma ocupa espaços distintos. Sobrevoando o mar, vemos o trinta-réis-real[254], de bico vermelho-alaranjado longo e afiado, utilizado para capturar os peixes que consome, e a marreca-toicinho[171], que, com sua aerodinâmica corporal, voa em alta velocidade a fim de se deslocar entre os estuários da região. Na faixa de areia, os gaivotões já estão em companhia dos escandalosos quero-queros[207] e dos famosos carcarás[107]. O primeiro se refere a uma ave que durante o período reprodutivo defende bravamente o ninho e os filhotes com voos agressivos contra quem se aproxima. Exibindo os esporões vermelhos e afiados que possui nos ombros, coloca qualquer um para correr. Já o segundo é conhecido por ter fama de malvado, pois de acordo com a canção "Carcará", composta por João do Valle (1934-96) e José Cândido (1927-2008), trata-se de uma ave malvada que "pega, mata e come", uma referência ao seu comportamento natural de predador. Também observamos diferentes espécies de garças se alimentando tanto no mar como nos pequenos riachos de água doce da praia, sendo mais comum ver a garça-branca-grande[144], mais alta e de bico amarelo robusto, a garça-branca-pequena[145], menor e de bico preto, e a garça-azul[143], uma espécie cujos adultos apresentam coloração azul-arroxeada e os jovens são inteiramente brancos, mas vão mudando de coloração ao longo dos primeiros anos de vida; é possível encontrar indivíduos da espécie com plumagens manchadas intermediárias, processo semelhante ao que ocorre com os gaivotões e com outras aves.

Quando o sol começa a brilhar forte, notamos a presença das fragatas[140] sobrevoando a região, com seu voo elegante e planado em razão da aerodinâmica de suas asas e cauda. Essas aves aproveitam a formação de massas de ar quente – conhecidas como *térmicas* –, durante o período mais quente do dia, para subir a grandes altitudes sem gastar energia, estratégia também utilizada sabiamente por gaviões, falcões e urubus, principalmente o urubu-preto[262], o mais comum deles, sendo possível ver grandes grupos com todas essas espécies misturadas voando em harmonia. Algumas fragatas sobem tanto que acabam fazendo grandes deslocamentos regionais, aparecendo inclusive sobre a cidade de São Paulo, distante cerca de 50 quilômetros do litoral. Cabe ressaltar que o gaivotão e o carcará ajudam o urubu-preto e outras espécies de urubus na digna tarefa de limpar os ambientes naturais,

Praia em frente
ao Centro de Férias
Sesc Bertioga, com
a vegetação de jundu

Jardins do Centro
de Férias Sesc Bertioga

consumindo material orgânico em decomposição. Portanto, são aves que prestam um importante serviço ambiental e precisam ser protegidas e respeitadas por nossa sociedade.

O paraíso das aves

Ao deixar a praia e entrar no Centro de Férias Sesc Bertioga[22], encontramos uma vegetação variada, decorrente dos diferentes projetos paisagísticos feitos nas últimas oito décadas, com a presença de muitas plantas ornamentais, além de bosques com vegetação nativa de restinga em diferentes estágios de desenvolvimento. Trata-se da aplicação do conceito de Ecogênese, desenvolvido pelo paisagista Fernando Chacel (1931-2011), considerado o sucessor do consagrado paisagista Roberto Burle Marx (1909-94), reconhecido internacionalmente. Ecogênese é a reconstituição de ecossistemas parcial ou totalmente degradados por meio do replantio de espécies vegetais nativas a partir do trabalho multidisciplinar de botânicos, biólogos, zoólogos, geógrafos, entre outros profissionais, além do arquiteto paisagista. Seu objetivo é a criação de um novo ecossistema equilibrado, baseado em pesquisa, estudo e interpretação do ecossistema original. Consiste em uma recriação inspirada na natureza. Esse pequeno mosaico de ambientes do Centro de Férias já proporcionou o registro de mais de 150 espécies de aves nos últimos anos, entre residentes, migratórias e vagantes, ou seja, aves que passam pela região uma única vez – um verdadeiro paraíso para o observador, que consegue ter contato com aves de diferentes tipos de *habitat* em um mesmo local.

Entre as construções de alvenaria do Centro de Férias, encontramos alguns indivíduos de pombo-doméstico[203], pardal[186] e bico-de-lacre[95], justamente as três espécies de aves que foram introduzidas no Brasil. Os dois primeiros vieram da Europa e são exclusivos de ambientes urbanos, onde se alimentam principalmente de restos de comida. A presença dessas aves relaciona-se diretamente ao fato de o local estar cercado pela área urbana de Bertioga. Já o bico-de-lacre foi trazido da África e ocorre tanto em ambientes naturais como urbanos, mas, nas cidades, precisa de áreas verdes mínimas para sobreviver, sendo facilmente encontrado em terrenos baldios. Comumente veem-se bandos com cerca de cinquenta "biquinhos", como também são conhecidos, deslocando-se entre os amplos gramados do Centro de Férias em busca das sementes das quais se alimentam. Quando encontram um local com alimento disponível, o bando todo se reúne, o que proporciona ver as aves dependuradas em hastes comendo o máximo de sementes possível. Com os biquinhos também observamos bandos de coleirinhos[118], ave muito perseguida e capturada na natureza para servir como *ave de gaiola* devido ao seu bonito canto.

Nos ambientes abertos, encontramos grande variedade de aves típicas desse tipo de *habitat* aproveitando a oferta de recursos disponíveis, como a pombinha avoante[77] e a rolinha-roxa[212], que procuram sementes pelo chão; os bandos de anus-brancos[68] e anus-pretos[68], que ficam à procura de lagartas e insetos; os tapicurus[241] e curicacas[128], que exploram buracos do solo com seus bicos longos e habilidosos em busca de invertebrados; as corujas-buraqueiras[123], que predam principalmente pequenos vertebrados, mas não dispensam os invertebrados; além de um grupo amplo de aves que consomem os mais variados tipos de insetos terrestres ou aquáticos, como pica-paus-do-campo[192], suiriris-cavaleiros[235], lavadeiras-mascaradas[168], tesourinhas[243], príncipes[204], caminheiros-zumbidores[102], chupins[117], entre outras. Uma única ave pode consumir centenas de insetos em apenas um dia ou mesmo em poucas horas, principalmente no período reprodutivo, quando precisam levar alimento para os filhotes. Todas essas aves prestam importantes serviços ambientais a nossa sociedade, como o controle de roedores e insetos, inclusive muitos vetores de diferentes doenças.

Encontro de visitantes ilustres

Dentre esse grupo de aves, destacamos duas espécies migratórias: a tesourinha, que se reproduz no Sudeste e Sul do Brasil nos meses mais quentes do ano e depois viaja para o norte, atravessando a Floresta Amazônica até os campos naturais da Venezuela, a fim de fugir do frio do sul; e o príncipe, que se reproduz no sul da América do Sul, em países como Argentina, nos meses mais quentes do ano, e também migra para o norte, chegando ao Brasil no período de outono-inverno, a fim de escapar do frio rígido daquela região. Quando as tesourinhas começam a retornar ao Brasil, os príncipes também estão voltando para o sul, ou seja, são aves que geralmente não se encontram durante suas migrações; exceto se alguém se atrasa ou antecipa a viagem. As tesourinhas são encantadoras pelo voo acrobático que realizam com sua longa cauda, que nos machos é maior, e os príncipes destacam-se na paisagem pela coloração vermelha viva dos machos adultos; as fêmeas e os machos jovens são cinza. Ambas as espécies são da família do bem-te-vi[91], ave muito comum e presente em vários ambientes, desde matas preservadas até as maiores cidades do país, sendo facilmente detectada por seu canto onomatopaico que diz: "bem-te-vi".

A biodiversidade do dia a dia

Existem pelo menos seis espécies de bem-te-vis convivendo no mesmo tipo de ambiente do Centro de Férias. O bem-te-vi, mais comum e conhecido de todos, o nei-nei[181], também chamado de bem-te-vi-do-bico-chato, pois tem um bico mais robusto, e o bentevizinho-de-penacho-vermelho[93], menor que os anteriores e com um bico curto e discreto, que ocasionalmente exibe seu imponente penacho vermelho. Essas três são espécies do grupo dos *bem-te-vis amarelos*. Já o bem-te-vi-pirata[90], o bem-te-vi-rajado[92] e o peitica[190] fazem parte do grupo dos *bem-te-vis rajados*, bem distinto do anterior, com plumagens brancas pintadas de preto e tons leves de amarelo no ventre e castanho nas asas e cauda. O bem-te-vi-rajado também é migratório, ele se reproduz no Sudeste e Sul do Brasil durante os meses mais quentes do ano e, quando chega o período de outono-inverno, viaja para a Amazônia, onde vai trocar a plumagem e descansar para a viagem de volta no início da primavera, quando começa a esquentar. Esse exemplo de diversidade dos bem-te-vis também pode ser aplicado a vários outros grupos de aves, entre os quais encontram-se diversas espécies muito parecidas, como é o caso dos sabiás. No Centro de Férias, avistamos o sabiá-una[217], o sabiá-barranco[218], o sabiá-laranjeira[215], o sabiá-poca[216] e o sabiá-do-campo[214], e apenas o último gosta de áreas descampadas, os demais preferem bosques e matas, mas podem ser vistos juntos, na mesma árvore, se alimentando de pequenos frutos. Por essa razão, sabiás e bem-te-vis são ótimos modelos de estudo matemático. Isso mesmo, e a nossa conta é simples: 1 sabiá + 1 bem-te-vi = 11 espécies de aves.

Como você pode notar, é possível observar a reconhecida megadiversidade brasileira, uma das maiores do mundo, em todos os lugares, e não apenas na Amazônia ou no Pantanal, mas também em sua cidade, bairro, rua e até no quintal de sua casa, representada pelas espécies mais simples do dia a dia. Para isso, basta prestar atenção nessa matéria fascinante que é a contemplação da natureza.

As fascinantes aves aquáticas

Durante nossas observações, encontramos outro grupo de aves muito interessante no lago do Centro de Férias, que são as aves aquáticas. Em silêncio, observamos um grupo de biguás[97], com alguns indivíduos mergulhando em busca dos peixes de que se alimentam e outros pousados se secando, pois são aves que não possuem a glândula de gordura presente nos patos, utilizada para impermeabilizar as penas, então precisam ficar expostas ao sol a fim de se secar após os mergulhos. Em outro ponto do lago, observamos um discreto e bonito socozinho[233], uma pequena ave da família das garças que apresenta plumagem colorida e passa horas imóvel tentando capturar peixes com seu bico longo e afiado.

Conforme vamos caminhando, torna-se possível detectar diferentes espécies de martim-pescador, como o martim-pescador-grande[179], o martim-pescador-verde[179] e o martim-pescador-pequeno[177], sendo o grande o mais vocal deles; é possível escutá-lo a longas distâncias. Mesmo estando juntos em um único lago, não existe competição entre eles, porque cada ave, com bicos de dimensões distintas, captura um peixe de tamanho diferente.

Também encontramos o coró-coró[119], um primo da curicaca que vive nas matas ciliares. Essa ave, com sua plumagem preta-esverdeada e seu bico longo e curvado, é observada sempre em casais ou pequenos grupos. Elas cantam apenas no início da manhã e no final do dia, sendo um canto muito característico e possível de ser escutado a longas distâncias. Os coró-corós costumam visitar a Gleba 2, ao lado do Centro de Férias, o que possibilita avistá-los se deslocando em voo pela avenida que separa as duas áreas. O coró-coró, assim como seu outro primo, o tapicuru, não ocorria na região costeira de São Paulo no passado. Suas colonizações são recentes, com populações aumentando lentamente, uma vez que dependem das matas ciliares[41]. A população de tapicurus, no entanto, vem crescendo exponencialmente, pois são aves de ambientes úmidos abertos, muito bem adaptáveis a diversos tipos de *habitat*, como praias, gramados e ambientes urbanos, onde são muito comuns. Com isso, atualmente há chance de ver centenas de tapicurus reunidos tanto em Bertioga quanto em outras regiões da Baixada Santista.

Um viveiro de plantas repleto de aves

Ao lado do lago fica o viveiro de plantas do Centro de Férias, área com vegetação florestal nativa e exótica que é um ótimo local para observação de aves. Logo na chegada, observamos um tauató-miúdo[240], pequeno gavião de apenas 30 centímetros, voando em busca de alguma refeição matinal. Escutamos ainda algumas espécies tipicamente florestais, que costumam ocorrer apenas em matas preservadas, mais densas e escuras, porque não toleram muito a luminosidade das áreas abertas, como o pica-pau-bufador[193] e a rendeira[210]. Ambas possuem o nome popular baseado em suas vocalizações. No caso do bufador, é um grito alto, curto e grave que o próprio pica-pau emite; já em relação à rendeira, o nome está associado à vocalização emitida pelos machos durante o período reprodutivo, um tipo de "estalo" muito semelhante ao produzido pelas mulheres rendeiras no manuseio dos bilros de madeira durante a confecção das rendas de bilro, arte trazida da Europa ao Brasil pelos portugueses.

Ainda no viveiro de plantas, detectamos outro grupo de aves florestais formado por espécies típicas de borda de mata ou que frequentam a borda ocasionalmente, sendo possível separá-las em dois subgrupos. O primeiro é o das *espécies residentes locais*, ou seja, que ficam o tempo todo no Centro de Férias. Em geral, são aves insetívoras, e algumas, como o pica-pau-de-cabeça-amarela[194], o chorozinho-de-asa-vermelha[116] e a choca-da-mata[110], também consomem frutos. O segundo subgrupo é o das *espécies residentes regionais*, que ocorrem na região mas visitam o Centro de Férias sazonalmente em busca de alimentos, principalmente durante as estações do outono e do inverno. Nessa época do ano, as matas nativas apresentam menos flores e frutos, ao passo que no Centro de Férias esses recursos são abundantes em razão da presença de plantas exóticas que são originárias de regiões do mundo onde, nesse mesmo período, é primavera e verão. No geral, são aves nectarívoras e frugívoras, ou seja, que se alimentam do néctar das flores e dos frutos das plantas, como o beija-flor balança-rabo-de-bico-torto[78], o tucano-de-bico--preto[255], o tucano-de-bico-verde[256], a maitaca-verde[172], o pavó[189], o anambé--branco-de-bochecha-parda[66], o guaxe[161] e a multicolorida saíra-sete-cores[224], entre muitas outras. A maior parte dessas espécies visitantes regionais vem de outras áreas do próprio Sesc Bertioga, como a Gleba 2, situada ao lado do Centro de Férias, onde fica a Estação de Tratamento de Esgoto. Trata-se de uma área com restinga alta[38] que faz importante conexão entre os ambientes naturais mais alterados, localizados na área urbana, e os ambientes bem preservados, próximos da Serra do Mar. Isso mostra que o outono-inverno é um ótimo período para visitar o Centro de Férias Sesc Bertioga em busca das aves, pois, além de quantidade e variedade, pode-se vivenciar a conexão entre fauna, flora e pessoas.

Tanto no viveiro como nas demais áreas do Centro de Férias, registramos mais um grupo específico de aves, formado por espécies florestais e semiflorestais, só que menos exigente que o anterior, embora precise da presença de vegetação arbustiva para viver, sejam árvores isoladas ou pequenos bosques. Entre essas aves, observamos a pomba-galega[201], a pomba-asa-branca[202], essa muito conhecida pela música do cantor e compositor nordestino Luiz Gonzaga (1912-89), o pica-pau-verde-barrado[195], o periquito-rico[191], o tuim[258], o suiriri[234], a guaracava-de-barriga-amarela[159], a guaracava-de-crista-branca[160], o ferreirinho-relógio[141], a corruíra[121], o fim--fim[138], o gaturamo[147], um exímio imitador de outras aves, o ferro-velho[136], a mariquita[175], a cambacica[101], o saí-azul[219], a saíra-amarela[221], o canário--da-terra[103], o sanhaço-cinzento[226], o sanhaço-do-coqueiro[227], entre outras, sendo espécies relativamente comuns e frequentes na região. O grande destaque desse grupo é a guaracava-de-crista-branca, espécie migratória da família do bem-te-vi cujo padrão de deslocamento é parecido com o do príncipe, ou seja, se reproduz no sul da América do Sul, em países como Chile e Argentina, e com a chegada do inverno rígido dessa região, que reduz a disponibilidade de alimento, migra para o norte, chegando até o Nordeste e Norte do Brasil, onde passa alguns meses antes de retornar ao sul, durante a primavera, para se reproduzir novamente. É uma ave discreta, de um grupo de difícil identificação em campo, sendo preciso prestar muita atenção nos mínimos detalhes da plumagem, como coloração da barriga e costas, quantidade de barras claras nas asas e no contorno da cabeça, pois, devido à presença de uma crista branca bem evidente nos adultos, sua cabeça acaba ficando um pouco "quadrada". As guaracavas migratórias observadas estavam se alimentando dos pequenos frutos da aroeira-vermelha, fonte energética importante para a longa viagem até o norte.

Aves de outros biomas e a beleza dos rapinantes

Algumas espécies desse grupo de aves florestais e semiflorestais são típicas do bioma Cerrado, localizado no interior do Brasil. Todavia, nos últimos anos é possível detectá-las vivendo na Mata Atlântica, como o tucanuçu[257], o papagaio-verdadeiro[182], que possui a capacidade de aprender e de imitar a voz humana, o arapaçu-de-cerrado[72] e a saíra-de-chapéu-preto[221]. A principal hipótese dessa ocorrência está relacionada ao desmatamento histórico do Cerrado e da Mata Atlântica, que faz com que algumas espécies ampliem suas distribuições geográficas, mas, no caso do tucanuçu e do papagaio-verdadeiro, existe a possibilidade de terem sido escapes de gaiola ou solturas inadequadas, pois são aves mantidas como animas de estimação, de origem ilegal ou legal.

Ao circular por esse mosaico de ambientes do Centro de Férias Sesc Bertioga, observamos algumas aves de rapina, como a coruja-buraqueira, o gavião-carijó[151] e o gavião-carrapateiro[152]. A coruja-buraqueira recebe esse nome em função de seu ninho ser construído no fundo de um longo túnel subterrâneo, cuja entrada é um buraco que sempre tem uma coruja de sentinela. Muito ativa durante o dia, ao menor sinal de perigo a sentinela vocaliza, e a família de buraqueiras entra no buraco para se proteger. Os gaviões ficam pousados no topo das árvores ou sobrevoando a região em busca de presas, sendo facilmente identificados pelas vocalizações, forma de voar e padrão da plumagem das asas. Esses gaviões se alimentam de pequenos vertebrados, como roedores e aves, mas também predam vários grupos de invertebrados, principalmente insetos. O gavião-carrapateiro recebe esse nome justamente por se alimentar de carrapatos, assim como o suiriri-cavaleiro e a iraúna-grande[162]. Ele captura os carrapatos de mamíferos de médio e grande porte, como capivara, cavalo e gado, prestando um importante serviço de higienização a esses animais, que apreciam sua presença e permitem que pouse sobre eles para fazer a limpeza, ou até se deitam a fim de facilitar esse processo.

Os mistérios da noite

À medida que a noite vai se aproximando, ainda no crepúsculo, começamos a escutar uma das primeiras aves noturnas a cantar – o tuju[260]. Com seu voo ágil e rápido, e asas longas, pode ser facilmente confundido com um morcego. Ele sobrevoa a área em busca dos insetos voadores, dos quais se alimenta e que captura no próprio voo. Poucos minutos depois, já de barriga cheia, pousa em uma árvore alta a fim de descansar, antes de buscar a próxima refeição. Com a chegada da noite, já é possível escutar o canto da corujinha-do-mato[126] de um lado, bem baixinho, dentro de um bosque de mata, e o da coruja-orelhuda[125] do outro, mais alto, em um campo aberto com árvores isoladas, demonstrando que estavam marcando e defendendo seus territórios de concorrentes e atraindo as fêmeas para a reprodução. A coruja-buraqueira também estava cantando distante, entoando um canto típico que costuma emitir durante a noite, diferente dos alarmes que faz durante o dia, quando alguém se aproxima de sua toca. Escutar uma coruja cantando em campo é sempre uma experiência única. No entanto, também se pode detectá-las em determinado local observando a presença das "pelotas", que nada mais são que regurgitações dos restos indigestos de suas presas, como ossos, penas e pelos. Independentemente de onde as presas foram caçadas, as corujas costumam saborear suas refeições no mesmo local, onde encontramos as tais pelotas, que são materiais importantes para subsidiar estudos sobre a dieta desses animais. Esse tipo de estudo já foi realizado pela equipe do setor de Educação para a Sustentabilidade do Sesc Bertioga com as corujas-buraqueiras do Centro de Férias, que adoram comer caranguejos e siris devido à proximidade do mar e do mangue, embora a dieta dessas aves costume variar muito de região para região, de acordo com a oferta de alimento local.

Logo após todos esses registros incríveis de espécies noturnas fascinantes, e com a claridade da lua cheia ficando cada vez mais intensa, escutamos um dos sons mais assustadores da natureza, a voz melancólica e afinada de uma ave cujo nome de origem tupi, urutau[263], significa "ave fantasma". Essa enigmática ave faz parte de uma terceira família de aves noturnas, a Nyctibiidae – dos urutaus –, além das famílias Caprimulgidae – dos bacuraus/curiangos e do tuju – e Strigidae – das corujas. O urutau fica pousado verticalmente no topo de árvores secas disfarçado de tronco, pois sua plumagem é uma camuflagem perfeita, passando despercebido dos predadores. Ele possui um "olho mágico", ou seja, duas fendas pequenas na pálpebra superior dos olhos que lhe permitem enxergar durante o dia mesmo estando com os olhos fechados, uma adaptação única entre as aves e também útil para sua defesa dos predadores diurnos. A pequena parte exposta do bico esconde a grande boca que o urutau abre em voo a fim de capturar os insetos dos quais se alimenta. Migratório, ele se reproduz no Sul e Sudeste do Brasil nos meses mais quentes do ano, viajando para a Amazônia nos meses mais frios, e alguns indivíduos não migram. Sua reprodução é interessante, pois eles não constroem ninho como a maior parte das aves – um único ovo é colocado sobre a cavidade de um galho horizontal para ser chocado. O filhote já fica com a mesma postura vertical dos pais desde muito pequeno e ainda debaixo da mãe.

Uma das lendas sobre a ave diz que o urutau é uma mulher indígena que, ao ser impedida de viver um romance com certo guerreiro de uma tribo inimiga e proibida de sair de casa pelo pai, caiu em tristeza profunda, definhando lentamente em sua rede. Mas, em uma noite clara de lua cheia, uma enorme mariposa-bruxa entrou pela janela e fez a mulher indígena se sentir diferente, seu corpo foi modificado até ficar com a forma de uma ave, e a jovem se transformou na "mãe da lua", divindade que passou a usar o corpo do urutau para proteger as plantas e os animais. Por isso, em noites de lua cheia, pode-se escutar seu canto triste e melancólico à procura de seu amado.

Surpresas ornitológicas

O Centro de Férias Sesc Bertioga é um lugar muito fascinante para as aves. Mesmo quando não encontramos uma espécie em campo, ficamos sabendo de ocorrências importantes detectadas pelos funcionários. Um dos destaques foi o aparecimento de um pinto-d´água-carijó, pequena saracura de apenas 14 centímetros e 30 gramas. Essa é uma das aves mais misteriosas do Brasil, há poucas informações na literatura sobre sua ocorrência, biologia e comportamento.

Essa saracurinha fantasma, como também é popularmente chamada pelos pesquisadores e observadores de aves em razão de sua raridade, foi encontrada próximo do viveiro de plantas do Centro de Férias e, em seguida, fotografada, identificada pela equipe do setor de Educação para a Sustentabilidade e capturada a fim de ser protegida de predadores. Com a ave em mãos e recebendo a ajuda de um ornitólogo, a equipe aproveitou para colocar em sua pata uma pequena anilha de alumínio fornecida pelo Centro Nacional de Pesquisa e Conservação de Aves Silvestres (Cemave/ICMBio), método que não prejudica a ave e permite identificar o mesmo indivíduo caso ele seja recapturado em outro local posteriormente. Além disso, é possível obter as medidas das asas, da cauda, do bico e das patas e informações sobre as condições físicas da ave. Após esse procedimento, o pinto-d´água-carijó foi solto em uma área protegida do Sesc Bertioga, região da qual ele provavelmente possa ter vindo.

Essa ocorrência foi a primeira no litoral do Sudeste do Brasil, e os dados obtidos foram publicados na conceituada revista científica inglesa *The Bulletin of the British Ornithologists' Club*, ficando disponíveis para serem utilizados em pesquisas futuras. Tais dados representam uma grande contribuição para a conservação dessa ave ainda pouco conhecida do nosso país. A iniciativa dos funcionários de entrar em contato com o setor de Educação para a Sustentabilidade ao verem uma ave diferente resulta diretamente do Projeto Avifauna, realizado no Sesc Bertioga desde 1993 e que utiliza as aves como ferramenta para a educação e a sustentabilidade.

As descobertas do segundo dia

A caminhada rumo ao topo da Serra do Mar continua, e agora estamos na Gleba 2, no interior de uma exuberante mata de restinga, um dos muitos tipos de *habitat* existentes na Mata Atlântica. O ambiente é paludoso, ou seja, o solo é encharcado de água, e aqui se encontram muitas espécies de samambaias e de plantas epífitas, aquelas que vivem sobre outras plantas mas não são parasitas, como bromélias e orquídeas, além de diferentes espécies de palmeiras e árvores típicas, como o guanandi, cujos frutos alimentam diversas espécies de aves. Essa complexa estrutura da vegetação deixa o lugar com uma característica única, proporcionando a ocorrência de uma comunidade de aves bastante típica.

Antes mesmo de despontarem os primeiros raios de sol, escutamos o canto peculiar e alto da saracura-lisa[230], ave discreta que possui esse nome em razão de sua plumagem marrom e uniforme. Quando o dia clareia, pode-se ver e escutar um bando de papagaios-moleiros[183] sobrevoando a região e emitindo seu canto forte e estridente, que pode ser detectado a longas distâncias. Esse papagaio está ameaçado de extinção no estado de São Paulo devido à destruição de seu *habitat* e à captura ilegal de filhotes para transformá-los em animais de estimação. Sua presença na região de Bertioga acontece principalmente no período do outono-inverno, quando grupos de papagaios se deslocam da região de São Sebastião, mais ao norte do litoral, em busca de alimento, retornando no início da primavera para reprodução.

Logo após a passagem dos papagaios, foi possível escutar alguns piados baixos, que foram aumentando gradualmente até começar uma gritaria estrondosa, associada a grande movimentação na copa das árvores. Eram aves grandes e desajeitadas que tentavam caminhar rapidamente sobre galhos finos, onde estavam se desequilibrando, até o momento em que saíram voando e gritando, sendo possível ver suas caudas longas, pescoços compridos e barbelas vermelhas embaixo dos bicos, características inconfundíveis do jacuguaçu[163]. Essas aves sempre foram muito caçadas, pois podem pesar até 1.700 gramas, mas, com a diminuição da caça, sua população tem voltado a crescer, sendo possível encontrá-las circulando até mesmo em grandes áreas urbanas como a cidade de São Paulo. Os jacus, como são popularmente conhecidos, se alimentam de frutos e são importantes dispersores de sementes. Eles ajudam a plantar nossas florestas e, também por isso, devem ser protegidos.

Neste trecho da caminhada, já é possível encontrar espécies florestais típicas de ambientes mais fechados e preservados de Mata Atlântica: o arapaçu-liso[73] e o arapaçu-rajado[74], aves que escalam verticalmente os troncos das árvores como os pica-paus – utilizando as penas rígidas da cauda para se apoiar quando precisam parar ou descansar; o tiê-galo[246] e o tiê-preto[247], que ocupam alturas distintas da mata – o primeiro fica na copa das árvores e possui uma *crista* vermelho-alaranjada, da qual deriva o "galo" de seu nome popular, e o segundo vive no interior da mata e tem apenas um pequeno topete vermelho, que fica a maior parte do tempo escondido, e em ambas as espécies as fêmeas e os machos jovens são marrons; por último, o assanhadinho[76], que possui um dos cantos mais discretos entre as aves florestais da Mata Atlântica. Também avistamos aves de ambientes florestais mais abertos, como o saí-canário[220], que chama muito a atenção pela cor amarelo-alaranjada de sua cabeça e por seu canto melodioso, e a maria-cavaleira[173], cujo comportamento é discreto. Assim como as guaracavas, que são do gênero *Elaenia*, a maria-cavaleira também faz parte de mais um grupo de ave de difícil identificação, do gênero *Myiarchus*. Sendo assim, é mais fácil e seguro identificar essas aves pelo canto que emitem.

O jardim dos beija-flores

Conforme exploramos os ambientes da área aberta da Gleba 2, observamos um gavião-de-cauda-curta[154] em voo, com sua plumagem branca característica, embora incomum em Bertioga, onde a maior parte dos indivíduos observados apresentam coloração alternativa preta, denominada *morfo escuro*, comum em muitas espécies de gaviões. Nossa caminhada chega a um local de borda de mata, repleto de plantas floridas, como helicônias, bananeiras-de-flor e sanquésias, onde se pode observar cerca de 10 espécies de beija-flores no mesmo lugar, com parte dessas aves se beneficiando do néctar da mesma planta – experiência única para um observador de aves, um verdadeiro jardim dos beija-flores. Começamos nossas observações pelo menor beija-flor do Brasil, o rabo-branco-rubro[209], que mede 8 centímetros, pesa 2,4 gramas e pode facilmente ser confundido com um inseto. Em seguida vem o beija-flor-preto[90], que realiza algumas movimentações regionais ainda pouco conhecidas, o beija-flor-rajado[86], que tem um canto alto e forte, o beija-flor-de-fronte-violeta[83], cujo macho se destaca pela plumagem mais colorida que da fêmea, e o balança-rabo-de-bico-torto, que prefere o interior da mata, mas visita a borda ocasionalmente para se alimentar, sendo um dos mais raros entre os beija-flores de Bertioga, com poucos registros de campo. Seguimos com o beija-flor-de-veste-preta[85], que prefere áreas abertas e costuma pousar no topo de árvores secas, o beija-flor-cinza[82], o beija-flor-de-garganta-verde[84], o beija-flor-roxo[87] e o beija-flor-tesoura[89], que é um dos maiores beija-flores do Brasil e também um dos mais agressivos, pois expulsa os beija-flores menores ou ainda outras aves concorrentes – como a cambacica – que chegam para se alimentar no mesmo local.

Os beija-flores fascinam pela beleza das penas, que mudam de cor de acordo com a incidência da luz, resultado do fenômeno óptico da iridescência, pela elegância do voo, com movimentos precisos e elaborados e um bater de asas de até oitenta vezes por segundo, e pela biologia, pois, devido ao metabolismo acelerado, seu coração pode bater até 1.200 vezes por minuto em voo, além de contribuírem com a polinização das plantas ao visitarem as flores – um importante serviço ambiental prestado por essas aves exclusivas das Américas.

A experiência de visitar uma reserva ambiental

Após deixarmos a Gleba 2, passamos por uma das áreas da Gleba 4, onde está localizada a Reserva Natural Sesc Bertioga, que protege 600 mil metros quadrados de Mata Atlântica. A reserva é aberta ao público nos dias e horários determinados e possui uma trilha suspensa de 960 metros de extensão. A trilha conta com recursos de acessibilidade, que permitem a visita de pessoas com deficiência ao interior da floresta de restinga, além de placas informativas sobre a fauna e a flora, que proporciona diferentes conexões com a natureza.

Ao chegar na reserva, já podemos escutar o teque-teque[242], cujo nome está associado a seu canto, que lembra um "teque-teque" sequencial, e o garrinchão-de-bico-grande[146], com suas incríveis variações vocais capazes de enganar até o mais experiente ornitólogo. Ambas as espécies são típicas de borda de mata. O primeiro mede apenas 8,8 centímetros e está sempre no alto das árvores, mas visualizá-lo entre as folhas acaba sendo fácil, por causa de sua cor amarela. Já o segundo, que apresenta coloração marrom, fica escondido e camuflado entre os cipós da parte baixa da mata.

Conforme vamos entrando na floresta pela trilha, um novo mundo se abre a nossa frente, com mudanças na temperatura, na umidade, na vegetação e na fauna, inclusive nas aves. No interior da mata, é possível observar o belo surucuá-de-barriga-amarela[236], com sua plumagem colorida brilhante e seu canto típico. É uma ave da mesma família do famoso quetzal, que vive nas florestas de altitude da América Central e é considerado uma ave sagrada pelas civilizações Asteca e Maia. À medida que caminhamos, outras aves florestais se anunciam, como o pica-pau-verde-carijó[196], a choquinha-lisa[114], o bico-chato-de-orelha-preta[94] e a juruviara[167], que realiza uma migração parcial para o norte do país após o período reprodutivo.

Ao sair da mata, observamos algumas espécies típicas de áreas abertas ou que sobrevoam áreas florestais, como o gavião-pato[154] – ave de rapina que chama muito a atenção por sua beleza e por ser incomum, sendo sempre um registro festejado pelos observadores e amantes da natureza – e as fragatas, assíduas visitantes da reserva devido à proximidade do mar. Também escutamos e logo observamos um casal de joão-de-barro[165], uma das aves mais populares do Brasil, que vive nos mais variados tipos de ambientes, desde áreas naturais até grandes cidades do país. Essa espécie é muito conhecida por sua "casa", ou seja, pelo ninho robusto em forma de forno que o casal constrói utilizando barro e palha; às vezes, constroem um ninho sobre o outro, um verdadeiro "apartamento de joões-de-barro", com até nove casas verticais. Diz a lenda que o macho dessa espécie, quando traído, prende a fêmea dentro da casa e fecha a entrada com barro, deixando-a morrer lentamente. Mas tal comportamento nunca foi comprovado cientificamente, e é provável que seja apenas uma lenda.

A Reserva Sesc Bertioga é um local de reprodução do gavião-bombachinha, uma espécie migratória que viaja todos os anos da região Sudeste do Brasil, na qual cria seus filhotes, para a Amazônia, onde passa o período não reprodutivo, retornando na estação reprodutiva seguinte. A equipe do setor de Educação para a Sustentabilidade vem monitorando alguns ninhos desse gavião encontrados na reserva nos últimos anos com o uso complementar de câmeras fotográficas automáticas, que já detectaram muitos momentos curiosos e dramáticos vividos por essas aves durante o período reprodutivo. Os dados obtidos em campo pela equipe do Sesc Bertioga estão sendo organizados e utilizados em atividades educativas, além de divulgados em meios digitais e nas publicações científicas voltadas à conservação dessa espécie de rapinante.

Aves velozes, discretas, dançarinas e acrobáticas

A caminhada agora percorre duas áreas do Sesc Bertioga que estão próximas do rio Itapanhaú, localizadas em sua margem esquerda: a Gleba 3 e a área mais ampla da Gleba 4, que são regiões com restinga e presença de manguezal[39]. Na área aberta da Gleba 3, avistamos um falcão-peregrino[134] descendo em alta velocidade em direção ao rio Itapanhaú, provavelmente atrás de alguma presa. Esse falcão é considerado o animal mais rápido do mundo, podendo atingir mais de 320 quilômetros por hora em voo. Após baixar a adrenalina, nos deparamos com um grande grupo de tiê-sangue[248]: alguns machos adultos de coloração vermelha intensa, machos jovens com plumagem marrom e penas vermelhas espalhadas pelo corpo e muitas fêmeas cuja coloração é inteiramente marrom.

Ainda na área aberta, em uma vegetação alagada, detectamos a saracura-do-mato[229], a saracura-sanã[230] e a sanã-vermelha[228], no mesmo tipo de ambiente, na beira da Rodovia Rio-Santos (BR 101). A primeira estava caminhando tranquilamente na borda da mata; a segunda caminhava e se escondia na vegetação; e a terceira, com apenas 17,5 centímetros – entre as três, a de tamanho menor –, estava cantando escondida dentro da vegetação fechada, sendo uma espécie muito difícil de observar. Próximo da área alagada também foi possível avistar um beija-flor-de-banda-branca[81], incomum na planície litorânea, uma alma-de-gato[65], com sua cauda longa e seu jeito inconfundível de pular entre os galhos das árvores, como um esquilo; dois risadinhas[211], que gargalhavam tranquilamente em um arbusto cheio de pequenos frutos dos quais se alimentam; um piolhinho[199], que é muito parecido com o risadinha, embora com um canto bem diferente; e um tuque-pium[260], primo da guaracava-de-crista-branca, mas que realiza uma migração mais curta pela América do Sul. Em voo, ainda passaram sobre nossas cabeças uma imponente garça-moura[148], uma das maiores garças que ocorre no Brasil, e um casal de maria-faceira[174], uma das garças mais coloridas de nosso país, com seu jeito elegante de caminhar pelo chão e canto único entre as garças, emitido por meio de notas longas e sequenciais.

Ao entrar na mata, nos deparamos com a pequena galinha-do-mato[148], que, apesar do nome, mede apenas 17 centímetros. Observamos um indivíduo que caminhava, parava e emitia seu canto longo e trinado, desaparecendo na sequência entre as plantas. Mais adiante, pousados em galhos altos dentro da floresta, estavam o vissiá[264] e o papa-moscas-cinzento[184], ambos com plumagem cinza e uniforme – o primeiro costuma ficar mais parado, já o segundo é agitado, mas os dois capturam os insetos para sua alimentação em voos acrobáticos dentro da mata –, além de outras diversas espécies florestais, como o enferrujado[132], o pula-pula[205], cujo nome popular se associa a seu comportamento muito inquieto, o pitiguari[201], também conhecido popularmente como gente-de-fora-vem, devido a seu canto, e o caneleiro-bordado[104], cujo macho tem um boné preto e a fêmea, um boné marrom.

Já na Gleba 4, escutamos o discreto filipe[141], que é muito parecido com o enferrujado e estava cantando em ambiente aberto. Depois caminhamos por uma área de floresta alagada com vários territórios de tangarás[238], ave nativa da Mata Atlântica e muito conhecida. Nessa espécie, os machos são coloridos e as fêmeas ou machos jovens, verdes. No período reprodutivo, os machos adultos e jovens se reúnem em grupos, em locais denominados "arenas" ou "leques", onde ficam dançando e cantando simultaneamente para tentar atrair a atenção de uma única fêmea, que fica assistindo às apresentações. O macho que dança melhor é escolhido pela fêmea para ser seu parceiro reprodutivo. Já os machos jovens preteridos continuam treinando a fim de se tornarem exímios dançadores e terem sucesso na vida amorosa. Observar uma apresentação de tangarás em campo é fascinante, pois, além de os movimentos serem sincronizados, existe uma vocalização típica desse tipo de cerimônia associada aos movimentos dos machos, que pulam rápida e lateralmente uns sobre os outros e trocam de lugar no poleiro, possibilitando reconhecer uma arena à distância – um verdadeiro espetáculo da natureza.

Também observamos a choquinha-cinzenta[113], considerada ameaçada de extinção por muitos anos em São Paulo como consequência da degradação das restingas. Recentemente, porém, saiu dessa categoria devido ao aumento de registros de campo, tanto na planície litorânea como em outras áreas de floresta da Serra do Mar. Além dela, identificamos o cuspidor-de-máscara-preta[130], típico insetívoro que preda pequenos vertebrados – pererecas, por exemplo – durante o período reprodutivo para alimentar seus filhotes, e o bico-virado-miúdo[96], este último utiliza a adaptação de "cunha" do bico para encontrar entre as cascas das árvores os insetos que consome.

Aves misteriosas e suas lendas

Na borda da mata, identificamos o acauã[64], pequeno falcão branco de máscara preta que costuma ser mais escutado do que observado, pois canta sempre no início da manhã ou no final do dia, em horários com pouca luz. O nome popular onomatopaico origina-se de um canto formado por uma sequência longa de várias notas, que vão aumentando até terminar com vários "acauãs". Assim como o carcará e a pomba-asa-branca, esse falcão é popularmente conhecido pela canção "Acauã", composta por Zé Dantas (1921-62) e interpretada por Luiz Gonzaga. Na letra da canção, há trechos como "teu canto é penoso e faz medo" e "na alegria do inverno, canta sapo, jia e rã, mas, na tristeza da seca, só se ouve acauã", que citam o canto do acauã como responsável por atrair a seca para o sertão. Também existem lendas que explicam o sentido de seu canto – em algumas, essa ave prenuncia fartura e prosperidade, em outras ela é chamada de gavião-cova e descrita como ave de mau agouro cujo canto, interpretado como "Deus chamou" ou "Deus quer um", anuncia a morte de alguém. Mas quando analisamos seu nome científico, *Herpetotheres cachinnans*, designado em 1758 pelo botânico, zoólogo e médico sueco Carl Linnaeus (1707-78), temos *herpeton* = cobra, serpente, réptil e *thēras* = caçador (do grego), e *cachinnans, cahinnare* = gargalhando, gargalhar, que gargalha (do latim). Segundo a etimologia do nome, portanto, acauã é o "caçador de serpentes que gargalha", uma referência ao hábito de caçar serpentes – seu tipo de presa favorito – e à sua grande capacidade vocal.

Aproveitamos para visitar uma ampla área alagada que fica no entorno da Gleba 4, onde registramos mais de 10 narcejas[180] – espécie da família dos maçaricos que fica totalmente camuflada e espalhada na vegetação rasteira e voa ao menor sinal de perigo – e um grupo de garças-vaqueiras[148] – garça branca africana que chegou naturalmente ao Norte do Brasil no início da década de 1960, na região da Ilha de Marajó, no estado do Pará, e depois colonizou todas as regiões extra-amazônicas do país. Também registramos algumas aves de campo aberto com vegetação arbustiva baixa, como o simpático tico-tico[244] – ave muito parecida com o pardal, embora costumamos dizer que o pardal, diferentemente do tico-tico, tem uma "gravata preta" para ajudar na identificação de campo – e o pequeno tiziu[243] – cujo hábito é pular alto e bater as asas sequencialmente várias vezes dizendo "tziu", para depois voltar ao mesmo poleiro. Esse é o denominado *canto de pulo*.

Na vegetação de capoeira próxima da mata, encontramos o enigmático saci[218], cujo canto parece dizer "sa-ci". Pelo fato de o saci cantar o dia todo no período reprodutivo, inclusive ocasionalmente durante a noite, e ser uma ave de difícil visualização, que se esconde e camufla na vegetação densa, sempre foi associado a muitas lendas. Uma delas é a do "Saci" ou "Saci-pererê", popular no folclore brasileiro, principalmente nas regiões Sul e Sudeste do país. Trata-se de uma entidade conhecida por ser uma figura brincalhona, que faz pequenas travessuras domésticas, como colocar sal nos recipientes de açúcar, assustar viajantes noturnos com seus assovios e fazer tranças nos cabelos dos animais, além de ser conhecida pela capacidade de se deslocar com a ajuda dos redemoinhos. Outra lenda é a da Matinta Perera, mais popular na região Norte do país, uma bruxa velha que usa o corpo de uma ave de mau agouro para, durante a noite e madrugada, assombrar as casas das pessoas com seu assovio alto e estridente. Amedrontados, os moradores gritam e oferecem algo em troca do sossego, como tabaco, café, farinha ou peixe, fazendo com que ela vá embora para outra casa. No dia seguinte, no aspecto de bruxa velha, a Matinta volta às casas em busca do que lhe foi oferecido e, caso não encontre, amaldiçoa os moradores. O pássaro saci já foi citado como "matintaperera" em algumas canções, como na clássica "Águas de março", de Tom Jobim (1927-94), que era declaradamente um apaixonado pelas aves brasileiras e ornitólogo amador. A música começa com as notas do canto do saci, e um dos versos referindo-se à ave diz "caingá, candeia, é o matintaperera", que é o próprio saci referenciado com seu codinome lendário.

Pica-paus famosos e interessantes

Quando chegamos próximo à margem do rio Itapanhaú, nos deparamos com uma leve elevação do solo, característica responsável por uma mudança na estrutura da floresta de restinga, que passa de paludosa para uma mata não alagada, mais alta e densa. Nessa região, observamos a pomba-amargosa[201] e a pariri[187], espécies que costumam usar ambientes de floresta mais alta e escura. Também encontramos o saí-andorinha[218], que vive em grupos e cujo macho é azul com a barriga branca e a fêmea, verde de barriga clara, e o pica-pau-de-banda-branca[192], que, assim como o famoso pica-pau do desenho animado, criado em 1940 pelo desenhista e dublador estadunidense Walter Lantz (1899-1994), também tem uma bela gargalhada.

Escutamos um picapauzinho-de-coleira[198], do grupo dos menores pica-paus do Brasil, medindo apenas 10 centímetros, e nessa espécie os machos possuem uma mancha vermelha na testa. Em muitas espécies de pica-paus, os machos apresentam marcas vermelhas em alguma parte da cabeça, diferentemente das fêmeas, o que facilita distinguir os sexos em campo. Em Bertioga, ocorre um fenômeno biológico interessante, que é a presença de uma ampla área de hibridização, ou seja, onde duas espécies de aves se encontram, cruzam e geram descendentes considerados híbridos, com plumagens intermediárias. Essas duas espécies são o picapauzinho-de-coleira, cuja coloração ocrácea na face e no pescoço forma uma "coleira", e o picapauzinho-barrado[197], que possui coloração cinza nas mesmas partes, e ambos apresentam peito e ventre barrados. O primeiro ocorre desde o Sul do Brasil até o litoral centro-norte de São Paulo, e o segundo ocorre do Norte do país ao litoral centro-sul de São Paulo, encontrando-se os dois na região de Bertioga, onde temos aves com plumagens características dessas duas espécies (com e sem coleira) e aves com plumagens intermediárias, o que indica essa hibridização.

Remando entre as aves do rio Itapanhaú

Após esse longo trecho percorrido pela mata de restinga, que inclui áreas paludosas e secas, chegamos à margem do imponente rio Itapanhaú. Formado pelos rios Sertãozinho e Guacá na parte alta da Serra do Mar, no município de Biritiba-Mirim, o Itapanhaú desce a serra e recebe alguns tributários no município de Bertioga, como os rios Itatinga e Jaguareguava, entre outros, perfazendo um trecho de cerca de 40 quilômetros entre a nascente e a foz, no Canal de Bertioga, onde deságua no mar. Esse rio é o mais extenso do litoral paulista e formador de uma importante bacia hidrográfica. Em suas margens existem amplas regiões de manguezais, um ambiente considerado ameaçado de extinção por causa do desmatamento e da degradação ambiental

Restinga paludosa

Restinga alta

Manguezal

pelos quais vem passando a planície costeira do litoral paulista nos últimos séculos. Com isso, muitas de suas aves, principalmente aquelas que só vivem nos manguezais, também são consideradas ameaçadas de extinção.

Neste ponto da trilha, trocamos a caminhada pela remada utilizando as canoas canadenses do Centro de Férias Sesc Bertioga, a forma mais adequada para atravessar em silêncio os ambientes naturais do rio Itapanhaú. Dessa forma, navegando lentamente pelo rio, registramos algumas das espécies típicas dos manguezais, como a saracura-do-mangue[228], a saracura-três-potes[230], que canta "três potes-três potes", a figuinha-do-mangue[137] e o savacu-de-coroa[232]. Mais à frente, nos deparamos com um bando de setenta guarás[158], que ficou sobrevoando a área até pousar no manguezal da Gleba 4. Esse grupo era formado por aves adultas completamente vermelhas reluzentes e jovens de diferentes idades e cores, desde plumagem marrom no primeiro ano de vida até aves pintadas ou quase inteiramente vermelhas – uma cena deslumbrante e inesquecível que emocionou a todos dentro das canoas.

Diz uma lenda que todas as aves eram brancas e, depois de certo tempo, acabaram se entediando e foram buscar, inspiradas nas cores dos outros seres da natureza, cada uma sua cor própria. Assim, algumas delas ficaram verdes por se esfregarem nas folhas das árvores; outras fizeram o mesmo nos troncos e passaram a ser marrons; e teve aquelas que, ao se atritarem nos liquens, ficaram com cores diversas. Além dessas, houve as que se expuseram ao luar para obter penas azuis, e outras que exageraram na exposição ao sol, ficando escuras, do cinza ao preto. Mas faltava o vermelho, que era muito raro e as aves nunca o tinham visto. Até que um dia o bico-de-brasa apareceu com seu bico vermelho, chamando a atenção de todos, mas, ao ser questionado a respeito de onde tinha conseguido aquela cor vermelha, preferiu guardar segredo. O guará, curioso, resolveu seguir o bico-de-brasa pela mata e, depois de muita insistência, finalmente descobriu seu segredo. Ele observou o bico-de-brasa enfiando o bico em uma cesta cheia de urucum, e o mistério foi desvendado. Ansioso, o guará esperou o colega ir embora e, afobadamente, se jogou inteirinho dentro do recipiente, deixando de fora apenas o bico para respirar e a ponta das asas para que pudesse sair do cesto. Ao retornar para casa, foi aplaudido por todos e contou o que havia acontecido e onde estava a fonte da cor vermelha. Isso gerou uma grande competição, e logo algumas espécies saíram em busca da cor vermelha, como o tiê-sangue e o príncipe, mas a quantidade de urucum foi diminuindo e se tornando insuficiente para todos se pintarem. A solução mais inteligente e educada por parte das aves que ainda não haviam conseguido se tingir foi pintar apenas certas partes do corpo com o restinho de urucum no cesto, e isso lhes proporcionou pelo menos alguma área vermelha. O urubu-de-cabeça-vermelha enfiou a cabeça toda no cesto, o surucuá-variado tentou entrar, mas, por causa de suas patas curtas, conseguiu encostar somente a barriga. O tangará, por sua vez, passou urucum por toda a sua coroa, e o tiê-preto, que estava por último, conseguiu tingir apenas um pequeno risco no alto da cabeça.

Ainda na margem do rio, onde existe um mosaico de ambientes, foi possível encontrar uma avifauna bem variada, com espécies típicas de *habitat*

Mata ciliar do rio Itapanhaú

ribeirinho, como marrecos, gaviões, falcões, andorinhas, além de outros grupos. Entre os marrecos, avistamos a marreca-caneleira[171], a marreca-ananaí[176] e o pato-do-mato[192], que pesa cerca de 2.850 gramas e é muito procurado por caçadores e pessoas que cruzam essa espécie com os patos domésticos, gerando um pato silvestre doméstico. Entre os gaviões, avistamos o gavião-pernilongo[156], que utiliza suas longas pernas para capturar as presas em buracos de árvores; o gavião-gato[153], que estava com uma plumagem de jovem, bem diferente dos adultos; o falcão-relógio[135], em um voo baixo cruzando o rio e se deslocando entre os manguezais; e um casal de falcão-de-coleira[134], que estava pousado no topo de uma árvore seca. Também encontramos outras duas espécies comuns nos manguezais, o gavião-caracoleiro[150] e o gavião-caramujeiro[148]. Ambos comem caramujos, mas o caracoleiro quebra a concha ou engole a presa inteira, já o caramujeiro possui um bico em forma de gancho, especializado em retirar a parte mole de dentro da concha sem danificá-la, o que possibilita encontrar aglomerados de conchas vazias embaixo de seu poleiro, algo parecido com as pelotas das corujas. Outra espécie observada no local e que se alimenta de caramujos é o carão[111]. Assim como o caracoleiro, ele quebra a concha para consumir a parte mole do animal. O carão costuma vocalizar durante a noite, e seus gritos podem assustar os desavisados. Entre o grupo das andorinhas, observamos um bando de andorinhas-grandes[67], com mais de 700 indivíduos, que provavelmente estava realizando algum deslocamento regional; alguns casais de andorinha-serradora[68], que sobrevoavam o espelho de água e capturavam alguns insetos, levando-os na sequência para os filhotes acomodados nos ninhos, localizados em cavidades no barranco do rio; além da andorinha-pequena-de-casa[68], espécie bastante comum, possível de ser encontrada em todo tipo de ambiente, desde áreas preservadas até o centro das grandes cidades do país, onde prestam um importante serviço ambiental se alimentando dos insetos.

Entre as outras aves observadas, estão o savacu ou socó-dorminhoco[231], cujo nome se associa ao fato de ele passar o dia descansando sobre as árvores, por ter comportamento crepuscular e noturno, e o colhereiro[131], que tem o nome relacionado ao formato de seu bico, parecido com uma colher e utilizado para filtrar a lama e obter os microrganismos dos quais se alimenta e extrai os carotenoides, pigmentos responsáveis por sua plumagem cor-de-rosa, que fica mais intensa no período reprodutivo. Os guarás também utilizam esses pigmentos para manter sua cor vermelha intensa, mas os adquire do caranguejo chama-maré. Em meio à vegetação baixa e marginal do rio, notamos a presença da discreta freirinha[141] e do exibido japacanim[164], com sua cauda e asas abertas cantando em dueto no alto de um arbusto. A grande surpresa ficou por conta do anu-coroca[69], que observamos na borda do manguezal. Imponente e robusto, com uma plumagem preto-azulada e olhos brancos, ele é o primo interiorano do anu-preto, ou seja, vive nas matas ciliares dos rios do interior de São Paulo. A espécie ainda não havia sido registrada no litoral paulista, e esta foi uma importante descoberta. Sua presença tão distante de casa indica ser uma ave perdida ou vagante, que chegou a Bertioga em razão de algum problema em seu "*GPS*", erro na rota, ou mesmo por qualquer fator climático, como tempestades e ventos fortes.

Entre aves migratórias, crepusculares e noturnas

Ao longo do rio Itapanhaú e no seu entorno direto, também encontramos outras quatro espécies de aves migratórias de longa distância, que viajam do norte da América do Norte, regiões como Alasca e Canadá, ao sul da América do Sul, países como Chile e Uruguai, passando pelo Brasil, no estado de São Paulo, município de Bertioga e áreas do Sesc Bertioga, onde descansam e se alimentam durante a longa viagem. Avistamos o maçarico-pintado[169], o maçarico-solitário[169], o maçarico-grande-de-perna-amarela[170] – todos são parentes da batuíra-de-bando, registrada na praia do Centro de Férias – e a andorinha-de-bando[64], aves incríveis que atravessam dezenas de países todos os anos durante suas desafiadoras jornadas pela vida. Essas aves dependem dos "postos de gasolina" que encontram ao longo de suas rotas migratórias para descanso e reabastecimento, e o "posto Sesc Bertioga", aberto 24 horas por dia, todos os dias do ano, oferece abrigo, alimentação e proteção para esses ilustres visitantes internacionais que passam por nosso país. O nome popular dessas aves deriva da associação entre seus bicos compridos e o maçarico, ferramenta utilizada em oficinas. Assim como acontece com os martins-pescadores, cada tipo de bico é utilizado para capturar determinado invertebrado em uma profundidade específica, sendo possível ver várias espécies se alimentando juntas.

Com o cair da noite na beira do rio, ainda tivemos a felicidade de encontrar duas espécies de aves noturnas, o bacurau[81] e o corucão[122]. Ambas ficam pousadas no chão, em áreas abertas, pois confiam nas plumagens camufladas que as protegem dos predadores. O bacurau, também conhecido popularmente como curiango ou carimbamba, passa o dia na borda da mata, escondido na sombra e entre as folhas mortas das árvores, onde também se protege contra o sol forte. Sai para se alimentar apenas durante a noite, e pode-se encontrá-lo pousado em estradas de terra. Seu canto reproduz as onomatopeias "curiango" e "amanhã eu vou", e é na escuridão da noite o momento mais fácil de detectá-lo. Já o corucão passa dia e noite pousado em áreas abertas entre a vegetação rasteira, ficando completamente camuflado e quase imperceptível aos olhos de predadores e observadores. O melhor período para encontrá-lo é no final da tarde ou no início da manhã, horários em que sai a fim de se alimentar voando sobre áreas abertas, inclusive cidades, em busca de insetos que captura no ar com uma grande boca semelhante à do urutau. Seu voo é suave e elegante, sempre a meia altura, mas pode voar alto ou mesmo rente ao solo, sendo identificado pelas faixas brancas estampadas nas asas.

Os cenários deslumbrantes e protegidos do terceiro dia

Um novo dia amanhece na planície de Bertioga, e temos a oportunidade de contemplar o belo nascer do sol no rio Itapanhaú, um cenário único, formado em primeiro plano pelas curvas harmoniosas e protegidas por vegetação ciliar, que contrasta com a silhueta da imponente Serra do Mar ao fundo, uma composição tingida de laranja, amarelo e azul, com traços de tons anil e lilás, refletida nitidamente no espelho de água desse rio encantado de nosso litoral.

Logo após o amanhecer, tivemos o privilégio de observar um grupo de fragatas dando rasantes no rio. Algumas batiam o peito e cauda na água espalhando gotículas pelo corpo para tomar banho, enquanto outras apenas bebiam água – comportamentos curiosos dessas aves marinhas. Ao cruzar o Itapanhaú, chegamos ao Parque Estadual Restinga de Bertioga (Perb), uma Unidade de Conservação (UC) criada em 2010 que protege mais de 9 mil hectares de restinga, manguezal e floresta de baixada, fazendo limite com algumas áreas do Sesc Bertioga. Agora nossa caminhada segue pela Trilha d´Água, caminho que começa no manguezal do rio Itapanhaú e termina em uma cachoeira escondida na imponente mata de baixada[48], aos pés da Serra do Mar. Por essa trilha passam centenas de pessoas todos os anos, entre estudantes, professores, turistas e pesquisadores, sempre acompanhados de monitores ambientais e funcionários do parque.

A fascinante mudança de ambiente, de clima e das aves

Logo no início da trilha, ainda na área de manguezal, escutamos o belo canto do pula-pula-ribeirinho[206], ave pequena e discreta mas que chama a atenção de todos pelo canto forte e elaborado. Adiante encontramos uma pena branca caída no chão, que é da coruja suindara[230], também conhecida como coruja-das-torres ou coruja-de-igreja, por fazer seus ninhos nas torres das igrejas e em outras edificações, ou rasga-mortalha, ave de mau agouro temida em muitas regiões do país. Vestígios como penas e ninhos nos ajudam muito a identificar a presença de certa espécie em uma região.

O trecho seguinte apresenta uma vegetação aberta e muito bonita, formada por diferentes plantas rasteiras que vivem em solo alagado. O tom amarelado de algumas dessas plantas contrasta com o verde mais escuro da restinga, do manguezal e da Serra do Mar. Nesse ambiente diferenciado, conseguimos observar alguns casais de pia-cobra[192] – também conhecido em certas regiões como curió-do-brejo em razão de seu canto elaborado lembrar o do curió – e de curutié[129], parente do joão-de-barro que vive em áreas alagadas. Ambas as espécies ficam escondidas na vegetação densa, mas os machos costumam pousar no alto de alguns arbustos para cantar e defender seu território, sendo possível observá-los por alguns segundos. Também conseguimos escutar as vocalizações de pelo menos três famílias de sanã-vermelha, espécie provavelmente comum nessa região.

Ainda na área aberta, avistamos dois grupos de andorinhões: um deles formado pelo taperuçu-de-coleira-branca[240], com mais de oitenta aves; o outro, pelo andorinhão-do-temporal[64], com cerca de 10 indivíduos. O primeiro é maior (21 centímetros), possui uma coleira branca bem evidente e costuma voar em grupos numerosos a grandes altitudes, mas descem com frequência para se alimentar próximo do solo, além de ser uma espécie residente na Serra do Mar. Já o segundo é menor (11 centímetros), espécie migratória que apresenta plumagem cinza-escura, voa em altitudes mais baixas e é muito comum em áreas urbanas, aparecendo em São Paulo nos meses mais quentes do ano. Andorinhões e andorinhas são aves de famílias diferentes – Apodidae e Hirundinidae, respectivamente – e apresentam morfologia corporal distinta. Os andorinhões possuem os pés adaptados para pousar verticalmente em rochas, onde ficam literalmente pendurados, semelhante aos morcegos, mas de cabeça para cima, enquanto as andorinhas pousam igual a passarinho, em galhos e fios. Por conta dessas adaptações, os andorinhões só costumam pousar para dormir. Eles chegam nas áreas de dormitório no início da noite e saem no começo da manhã, passando o dia todo em voo. Já as andorinhas em boa parte do dia ficam pousadas descansando e limpando a plumagem. Os andorinhões dormem dentro de troncos de grandes árvores mortas, de cavernas, de fendas, atrás de cachoeiras ou mesmo em estruturas artificiais, como chaminés. O grupo dorme junto e, antes de entrar no local escolhido, se reúne em voos circulares sobre a área até começar a "despencar" do céu em alta velocidade. Daí entra um de cada vez, ou em pequenos grupos, dentro do abrigo, produzindo um som alto e típico, resultante do atrito do ar com suas penas – mais um espetáculo da natureza.

A caminhada continua, e logo entramos em um ambiente florestal parcialmente aberto, formado por uma restinga paludosa[38], com bastante água no solo e plantas exclusivas, como a caixeta, árvore de pequeno porte que ocorre em uma faixa litorânea restrita entre Espírito Santo e Santa Catarina. Também chamada de pau-de-tamanco ou mesmo de pau-de-viola, entre vários outros nomes populares, tem madeira clara e leve, sendo utilizada para fazer tamancos, artesanatos, lápis, palitos de fósforo e instrumentos musicais, como violas e rabecas. Devido a sua extração em larga escala no passado, foi praticamente dizimada de muitas regiões costeiras, entrando na lista de plantas ameaçadas de extinção. No entanto, certas ações de conservação, de manejo florestal e de plantios comerciais vêm sendo realizadas nos últimos anos para tentar reverter essa situação.

Conforme caminhamos, a vegetação florestal se transforma e fica mais densa. Com isso, registramos novas espécies de aves, como algumas juritis-pupu[166] – pomba de porte médio que se alimenta de grãos espalhados pelo chão e, ao menor sinal de perigo, voa em direção à vegetação fechada para se proteger – e a saíra-sapucaia[223] – ave da família dos sanhaços que está ameaçada de extinção devido à degradação das restingas, mas em Bertioga ela encontra proteção tanto nas áreas do Sesc quanto nas demais reservas existentes. Também observamos o belo saí-verde[225], conhecido em algumas

Vegetação aberta e mata paludosa ao fundo

Mata paludosa (caixetal)

regiões por saí-tucano – em referência a seu bico longo de cor preta e amarela –, sendo uma das poucas espécies de aves cujo nome popular se baseia na cor da fêmea, pois o macho é todo azul com a cabeça preta.

Conforme nos aproximamos da Serra do Mar, o ambiente vai mudando, e a mata passa a exibir um porte mais alto e denso. Ao atravessar mais uma clareira de mata, observamos dois imponentes urubus-de-cabeça-vermelha[261] se aquecendo ao sol com as asas abertas e escutamos o macuquinho[171], ave pequena (11 centímetros) que vive no chão da mata e possui um canto muito diferenciado, mais parecido ao de um sapo que de uma ave. Como seu canto tem um volume baixo, ele se aproxima de cavidades de troncos de árvores para cantar, pois assim consegue amplificar o som produzido e defender melhor seu território.

Agora nossa caminhada chega ao rio Guaxanduba, mais um cenário deslumbrante da Mata Atlântica de Bertioga, com suas águas cristalinas correndo sobre um leito de pedras e areia no interior da mata alta. Em suas margens, repletas de samambaiuçus e muitas plantas epífitas, como bromélias e orquídeas, forma-se um belíssimo jardim. É nesse cenário de tirar o fôlego que escutamos o canto anasalado do jaó-do-sul[164], ave ameaçada de extinção que vive no chão escuro da mata, onde se alimenta de pequenos insetos e frutos. No alto das árvores, avistamos o chirito[109], com seu comportamento inquieto e camuflado entre os cipós, e o bico-virado-carijó[99], que, assim como seu primo, o bico-virado-miúdo, se alimenta utilizando seu bico em forma de cunha para encontrar os insetos entre as cascas das árvores.

Logo em seguida, chegamos à estrada de ferro do bonde que faz o transporte dos funcionários e moradores da Vila de Itatinga, onde funciona a Usina Hidrelétrica de Itatinga, construída em 1910 e que até hoje fornece energia elétrica para o porto de Santos, o maior complexo portuário da América Latina. Neste ponto, observamos um bando de calcinha-branca[99], uma pequena andorinha cinza que possui as penas das coxas brancas. Pousado no topo de uma árvore seca estava o gavião-pombo-pequeno[154], com sua plumagem branca imponente e asas escuras. Essa ave é endêmica da Mata Atlântica e está ameaçada de extinção devido à degradação das matas do litoral. Ambas as espécies são típicas da região litorânea de São Paulo, sendo sempre uma grande alegria encontrá-las em campo, melhor ainda em áreas protegidas. Na mesma área aberta, observamos outros dois gaviões em voo: o gavião-bombachinha-grande[149], muito semelhante a seu primo migratório gavião-bombachinha, e o gavião-pega-macaco[154], bastante vocal, com suas asas largas e arredondadas e cauda preta barrada de branco; essa é outra ave de rapina imponente e muito bonita que ocorre tanto na Mata Atlântica como em outras regiões do país. Seu nome popular faz referência ao hábito da espécie de caçar alguns pequenos macacos e outros mamíferos para se alimentar.

Após percorrer os mais variados ambientes protegidos pelo Perb, chegamos no Parque Estadual Serra do Mar (PESM) e somos recompensados pela beleza da cachoeira da Trilha d´Água, outro cenário de tirar o fôlego, com sua cascata caudalosa e seu poço de águas cristalinas. Após um delicioso e relaxante banho, seguimos caminhando até acessar a Gleba 5 do Sesc Bertioga, em plena mata de baixada e diante da muralha verde da Serra do Mar, cenário

Mata de baixada e
encosta da Serra do Mar

grandioso que promete muitas surpresas aladas. Com o cair da noite, escutamos o canto da pequena corujinha-sapo[127], cujo nome popular refere-se ao fato de seu canto lembrar muito o de um sapo. Essa coruja não é tão comum como sua prima, a corujinha-do-mato, pois costuma ocorrer em áreas mais preservadas de floresta, sendo mais exigente, mas em ambas as espécies pode-se encontrar variações de cor na plumagem, entre os padrões cinza, mais frequente, e ruivo, que resulta em um padrão distinto, semelhante ao encontrado em alguns gaviões.

O desafio físico e a explosão de vida do quarto dia

Um novo dia se inicia, e o amanhecer na parte baixa da Serra do Mar é uma explosão de vida e um grande espetáculo proporcionado pela majestosa orquestra das aves. A sinfonia começou ainda no crepúsculo, de um lado com o canto das juruvas[166] e do solitário falcão-caburé[134] e, de outro, do arapaçu-grande[71] e do arapaçu-de-garganta-branca[71], complementados na sequência pelo canto grave do tovacuçu[251].

Conforme o dia foi clareando, escutamos as primeiras notas trinadas do canto do inhambuguaçu[162], que vão sendo emitidas sequencialmente em intervalos cada vez mais curtos até o repique final. Com o sol iluminando lentamente o interior da mata, começa a cantoria generalizada, e a sinfonia da passarada ganha ainda mais força com as chocas-da-mata e os tiês-de-bando[243] fazendo a base, o benedito-de-testa-amarela[90] e o chocão-carijó[111] nos arranjos, e os sabiás-unas e os capitães-de-saíra[106] solando das mais variadas formas, acompanhados pelas arapongas[75] nos metais, com seu canto estridente, que lembra a batida de um martelo em uma bigorna. A cada segundo, novas espécies começam a cantar e se movimentar sobre a mata em busca de comida, o que torna possível observar os andorinhões-de-sobre-cinzentos[64] sobrevoando a região, ao mesmo tempo que grandes bandos de aves coloridas se deslocam pelas copas das árvores mais altas, como catirumbavas[108], saíras-militares[222], figuinhas-de-rabo-castanho[141], saíras-ferrugem[221] e tucanos, deixando-nos maravilhados com tamanho espetáculo matinal.

A mata de baixada é realmente um lugar incrível para passarinhar. Assim que avançamos em nossa caminhada, logo somos novamente interrompidos por mais um grupo de aves. Desta vez é um bando misto de sub-bosque, ou seja, um grupo de diferentes espécies que se reúnem e deslocam dentro da mata para buscar alimento de forma coletiva, alcançando sucesso, pois o inseto que escapa de uma acaba sendo capturado por outra. Entre essas espécies, estava o tiê-de-bando, líder do grupo, o tiê-de-topete[245], o arapaçu-verde[74], o bico-virado-miúdo, o papa-taoca-do-sul[185] e a choquinha-lisa, além da choquinha-pequena[115], que foi a maior surpresa do dia. Com seus 8,4 centímetros de tamanho e 6,4 gramas de peso, essa choquinha é considerada ameaçada de extinção nacionalmente, sendo rara em muitas regiões, ocorrendo de forma bem pontual nas matas da Serra do Mar. Avistar essa espécie tornou-se realmente um privilégio e provoca grande emoção, principalmente quando acontece dentro de uma área natural protegida. O papa-taoca-do-sul é uma espécie de ave que costuma seguir dentro da floresta bandos de formiga de correição, ou seja, grupos de milhares de formigas que se deslocam pelo chão da mata como um "exército", em busca dos insetos dos quais se alimenta. Durante a caçada, muitos insetos acabam escapando das formigas, mas, durante a fuga, eles são capturados pelas aves que estão seguindo as formigas justamente para se aproveitar da situação. Pelo fato de taoca em tupi significar "formiga", essa ave foi batizada de papa-taoca, mas na verdade ela não come as formigas, e sim os insetos que fogem delas. As aves mais especializadas em seguir formigas de correição estão na Amazônia, e um dos grupos mais interessantes são conhecidos popularmente como mães-de-taoca.

Avançamos um pouco mais em nossa caminhada e logo nos deparamos com outro bando misto, mas desta vez com aves de copa, ou seja, que circulam pela parte mais alta da mata. Conseguimos observar a choquinha-de-peito--pintado[115], o zidedê[265], o caneleiro-preto[105], o sanhaço-de-encontro-azul[228], o tiê-galo e a juruviara, entre muitas outras espécies. Enquanto estávamos parados e olhando para cima em busca das aves de copa, um discreto macuco[171] se aproximou lentamente caminhando pelo chão, e foi possível observar uma das aves mais elegantes da Mata Atlântica bem de perto e em detalhes. Da mesma família do inhambuguaçu e do jaó-do-sul (Tinamidae), o macuco é o maior representante dessas aves na Mata Atlântica. Ele é endêmico desse bioma e ameaçado de extinção no estado de São Paulo devido à destruição de seu *habitat* e à caça, pois uma ave adulta chega a pesar 1.500 gramas. Seu canto, muito característico, na maior parte do ano é um chamado curto e alto, mas no período de reprodução ele faz um trinado denominado "chororoco". Seus ovos são azul-turquesa, e o ninho é feito no chão.

Em um trecho bem escuro da mata, próximo de rochas expostas e da nascente de um pequeno riacho, escutamos o entufado[133], ave discreta com o macho marrom e cinza-escuro-azulado e a fêmea apenas marrom. Ambos possuem um topete frontal com penas eriçadas. Conseguimos observar o macho, que estava caminhando sobre pedras e troncos caídos, com seu comportamento típico de abrir e movimentar a cauda para cima. O canto dessa ave é muito agradável, longo e com uma modulação decrescente que tem alguns picos ascendentes no final. A população de entufados do sul da Serra do Mar tem o canto mais lento que o das aves de Bertioga, e provavelmente trata-se de uma espécie nova, que está sendo estudada pelos ornitólogos.

A didática e desafiadora subida da muralha verde

Após observarmos muitas aves interessantes na baixada, começamos a subir a "muralha verde", nome dado à encosta da Serra do Mar pelos colonizadores europeus, em direção ao topo da serra. Logo no início da subida, já registramos o patinho[188], pequena ave florestal de comportamento discreto, cujo hábito é ficar pousada observando os insetos que fazem parte de sua refeição para capturá-los com voos curtos e retornar ao mesmo poleiro, demonstrando muita habilidade. Seu nome popular deriva da semelhança entre seu bico curto e largo e o bico dos patos, embora as duas aves sejam de famílias completamente distintas.

Conforme subimos a encosta, o ambiente se modifica e novas espécies de aves vão sendo detectadas, como o papa-lagarta-de-euler[182], parente da alma-de-gato, mas de porte menor e vocalização mais grave; o araçari-poca[71], da mesma família dos tucanos, mas menor e com um bico mais colorido, cujo canto também se assemelha mais ao de um sapo que de uma ave, enganando muitos observadores; e a araponga-do-horto[74], que, apesar de ser chamada de araponga, é a única espécie da família Oxyruncidae e distinta da araponga verdadeira, que faz parte da família Cotingidae, a mesma do pavó e de outras aves incríveis.

Ao longo da caminhada, encontramos algumas "janelas" na mata, pelas quais foi possível avistar a cidade de Bertioga, o Centro de Férias e a praia, além de muitos urubus-pretos e fragatas em voo aproveitando as térmicas. Também observamos algumas árvores adultas de palmito-juçara, com troncos grossos e cachos carregados de coquinhos verdes e escuros, que são consumidos por mais de 30 espécies de animas da Mata Atlântica, entre mamíferos e aves, como tucanos, araçaris, arapongas e jacus, os quais ingerem os frutos e dispersam as sementes, sendo verdadeiros plantadores de palmito. Porém, esse ciclo está se interrompendo pelo corte ilegal dessas palmeiras para o mercado alimentício, e isso coloca a espécie em risco de extinção e prejudica toda a comunidade de animais silvestres que depende desse importante recurso natural para sobreviver.

Conforme nossa caminhada ultrapassa os 450 metros em relação ao nível do mar, já começamos a detectar uma mudança altitudinal da comunidade de aves, com espécies diferentes das registradas até o momento na parte baixa e que só ocorrem da parte central da encosta ao topo da serra. Existem pelo menos três grupos de aves relacionados a essa mudança de altitude. O primeiro é formado por aves que são primas e se substituem altitudinalmente, ou seja, na parte baixa tem-se uma espécie e na parte alta, outra: como o pica-pau-bufador na parte baixa e o pica-pau-dourado[199] na parte alta; o surucuá-de-barriga-amarela embaixo e o surucuá-variado[237] no alto; o tucano-de-bico-preto na baixada e o tucano-de-bico-verde no planalto, entre outros exemplos. Para os tucanos, a ocorrência por altitude pode ser inversa em certas épocas do ano, devido a possíveis movimentos altitudinais realizados por essas aves, sendo esse um fenômeno biológico ainda pouco compreendido na Serra do Mar. O segundo grupo se constitui de aves que ocorrem somente na parte baixa ou apenas na parte alta, como o jaó-do-sul, o assanhadinho e o pintadinho[200], aves exclusivas da parte baixa da serra. Enquanto o pinto-do-mato[199], a tesoura-cinzenta[240] e o trepador-quiete[251] são exclusivas da parte alta. O terceiro grupo é formado por aves que são comuns em certa região e incomuns em outras, por exemplo, o

Mata de encosta com
vista de Bertioga

cuspidor-de-máscara-preta e o beija-flor-rajado, normalmente encontrados na parte baixa e menos comuns na parte alta, ou ainda o chupa-dente[115] e o rabo-branco-de-garganta-rajada[208], que ocorrem comumente na parte alta e são incomuns na parte baixa.

Todas essas questões biogeográficas são fascinantes, pois mostram que, evolutivamente, essas aves escolheram, por alguma razão, altitudes diferentes para viver, mas as mudanças climáticas e o aquecimento global podem afetar tais distribuições e prejudicar muitas espécies, incluindo extinções locais e regionais. Tanto as distribuições altitudinais como os efeitos negativos causados pelas ações do homem são temas que vêm sendo estudados em diferentes regiões do mundo, e os dados de campo obtidos nas áreas do Sesc Bertioga poderão contribuir muito com essas áreas do conhecimento em estudos sobre a Serra do Mar.

O dia já está quase no fim, a neblina densa já cobriu a floresta, reduzindo nossa visibilidade e baixando muito a temperatura, mas os cantos inconfundíveis da choquinha-de-dorso-vermelho[112], do corocoxó[120] e do pula-pula-assobiador[206], espécies típicas do planalto, nos indicam que, após quatro dias de caminhada, passando pelos mais variados tipos de ambientes e cruzando rios e manguezais, onde observamos centenas de espécies de aves, atingimos o principal objetivo da expedição: chegar a 900 metros de altitude no topo da Serra do Mar – momento de muita emoção comemorado por todos. A caminhada, porém, ainda não acabou. Agora vamos montar acampamento, jantar e descansar, pois amanhã acordaremos cedo para percorrer a região do planalto que faz parte da Gleba 5 do Sesc Bertioga em busca das aves e de toda essa natureza exuberante da Mata Atlântica alto-montana da Serra do Mar.

A conquista e o dever cumprido do quinto e último dia

O despertador indica que são 4h da madrugada. Mas quem programou esse horário para despertar com um toque de coruja? A dúvida foi logo esclarecida com um novo canto da corujinha-sapo, que estava bem acima do nosso acampamento cantando tranquilamente sem se incomodar com os visitantes. Já começamos o dia bem e tomamos o café da manhã na companhia dessa pequena e simpática coruja. Ainda no escuro, iniciamos a caminhada em busca de outras espécies de aves noturnas. Após 30 minutos, quando chegamos na parte alta de um vale, ocorreu um momento muito especial: escutamos um casal de murucututu-de-barriga-amarela[178] cantando de um lado e uma coruja-do-mato[124] solitária cantando do outro.

À medida que o dia clareava, ainda no crepúsculo, o silêncio foi interrompido pelo som alto e mecânico das asas das jacutingas[164], outra ave endêmica da Mata Atlântica, indicando que elas já haviam acordado e saído do poleiro onde passaram a noite, pois sempre fazem isso pela manhã. Trata-se de um som muito característico produzido pelas penas modificadas das asas dessas aves, assim como acontece com seus primos, os jacuguaçus, e esse som é uma das formas de detectar as aves da família Cracidae em campo. As jacutingas, assim como os macucos, são aves muito bonitas e elegantes, mas, em razão de seu comportamento tranquilo e curioso e seu tamanho corporal avantajado, com peso de aproximadamente 1.400 gramas, foram historicamente muito caçadas no Brasil, com relatos de milhares de aves abatidas em poucas semanas, servindo inclusive como um dos pratos principais do último jantar oficial do imperador Dom Pedro II no Rio de Janeiro, em 1889. Isso fez com que a espécie desaparecesse em muitas regiões e fosse considerada, na avaliação nacional, uma ave ameaçada de extinção. Hoje ela só é encontrada em poucos lugares da Mata Atlântica, e avistá-la significa uma importante descoberta para nossa expedição. Foi uma grande alegria ver essas aves vivendo em uma área protegida pelo Parque Estadual da Serra do Mar e pelo Sesc Bertioga.

Logo após o crepúsculo, e com um pouco mais de claridade, escutamos um grupo de urus[260] cantando no fundo do vale – um canto grupal que mais parece uma grande algazarra. Essas aves passam o dia todo caminhando pelo chão da floresta e à noite empoleiram-se para dormir. Nos apressamos a fim de encontrar uma "janela" por meio da qual fosse possível ver o litoral. Depois de aproximadamente 20 minutos de caminhada, achamos o local perfeito. À nossa frente, é possível avistar o abismo de 900 metros, com um tapete verde que encontra o azul do mar, cortado por artérias hídricas de diferentes calibres, dentro de um grande mosaico de cores formado pelos mais variados tipos de ambientes. No horizonte azul do Atlântico, novamente se exibe o imponente Arquipélago de Alcatrazes, que nos recebeu na praia no início da caminhada e agora nos acolhe mais uma vez para celebrar nossa conquista com a contemplação do magnífico nascer do sol de Bertioga – um verdadeiro espetáculo da natureza. A trilha sonora fica por conta de uma orquestra seleta, formada apenas por aves endêmicas da Mata Atlântica, como o sabiá-cica[218]– também denominado mãe-de-sabiá, por cantar diferente dos periquitos e se parecer com os sabiás –, o pichororé[199], a borralhara[99] e a cigarra-bambu[115] – com seus cantos suaves emitidos do sub-bosque –, a choquinha-de-asa-ferrugem[111], o arredio-pálido[74] e o bico-de-pimenta[99] – cujos cantos decrescentes e marcados são emitidos da copa das árvores com os cantos discretos do arapaçu-escamoso-do-sul[71] e do piolhinho-serrano[201] –, além da choquinha-de-garganta-pintada[111] e do papa-formiga-de-grota[182], que cantam juntos e fazem seus chamados característicos bem próximos do chão.

As belezas e os encantos do planalto

Após o término do espetáculo matinal, percorremos as matas alto-montanas[56], com suas árvores tortuosas repletas de musgos, samambaias, bromélias e orquídeas, devido à alta umidade diária vinda do litoral. Cruzamos vales com riachos de águas cristalinas, que vão se encontrando e descendo a serra de forma encachoeirada até chegar na parte baixa da Gleba 5, onde uma fração da água é captada e encaminhada por tubulação até o Centro de Férias Sesc Bertioga. Depois de utilizada, a água segue para a Estação de Tratamento de Esgoto da Gleba 2, onde é tratada e devolvida ao rio Itapanhaú.

Durante a caminhada, escutamos o som forte e marcado do matracão[179], o maior representante da família das chocas e choquinhas (Thamnophilidae), e o canto do tangarazinho[239], ave multicolorida também endêmica da Mata Atlântica, com o de outras espécies típicas do planalto, como a saíra-lagarta[221] e a saíra-viúva[228]. Ao cruzar um pequeno riacho, encontramos um beija-flor-rubi[88], mais uma espécie endêmica da Mata Atlântica, que utiliza suas patas fortes com unhas afiadas para se fixar em rochas íngremes e escorregadias de cachoeiras, a fim de que um fluxo forte de água passe pelo seu corpo e limpe de forma mais eficiente sua plumagem. O fato de os beija-flores se alimentarem de néctar – solução doce e viscosa – exige deles uma constante higienização da plumagem, feita com mais frequência em relação a outras aves e com vários banhos por dia. No mesmo ponto da mata, observamos e escutamos três espécies que sobrevoavam a região, o elegante gavião-tesoura[155], ave migratória cuja trajetória se realiza entre América do Sul e América do Norte, e dois bandos de periquitos endêmicos da Mata Atlântica, os cuiú-cuiús[131] e as tiribas-de-testa-vermelha[249].

Ao passar por uma parte bem escura da mata, com vegetação densa, ouvimos a tovaca-campainha[251], o vira-folhas[265], o flautim[139] e o tapaculo-preto[240], pequena ave de apenas 10 centímetros que, apesar do nome popular, é cinza-escura e vive no chão da mata entre troncos caídos e cipós. Após alguns minutos em silêncio, observamos um indivíduo curioso, que se aproximou discretamente para investigar quem havia invadido seu território, mas como não encontrou nenhum perigo, foi logo embora. Ainda dentro da mata fechada, escutamos o canto de outra ave endêmica e rara da Mata Atlântica, que passou voando sobre a copa das árvores. Desta vez foi um grupo de apuim-de-costas-pretas[70], pequeno periquito de apenas 16 centímetros, verde, com a cauda curta e vermelha, as costas pretas e um anel laranja ao redor dos olhos. Por ser raro, saímos desesperados à sua procura, olhando de galho em galho de todas as árvores do caminho. De repente, escutamos certo "cochicho", bem baixinho, e lá estavam eles em grupo de seis apuins – pousados a cerca de oito metros de altura e descansando. Assim como nos encontros com o guará, a choquinha-pequena, a jacutinga e tantas outras aves incríveis registradas ao longo dessa caminhada, a emoção logo contagiou o grupo e ficamos contemplando aqueles apuins por mais de 30 minutos, até que voaram e desapareceram entre as folhas verdes das árvores. O registro visual e a adrenalina daquele momento ficarão guardados para sempre em nossa memória, pois são únicas as vivências proporcionadas pela observação de aves.

Mata alto-montana
da Serra do Mar

Mata alto-montana
da Serra do Mar -
jardim de palmitos

A descoberta de novos ambientes

Com a adrenalina ainda alta devido à grande descoberta dos apuins, partimos em direção ao limite noroeste da Gleba 5, na divisa entre a área do Sesc e o Parque das Neblinas, importante reserva ambiental de Mata Atlântica pertencente a Suzano e gerida pelo Instituto Ecofuturo, instituições parceiras do Sesc Bertioga.

Durante nossa lenta e atenciosa caminhada pela trilha, escutamos vários indivíduos de abre-asa-de-cabeça-cinza[63], cabeçudo[100], tiririzinho-do-mato[243], verdinho-coroado[265], sabiá-coleira[213] e capitão-castanho[105], o primo migratório do capitão-de-saíra, que se reproduz nas regiões Sul e Sudeste do Brasil e migra para a Amazônia depois de criar os filhotes, padrão semelhante ao de outras aves registradas no decorrer de nosso percurso, como urutau, gavião-bombachinha e bem-te-vi-rajado. Também percebemos a presença de um surucuá-dourado[237] solitário prestando atenção na movimentação. Logo em seguida, nos deparamos com um grande bando misto de aves, no qual identificamos várias espécies florestais da família do joão-de-barro (Furnariidae), como o trepador-sobrancelha[252], o trepadorzinho[251], o limpa-folha-coroado[169] e o limpa-folha-de-testa-baia[169], todos na parte alta do sub-bosque, além do barranqueiro-de-olho-branco[81], em partes mais baixas, e o joão-porca[166], posicionado no chão ao lado de um riacho, seu *habitat* típico. Esse grupo demonstra que espécies de aves de uma mesma família podem ter hábitos distintos e ocuparem lugares bastante diferentes dentro da floresta, algo fascinante e diretamente relacionado à evolução desses animais ao longo de milhares de anos.

Conforme a mata exibe um porte mais baixo, começamos a detectar espécies típicas desse tipo de ambiente: o inhambu-chintã[162], que, assim como seu primo, o inhambuguaçu, possui canto alto e característico; o papa-lagarta-acanelado[182], com seu caminhar discreto sobre os galhos; o joão-teneném[166]; o borboletinha-do-mato[98]; o trinca-ferro[253], outra ave muito capturada ilegalmente e vendida por traficantes de animais silvestres para servir como ave de gaiola, devido ao canto forte e variado; e o tuque[259], primo do tuque-pium e da guaracava-de-crista-branca, mas de coloração mais esverdeada e sem crista. Quando seus primos de crista branca estão migrando pelo estado de São Paulo, os tuques aproveitam a oportunidade e os acompanham em viagens mais curtas, caracterizadas como movimentações regionais, parando para visitar o tuque-pium, o que possibilita observar as três espécies juntas em campo. Ainda nesse ambiente de transição, avistamos a japuíra[164], que, assim como o guaxe, constrói seus ninhos suspensos em forma de bolsa, elaborados minuciosamente com fibras vegetais, por isso são conhecidas popularmente como aves "tecelãs". Uma curiosidade: o bem-te-vi-pirata possui esse nome porque pirateia, ou seja, invade e ocupa os ninhos de aves tecelãs para se reproduzir.

Um campo natural no meio da floresta

Depois de caminhar por um trecho de mata com porte mais baixo, nos deparamos com um enclave de campo alto-montano, ou seja, uma área aberta com árvores esparsas e solo coberto por capins nativos e musgos no meio da floresta do planalto. Nesse local foi possível observar um grupo de aves típicas desse tipo de *habitat*, como os beija-flores besourinho-de-bico-vermelho[90], que apresenta plumagem completamente distinta entre macho e fêmea, e o beija-flor-de-papo-branco[81], que canta insistentemente mesmo nas horas mais quentes do dia; o tororó[250], de apenas 9 centímetros e cuja vocalização lembra a de um inseto; o irré[162], muito parecido com sua prima, a maria-cavaleira, mas com canto distinto; a viuvinha[265], de coloração toda preta, com uma coroa branca no topo da cabeça e as duas penas centrais da cauda mais longas, o que a torna uma espécie muito peculiar; o gibão-de-couro[157], que possui esse nome devido a sua cor marrom-escura e tem o hábito de colocar pequenas pedras na base e ao redor de seu ninho, comportamento ainda pouco compreendido; e a tesoura-cinzenta, de coloração cinza e uniforme, com uma pequena "tesoura" formada pelas penas da cauda, que é endêmica da Mata Atlântica e exclusiva das matas do topo da Serra do Mar. A viuvinha, o gibão e a tesoura-cinzenta adoram ficar pousadas no topo de árvores secas, onde podem observar e monitorar os insetos de suas refeições e fazer um voo certeiro para capturá-los no ar, voltando em seguida ao mesmo poleiro – comportamento parecido com o de outras aves da família Tyrannidae, a mesma dos muitos bem-te-vis registrados ao longo de nossa caminhada.

Ainda na borda da mata, observamos o caneleiro[105] e o caneleiro-de-chapéu-preto[105], espécies irmãs que fazem ninhos parecidos, com aglomerados de fibras ou material vegetal localizados no alto das árvores, entradas laterais e câmara dos ovos na parte interna. A principal diferença entre os ninhos das duas espécies é que o do caneleiro-de-chapéu-preto é maior e mais bagunçado. As duas aves são facilmente reconhecidas por seu canto.

Resumo de uma experiência inesquecível

Depois de cinco dias de caminhada, percorremos mais de 7 quilômetros entre jardins, matas paludosas e restingas, cruzando rios e manguezais do mosaico ambiental protegido pelas áreas do Sesc Bertioga, do Parque das Neblinas e dos Parques Estaduais da Serra do Mar e Restinga de Bertioga, para alcançar nosso objetivo de chegar no topo da Serra do Mar e conhecer uma das regiões mais bonitas e preservadas da Mata Atlântica brasileira. Tivemos a felicidade de registrar 302 espécies de aves, entre residentes, migratórias e endêmicas, além de estabelecer contato com uma ampla comunidade de organismos que, ao lado das aves, são responsáveis pela majestosa biodiversidade da Serra do Mar.

Observamos plantas com formas, cores e perfumes distintos, fungos dos mais variados aspectos, animais vertebrados de diversos tipos: de grande porte, como a anta; de extrema elegância e simpatia, como o bicho-preguiça; exímios nadadores, como a lontra; ágeis voadores, como os morcegos, inclusive o morcego-beija-flor, que, assim como os beija-flores, também poliniza muitas plantas; predadores implacáveis, como a imponente onça-parda e o discreto gato-maracajá; alguns primatas curiosos, como o macaco-prego; serpentes peçonhentas, como a jararaca e o jararacussu; e pererecas e sapos das mais variadas cores e formas, com cantos emitidos tanto à noite como durante o dia, como o pequeno pingo-de-ouro, descrito para a ciência apenas em 2021 e cujo tamanho é de 1,5 centímetro. Além de um mundo à parte formado pelos animais invertebrados, como borboletas, mariposas, besouros, abelhas, vaga-lumes, caracóis e aranhas, inclusive aranhas-caranguejeiras, entre muitos outros grupos.

Agora, sentados e observando o belíssimo pôr do sol no planalto, ouvindo mais uma trilha sonora única regida pela orquestra das aves, temos consciência do quanto estamos conectados a essa natureza e somos parte dela, do quanto esses ecossistemas são importantes para o planeta – na produção de água e regulação do clima – e ao mesmo tempo muito frágeis diante de tantas ameaças locais, regionais e globais. Nos damos conta também dos serviços ambientais essenciais que todos os organismos encontrados pelo caminho nos prestam de forma gratuita, do papel importante que as áreas protegidas pelo Sesc Bertioga e pelas demais instituições particulares e públicas exercem para o cenário atual e global no combate às mudanças climáticas e na proteção da biodiversidade. Percebemos ainda o quanto esse patrimônio da humanidade deve ser apresentado ao maior número possível de pessoas, pois nós só respeitamos, valorizamos e protegemos aquilo que conhecemos. A Mata Atlântica precisa de nossa atenção. É necessário reconhecer e divulgar sua incrível biodiversidade a fim de que esse bioma continue existindo de forma esplêndida para as atuais e futuras gerações.

Referências

PACHECO, J. F. *et al.* "Annotated checklist of the birds of Brazil by the Brazilian Ornithological Records Committee – Second Edition". *Ornithology Research*. 2021, 29: 94-105.

SICK, H. *Ornitologia brasileira*. Rio de Janeiro: Nova Fronteira, 1997.

STRAUBE, F.; ROSA, R. *Lendas e relendas das aves do Brasil*. Curitiba: Anolis Books, 2020.

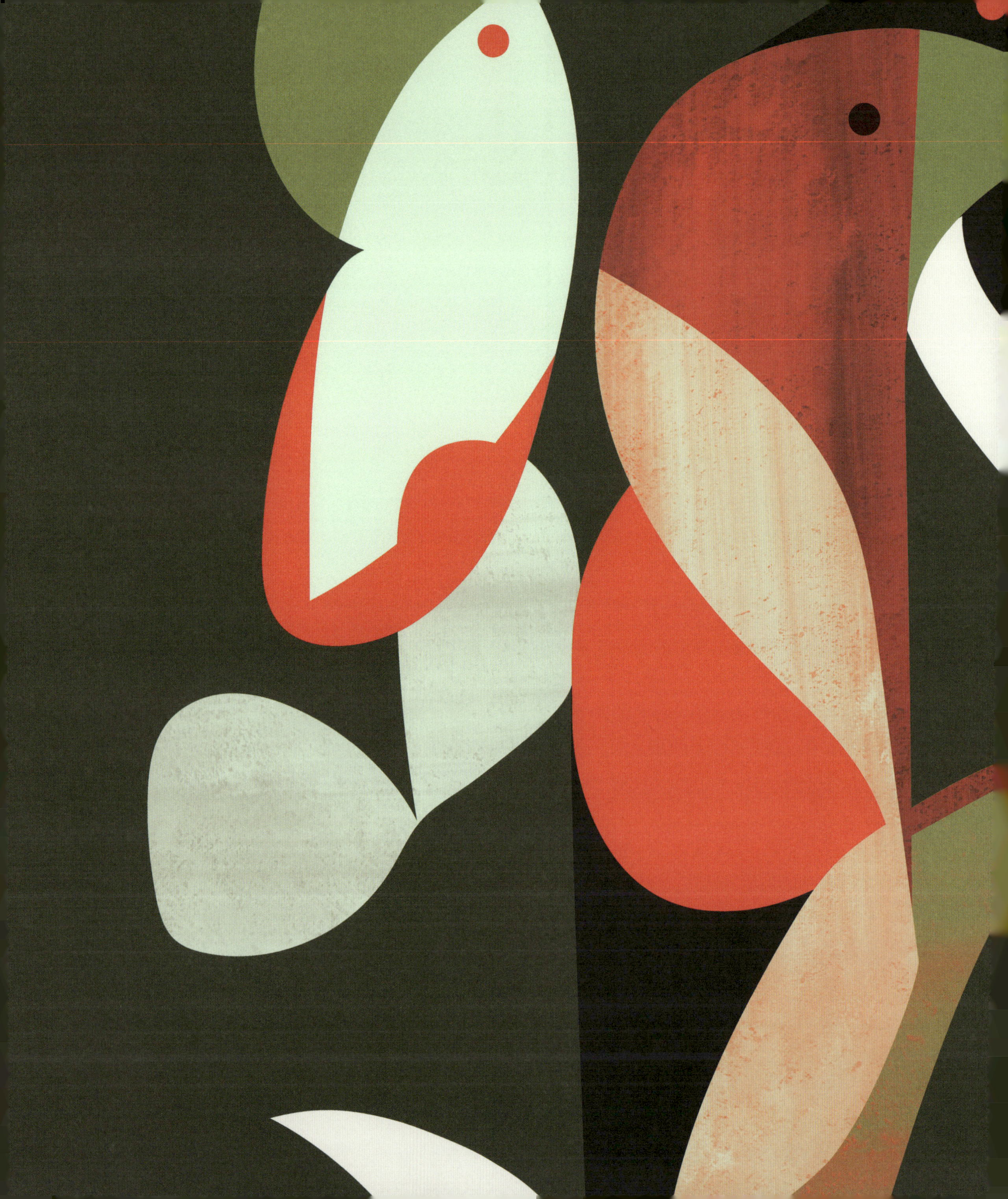

as aves

Fabio Schunk

Nas fichas a seguir, é possível ouvir a voz de algumas das aves acessando um código QR como este:

Aponte a câmera do seu celular para o código e acesse o *link* que irá surgir. (Alguns celulares precisam de aplicativo para ler o código.)

Abre-asa-de-cabeça-cinza
Mionectes rufiventris

TAMANHO 13 cm
PESO 13 g
DIMORFISMO SEXUAL não
ENDÊMICA sim
AMEAÇADA não
MIGRATÓRIA não

Ocorre da Bahia e Goiás ao Rio Grande do Sul e acompanha o domínio da Mata Atlântica, sendo endêmica desse bioma. Espécie florestal que vive no interior e na borda de mata úmida bem preservada e na mata secundária adjacente, inclusive em fragmento florestal. Costuma ser encontrada solitária ou em casais no estrato médio-baixo da mata. Alimenta-se preferencialmente de pequenos frutos, sendo uma importante dispersora de sementes de várias plantas, além de insetos. Tem comportamento discreto, e seu nome popular é uma referência ao comportamento de *abrir a asa* estando pousada, como se quisesse levantá-las. Tem canto típico e vocaliza pouco ao longo do dia, passando despercebida visualmente.

Acauã
Herpetotheres cachinnans

TAMANHO 47 cm	ENDÊMICA não
PESO 667 g	AMEAÇADA não
DIMORFISMO SEXUAL não	MIGRATÓRIA não

Ocorre em todo o Brasil. Espécie que vive na borda de floresta seca e úmida, em capoeira, em fragmento florestal e em áreas antropizadas. Solitária, gosta de pousar em um local alto e de destaque, como árvores secas ou postes de energia, passando horas no mesmo lugar. Alimenta-se de pequenos vertebrados, como lagartos, morcegos e cobras, caçando tanto espécies venenosas como não venenosas. Costuma cantar no início da manhã ou no final do dia, tendo canto longo e típico, com uma parte final que lembra o "acauã" de seu nome popular. Por causa de seu canto, e por entoá-lo à noite, é considerada uma ave de mau agouro e está associada a muitas crenças, lendas e superstições populares em todo o Brasil.

Andorinha-de-bando
Hirundo rustica

TAMANHO 15,5 cm	ENDÊMICA não
PESO 18,5 g	AMEAÇADA não
DIMORFISMO SEXUAL não	MIGRATÓRIA sim

Espécie migratória da América do Norte que viaja para a América do Sul anualmente a fim de fugir do inverno rígido. Ocorre em todos os estados do Brasil, entre agosto e março. Vive preferencialmente próximo de ambientes aquáticos, como rios, lagos e estuários, inclusive manguezais. Pode ser encontrada em grupos variados, com poucos indivíduos ou até dezenas ou centenas deles. Durante a migração, apresenta plumagem de inverno mais discreta, com o ventre branco ou branco-sujo, diferente da plumagem reprodutiva, em que o ventre é todo ferrugem, e da plumagem "manchada" de fases intermediárias. Alimenta-se de insetos que captura em voo. Pode ser encontrada com outras espécies de andorinhas, exigindo atenção para diferenciá-las.

Andorinhão-de-sobre-cinzento
Chaetura cinereiventris

TAMANHO 11,5 cm	ENDÊMICA não
PESO 13 g	AMEAÇADA não
DIMORFISMO SEXUAL não	MIGRATÓRIA não

Ocorre na Mata Atlântica e na Amazônia. Espécie florestal que raramente é vista em áreas abertas ou antropizadas, e isso pode ocorrer apenas quando essas áreas estão próximas de uma floresta. Assim como outros andorinhões, pousa verticalmente e dorme em esconderijos naturais ou artificiais, como chaminés de casas e cavidades nas rochas, saindo pela manhã e retornando ao final do dia. Pode se reunir em grupos com centenas de indivíduos a grandes alturas. Possui vocalização típica que facilita sua detecção. Alimenta-se de insetos que captura em voo, tendo grande habilidade no ar. Devido ao comportamento, os andorinhões ainda são aves pouco conhecidas em relação a sua história natural.

Andorinhão-do-temporal
Chaetura meridionalis

TAMANHO 11,5 cm	ENDÊMICA não
PESO 22 g	AMEAÇADA não
DIMORFISMO SEXUAL não	MIGRATÓRIA sim

Ocorre em todo o Brasil, exceto no interior da Amazônia. Espécie de ambiente aberto, inclusive áreas antropizadas e urbanas, que é muito comum nas cidades brasileiras. Assim como outros andorinhões, pousa verticalmente e dorme em esconderijos naturais e principalmente artificiais, como chaminés de casas, onde inclusive faz seus ninhos, saindo pela manhã e retornando ao final do dia. Ave muito vocal cuja vocalização típica facilita sua detecção. Alimenta-se de insetos que captura em voo, contribuindo para o controle biológico desses animais nas grandes cidades. Migratória, aparece no Sudeste do Brasil nos meses mais quentes do ano, quando se reproduz, e depois se desloca para o norte da Amazônia.

Alma-de-gato
Piaya cayana

TAMANHO 47 cm
PESO 105 g
DIMORFISMO SEXUAL não

ENDÊMICA não
AMEAÇADA não
MIGRATÓRIA não

Ocorre em todo o Brasil. Espécie florestal encontrada em borda de mata, capoeira, áreas rurais, periurbanas e urbanas e comum nas maiores cidades do país. Vive solitária ou em casais, sendo facilmente observada devido a seu comportamento de pular de galho em galho, que lembra um esquilo; é conhecida como *Squirrel Cuckoo* (cuco-esquilo), em inglês. Costuma se deslocar entre as árvores planando com a cauda longa aberta, chamando muito a atenção. Possui vários tipos de vocalização, o que facilita sua detecção em campo. Alimenta-se basicamente de insetos, em especial lagartas, mas também preda pequenos vertebrados, como lagartixas e pererecas, além de ovos e filhotes de ave, e pequenos frutos.

Anambé-branco-de-bochecha-parda
Tityra inquisitor

TAMANHO 17 cm
PESO 43 g
DIMORFISMO SEXUAL sim
ENDÊMICA não
AMEAÇADA não
MIGRATÓRIA não

Ocorre em todo o Brasil, exceto em parte do Nordeste. É uma espécie florestal que vive na borda de mata úmida bem preservada e secundária adjacente, inclusive em fragmento florestal e em áreas rurais e urbanas. Fica no topo das árvores emergentes, às vezes por longos períodos, o que facilita sua observação. Visita cidades em busca de alimento, principalmente no outono e no inverno, aparecendo em parques e praças. Costuma ser encontrada em casais ou pequenos grupos. Alimenta-se de frutos, mas durante a reprodução também consome insetos. Sua voz é muito discreta, passando despercebida da maior parte das pessoas. Muito ativa, o melhor momento para detectá-la é quando se desloca entre árvores ou cruza estradas.

Andorinha-grande
Progne chalybea

TAMANHO 19,5 cm
PESO 43 g
DIMORFISMO SEXUAL não
ENDÊMICA não
AMEAÇADA não
MIGRATÓRIA parcialmente

Ocorre em todo o Brasil. É migratória em determinadas regiões, como no Rio Grande do Sul e, provavelmente, em São Paulo, onde se reproduz nos meses mais quentes do ano, migrando depois para o Norte do país, mas sua migração ainda é pouco conhecida. Espécie que vive em todo tipo de ambiente, principalmente em ambiente aberto, inclusive em áreas rurais e urbanas, onde é muito comum. É encontrada em casais ou grupos variados, com dezenas e até centenas de indivíduos. Alimenta-se exclusivamente de insetos, que captura em voo. Tem o hábito de vocalizar bastante enquanto voa, sendo esse um fator que contribui para identificá-la, pois costuma voar com outras andorinhas. Pode ser facilmente confundida com a andorinha-pequena-de--casa, mas é muito maior que ela.

Andorinha-pequena-de-casa
Pygochelidon cyanoleuca

TAMANHO 12 cm	ENDÊMICA não
PESO 12 g	AMEAÇADA não
DIMORFISMO SEXUAL não	MIGRATÓRIA não

Ocorre em todo o Brasil, exceto na maior parte da Amazônia, onde está presente apenas pontualmente. Espécie que vive em todo tipo de ambiente, desde borda de mata bem preservada até mata secundária, e principalmente em ambiente aberto, inclusive em áreas rurais e urbanas. É uma das aves mais comuns nas cidades brasileiras, sendo totalmente adaptada ao meio antrópico. É encontrada em casais ou em grupos variados com dezenas e até centenas de indivíduos. Alimenta-se exclusivamente de insetos, que captura em voo. Tem o hábito de vocalizar bastante enquanto voa, fator que contribui para identificá-la, pois costuma voar com outras andorinhas. Pode ser facilmente confundida com a andorinha-grande, mas é menor que ela.

Andorinha-serradora
Stelgidopteryx ruficollis

TAMANHO 14 cm	ENDÊMICA não
PESO 13,5 g	AMEAÇADA não
DIMORFISMO SEXUAL não	MIGRATÓRIA parcialmente

Ocorre em todo o Brasil. É migratória em algumas regiões, como o Rio Grande do Sul e, provavelmente, São Paulo, onde se reproduz nos meses mais quentes do ano, migrando depois para o Norte do país, mas sua migração ainda é pouco conhecida. Espécie que vive em ambiente aberto, preferencialmente próximo de corpos de água, inclusive de áreas rurais e urbanas. É encontrada em casais ou em pequenos grupos, que costumam ficar pousados em árvores secas caídas ou em estruturas artificiais, como pontes. Alimenta-se exclusivamente de insetos que captura em voo. Tem voz típica e vocaliza enquanto voa, fatores que contribuem para identificá-la. Pode ser confundida com a andorinha-do-campo, mas é menor que ela.

Anu-branco
Guira guira

TAMANHO 38 cm	ENDÊMICA não
PESO 141 g	AMEAÇADA não
DIMORFISMO SEXUAL não	MIGRATÓRIA não

Ocorre em todo o Brasil, exceto no interior da Amazônia. Espécie típica de ambiente aberto que se adaptou muito bem às áreas rurais e urbanas das cidades. Vive em grupos familiares, que podem passar de 15 indivíduos. O grupo passa horas se aquecendo ao sol, com os integrantes pousados lado a lado sob uma plumagem eriçada, para depois se deslocarem coletivamente. Quando pousam, têm o costume de levantar a cauda verticalmente. Carnívora, essa espécie se alimenta de pequenos vertebrados, como rãs, lagartos, camundongos e filhotes de aves, além de diferentes tipos de insetos. Estão sempre à procura de lagartas nas palmeiras. Possui algumas vocalizações características, sendo possível encontrá-la nos mesmos ambientes do anu-preto, muitas vezes junto dele.

Anu-preto
Crotophaga ani

TAMANHO 36 cm	ENDÊMICA não
PESO 100 g	AMEAÇADA não
DIMORFISMO SEXUAL não	MIGRATÓRIA não

Ocorre em todo o Brasil, inclusive no interior da Amazônia. Espécie típica de ambiente aberto que se adaptou muito bem nas cidades. Vive em grupos familiares que podem passar de 15 indivíduos, descansando sempre coletivamente. Gosta de voar em grupo de um lado para outro, sempre planando com as asas abertas. Assim como o anu-branco, o grupo passa horas se aquecendo ao sol, e os indivíduos ao pousar levantam a cauda verticalmente e se posicionam lado a lado com a plumagem eriçada. Carnívora, alimenta-se de insetos como gafanhotos, percevejos e aranhas, além de lagartixas e camundongos, mas também consome frutas, bagas e sementes. Possui vocalização característica, sendo facilmente encontrada no ambiente.

Anu-coroca
Crotophaga major

TAMANHO 46 cm	ENDÊMICA não
PESO 157 g	AMEAÇADA não
DIMORFISMO SEXUAL não	MIGRATÓRIA não

Ocorre em todo o Brasil. Espécie típica de ambiente florestal ripário, ou seja, mata de galeria de rios e lagos, além de manguezais, desaparecendo de áreas antropizadas. Vive em grupos familiares que podem passar de 10 indivíduos, se deslocando e descansando sempre coletivamente. É muito comum vê-la atravessando rios planando com as asas abertas. Passa horas tomando sol, momento em que eriça a plumagem e abre as asas para se aquecer. Alimenta-se basicamente de insetos, mas também preda pequenos vertebrados e consome frutos, coquinhos e sementes. Possui vocalização forte e característica, sendo facilmente encontrada no ambiente em grupo de vários indivíduos vocalizando juntos.

Apuim-de-costas-pretas
Touit melanonotus

TAMANHO 16 cm
PESO 69 g
DIMORFISMO SEXUAL não

ENDÊMICA sim
AMEAÇADA sim
MIGRATÓRIA não

Ocorre do sul da Bahia a Santa Catarina e acompanha o domínio da Mata Atlântica, sendo endêmica desse bioma. Espécie florestal que não só vive em mata alta e úmida, mas também visita áreas florestais adjacentes, como manguezal, restinga, bairros residenciais arborizados e fragmentos florestais próximos de áreas urbanas. Pode ser encontrada em casais ou em grupos. Alimenta-se de pequenos frutos, como o mangue-bravo. Seu porte pequeno, coloração verde e comportamento discreto fazem com que passe visualmente despercebida, sendo mais fácil detectá-la em voo, quando vocaliza bastante. Encontra-se na lista de animais ameaçados de extinção devido à destruição de seu *habitat*, principalmente das matas de baixada.

Araçari-poca
Selenidera maculirostris

TAMANHO 33 cm	ENDÊMICA sim
PESO 164 g	AMEAÇADA sim
DIMORFISMO SEXUAL sim	MIGRATÓRIA não

Ocorre do sul da Bahia ao oeste do Rio Grande do Sul e acompanha o domínio da Mata Atlântica, sendo endêmica desse bioma. Espécie que vive no interior de floresta escura e úmida, mas por vezes frequenta borda de mata, capoeira e áreas antropizadas próximas. Pode ser observada em casais ou em grupos familiares. Alimenta-se basicamente de frutos e principalmente do palmito-juçara, sendo prejudicada com o corte ilegal dessa espécie vegetal. No período reprodutivo, preda filhotes de outras aves para alimentar seus filhotes com proteína animal. Tem comportamento de ficar parada por horas no interior da mata, o que dificulta sua visualização, mas a vocalização grave emitida geralmente no início da manhã e no final do dia ajuda em sua detecção.

Arapaçu-escamoso-do-sul
Lepidocolaptes falcinellus

TAMANHO 19 cm	ENDÊMICA sim
PESO 28 g	AMEAÇADA não
DIMORFISMO SEXUAL não	MIGRATÓRIA não

Ocorre do sudeste de Minas Gerais e sul do Rio de Janeiro ao Rio Grande do Sul e acompanha o domínio da Mata Atlântica, sendo endêmica desse bioma. Espécie florestal que vive no interior e na borda de mata úmida. É encontrada solitária ou em casais, onde fica investigando as cascas em busca de diferentes tipos de insetos e artrópodes que fazem parte de sua dieta, como besouros e aranhas. Também preda pequenos anfíbios. Seu bico funciona como uma pinça para capturar o alimento nos lugares mais difíceis. O fato de escalar árvores verticalmente faz com que essa espécie seja confundida com pica-paus, cuja família não é a mesma que a dela. Canta pouco, mas costuma emitir chamados variados, fator que mais contribui para detectá-la na mata.

Arapaçu-de-garganta-branca
Xiphocolaptes albicollis

TAMANHO 29 cm	ENDÊMICA não
PESO 118 g	AMEAÇADA não
DIMORFISMO SEXUAL não	MIGRATÓRIA não

Ocorre da Bahia ao Rio Grande do Sul, chegando a Goiás. É o maior arapaçu que ocorre na Mata Atlântica, vivendo preferencialmente no interior de mata úmida e bem preservada além de visitar mata secundária adjacente, inclusive áreas urbanas bem arborizadas próximas de matas. Espécie encontrada solitária ou em casais escalando os troncos das árvores, onde fica investigando frestas, cascas e bromélias em busca de grandes insetos, de caramujos arborícolas e de pequenos vertebrados, dos quais se alimenta. O fato de escalar árvores verticalmente faz com que essa espécie seja frequentemente confundida com pica-paus, cuja família é distinta da sua. Vocaliza no início da manhã e no final do dia, muitas vezes no escuro, o que facilita sua detecção no interior da mata.

Arapaçu-grande
Dendrocolaptes platyrostris

TAMANHO 26 cm	ENDÊMICA não
PESO 61 g	AMEAÇADA não
DIMORFISMO SEXUAL não	MIGRATÓRIA não

Ocorre em todo o Brasil, exceto na Amazônia. Espécie florestal que vive no interior de mata úmida, no cerrado, no buritizal e em mata secundária adjacente. Pode visitar áreas residenciais próximas de matas. É encontrada solitária ou em casais escalando os troncos das árvores, onde fica investigando frestas, cascas e bromélias em busca de insetos, larvas e artrópodes dos quais se alimenta. Também preda pequenos vertebrados, como lagartixas e pererecas. O fato de escalar árvores verticalmente faz com que essa espécie seja frequentemente confundida com pica-paus, cuja família é distinta da sua. Vocaliza no início da manhã e no final do dia, muitas vezes no escuro, o que facilita sua detecção no interior da mata.

Arapaçu-de-cerrado
Lepidocolaptes angustirostris

TAMANHO 20 cm
PESO 27 g
DIMORFISMO SEXUAL não

ENDÊMICA não
AMEAÇADA não
MIGRATÓRIA não

Ocorre em todo o Brasil extra-amazônico, exceto em áreas contínuas e amplas de Mata Atlântica, onde os registros são isolados e periféricos. É um arapaçu de ambiente florestal aberto, como cerrado e caatinga, e de áreas antropizadas e urbanas, onde é muito comum. Espécie encontrada em casais ou em grupos familiares escalando os troncos das árvores, onde fica investigando frestas, cascas e bromélias em busca de insetos, artrópodes e pequenos vertebrados, como pererecas. O fato de escalar árvores verticalmente faz com que essa espécie seja frequentemente confundida com pica-paus, cuja família não é a mesma que a dela. Mesmo ocorrendo em áreas abertas, sua camuflagem é muito boa, o que leva a ser mais eficiente detectá-la pela vocalização.

Arapaçu-liso
Dendrocincla turdina

TAMANHO 21 cm
PESO 39 g
DIMORFISMO SEXUAL não

ENDÊMICA sim
AMEAÇADA não
MIGRATÓRIA não

Ocorre da Bahia ao Rio Grande do Sul e acompanha o domínio da Mata Atlântica, sendo endêmica desse bioma. Espécie florestal que vive no interior de mata úmida, inclusive restinga. É encontrada solitária, em casais ou em pequenos grupos escalando os troncos das árvores, onde fica investigando as cascas em busca de insetos e larvas, dos quais se alimenta. O fato de escalar árvores verticalmente faz com que essa espécie seja confundida com pica-paus, cuja família é distinta da sua. Participa de bando misto de aves que seguem formigas de correição no sub-bosque da mata para se beneficiar dos insetos espantados pelas formigas. Possui canto longo, que pode ser confundido com o do tapaculo-preto, além de chamados, fator que mais contribui para detectá-la na mata.

Arapaçu-rajado
Xiphorhynchus fuscus

TAMANHO 17 cm	ENDÊMICA sim
PESO 21 g	AMEAÇADA não
DIMORFISMO SEXUAL não	MIGRATÓRIA não

Ocorre da Bahia e Sergipe ao Rio Grande do Sul e acompanha o domínio da Mata Atlântica, sendo endêmica desse bioma. Espécie florestal que vive no interior e na borda de mata úmida e secundária adjacente. É encontrada solitária ou em casais escalando os troncos das árvores, onde fica investigando as cascas em busca de diferentes tipos de insetos e artrópodes que fazem parte de sua dieta, como lacraias, centopeias, aranhas e escorpiões. Seu bico funciona como uma pinça para capturar o alimento nos lugares mais difíceis. O fato de escalar árvores verticalmente faz com que essa espécie seja confundida com pica-paus, cuja família não é a mesma que a dela. É muito vocal e canta ao longo do dia, fator que mais contribui para detectá-la na mata fechada e escura.

Araponga-do-horto
Oxyruncus cristatus

TAMANHO 18 cm	ENDÊMICA não
PESO 42 g	AMEAÇADA não
DIMORFISMO SEXUAL não	MIGRATÓRIA não

Ocorre de maneira contínua e frequente do sul da Bahia ao Rio Grande do Sul, mas pode ser encontrada em partes da Amazônia e do Nordeste e, de maneira ocasional e isolada, no interior do país. Espécie florestal que vive na borda de mata úmida bem preservada e na mata secundária adjacente, inclusive em fragmento florestal. Fica na copa das árvores, o que dificulta sua observação. Costuma ser encontrada solitária, em casais ou em pequenos grupos. Alimenta-se de frutos, insetos e artrópodes, ficando de cabeça para baixo nos galhos a fim de capturar as lagartas. Embora cante pouco ao longo do dia, sua vocalização é muito peculiar, fator que mais contribui para detectá-la no alto das árvores. Costuma seguir outros grupos de aves pela mata.

Arapaçu-verde
Sittasomus griseicapillus

TAMANHO 15,1 cm	ENDÊMICA não
PESO 18 g	AMEAÇADA não
DIMORFISMO SEXUAL não	MIGRATÓRIA não

Ocorre em todo o Brasil. Espécie florestal que vive no interior de mata úmida e seca, inclusive em mata secundária adjacente. É encontrada solitária, em casais ou em pequenos grupos escalando os troncos das árvores, onde fica investigando as frestas e cascas em busca de insetos e larvas dos quais se alimenta. O fato de escalar árvores verticalmente faz com que essa espécie seja frequentemente confundida com pica-paus, cuja família é distinta da sua. Também participa de bando misto de aves que seguem formigas de correição no sub-bosque da mata para se beneficiar dos insetos espantados pelas formigas. É uma espécie bem vocal e possui diferentes vocalizações, o que facilita sua detecção no interior da mata.

Arredio-pálido
Cranioleuca pallida

TAMANHO 13,5 cm	ENDÊMICA sim
PESO 11,5 g	AMEAÇADA não
DIMORFISMO SEXUAL não	MIGRATÓRIA não

Ocorre do sul da Bahia a Santa Catarina e acompanha o domínio da Mata Atlântica, sendo endêmica desse bioma. Espécie florestal que vive no interior e na borda de mata úmida bem preservada e secundária adjacente, inclusive em fragmento florestal e em áreas rurais e urbanas. É muito comum em parques, praças e bairros arborizados de grandes cidades. Muito ativa, é encontrada em casais na copa das árvores, com preferência pelo pinheiro-do-paraná. Alimenta-se de pequenos insetos, larvas e artrópodes que captura entre frestas, em cascas, folhas e plantas epífitas. É muito vocal e canta o dia todo, fator que mais contribui para detectá-la no alto das árvores.

Araponga
Procnias nudicollis

TAMANHO 27 cm
PESO 200 g
DIMORFISMO SEXUAL sim

ENDÊMICA sim
AMEAÇADA não
MIGRATÓRIA não

Ocorre de Sergipe ao Rio Grande do Sul, chegando ao Mato Grosso do Sul. Acompanha o domínio da Mata Atlântica, sendo endêmica desse bioma. Espécie florestal que vive no interior e na borda de mata úmida bem preservada e em floresta secundária adjacente, inclusive em fragmento florestal e em áreas rurais e urbanas. Visita cidades em busca de alimento principalmente na primavera, aparecendo em parques e praças. Alimenta-se de vários tipos de frutos, como o palmito-juçara, sendo uma importante dispersora de sementes dessa planta. Muito conhecida por seu canto alto, forte e metálico, semelhante à martelada em uma bigorna, é considerada "a voz da mata" em muitas regiões da Mata Atlântica, pois durante o período reprodutivo canta sem parar.

macho jovem

Assanhadinho

Myiobius barbatus

TAMANHO 12,5 cm
PESO 11,4 g
DIMORFISMO SEXUAL não

ENDÊMICA não
AMEAÇADA não
MIGRATÓRIA não

Ocorre na Amazônia e na Mata Atlântica. Espécie florestal que vive no interior de mata úmida bem preservada e na mata secundária adjacente, principalmente na baixada litorânea. Tem comportamento inquieto, fazendo voos curtos no estrato médio-baixo da mata, entre cipós, o que dificulta sua observação. Costuma ser encontrada solitária, em casais ou em pequenos grupos. Alimenta-se de insetos que costuma capturar com voos acrobáticos, retornando para o mesmo poleiro. Possui na base do bico longos "bigodes", que são penas modificadas utilizadas para capturar os insetos em voo. Vocaliza pouco, tendo um canto discreto. É confundida com o assanhadinho-de-cauda-preta, que possui coloração uniforme no peito e ocorre nas regiões altas.

fêmea

Avoante

Zenaida auriculata

TAMANHO 21 cm
PESO 135 g
DIMORFISMO SEXUAL sim

ENDÊMICA não
AMEAÇADA não
MIGRATÓRIA não

Ocorre em todo o Brasil, exceto no interior da Amazônia. Espécie típica de ambiente aberto, como praias e plantações, e muito comum em áreas urbanas. Vive em casais e em grupos variados com dezenas, centenas e até milhares de indivíduos em algumas regiões do país, onde realizam movimentos regionais. Alimenta-se basicamente de grãos silvestres e brotos de plantas, mas os indivíduos encontrados em áreas urbanas consomem restos de comida encontrados pelo chão. São consideradas pragas agrícolas em certas regiões com cultivo de grãos, pois causam prejuízos econômicos. Apesar do pequeno porte, ainda é uma pomba muito caçada no interior do país, principalmente na região Nordeste.

Balança-rabo-de-bico-torto
Glaucis hirsutus

TAMANHO 13 cm
PESO 7,5 g
DIMORFISMO SEXUAL sim
ENDÊMICA não
AMEAÇADA não
MIGRATÓRIA não

Ocorre na Amazônia e na Mata Atlântica, inclusive em áreas do entorno direto desses biomas. Espécie tipicamente florestal que utiliza o interior (sub-bosque) e a borda de matas altas, densas e úmidas, mas também pode ser encontrada em capoeira alta e várzea e, ocasionalmente, em áreas urbanas com vegetação nativa próximas das matas mais amplas. Tem canto muito forte e típico, mas não vocaliza com tanta frequência como outras espécies de beija-flores, o que dificulta sua detecção em campo. Alimenta-se do néctar das flores, principalmente bromélias, orquídeas e helicônias, e também captura pequenos insetos para complementar a dieta dos filhotes durante o período reprodutivo.

macho jovem

Batuíra-de-bando
Charadrius semipalmatus

TAMANHO 18 cm
PESO 47 g
DIMORFISMO SEXUAL não

ENDÊMICA não
AMEAÇADA não
MIGRATÓRIA sim

Espécie migratória da América do Norte que viaja para a América do Sul todos os anos para fugir do inverno rígido. Ocorre nos estados litorâneos, com raras exceções no interior do Brasil, entre agosto e março. Vive preferencialmente nos ambientes aquáticos litorâneos, como praias, estuários e manguezais. Pode ser encontrada em grupos variados. Durante a migração, apresenta plumagem de inverno, mais discreta, com dorso, coleira e cabeça cinza, diferente da plumagem reprodutiva, cuja coleira e partes da cabeça são pretas. Alimenta-se de pequenos invertebrados aquáticos que captura na areia. A identificação das batuíras precisa ser feita com atenção, e detalhes da plumagem, como tipo de coleira e padrão da cabeça, são importantes.

Batuíra-de-coleira

Charadrius collaris

TAMANHO 15 cm
PESO 28 g
DIMORFISMO SEXUAL não
ENDÊMICA não
AMEAÇADA não
MIGRATÓRIA não

Espécie residente, ocorre em todo o Brasil. Vive em ambientes aquáticos, como rios, lagoas, praias, estuários e manguezais. Pode ser encontrada em grupos variados com poucos indivíduos ou até dezenas deles. Os jovens possuem pouca cor ferrugem no pescoço e na cabeça. Alimenta-se de pequenos invertebrados aquáticos, que captura na areia e no sedimento. O nome popular deriva da coleira negra que possui, e essa é uma característica comum a várias espécies de batuíras. Também é conhecida como batuíra-da-costa ou manuelzinho-da-croa, nome citado na famosa obra *Grande sertão: veredas*, de Guimarães Rosa. A identificação das batuíras precisa ser feita com atenção, principalmente no tipo de coleira e no padrão da cabeça.

Bacurau
Nyctidromus albicollis

TAMANHO 30 cm	ENDÊMICA não
PESO 53 g	AMEAÇADA não
DIMORFISMO SEXUAL não	MIGRATÓRIA não

Ocorre em todo o Brasil. Espécie noturna de orla de mata, capoeira aberta e áreas naturais urbanas, ficando sempre no chão. Passa o dia descansando no interior da mata e, no início da noite, começa a voar em busca dos insetos voadores que compõem sua alimentação, como mariposas, besouros e formigas. Tal dieta ajuda no controle biológico dos insetos, principalmente em áreas urbanas. Durante a noite, costuma ficar pousada em áreas abertas limpas, como estradas, onde é facilmente observada. Vive em casais e possui vocalização típica que produz onomatopeias cujo som lembra seu nome popular *bacurau*. Assim como em relação a outras espécies de aves noturnas, existe pouca informação sobre sua história natural.

Barranqueiro-de-olho-branco
Automolus leucophthalmus

TAMANHO 19 cm	ENDÊMICA sim
PESO 34 g	AMEAÇADA não
DIMORFISMO SEXUAL não	MIGRATÓRIA não

Ocorre do sul da Bahia, Minas Gerais e Goiás ao Rio Grande do Sul e acompanha o domínio da Mata Atlântica, sendo endêmica desse bioma. Espécie florestal que vive no interior e na borda de mata úmida bem preservada, em floresta secundária adjacente e em fragmento florestal. É encontrada em casais no estrato baixo da mata, onde fica escondida entre a vegetação densa. Participa de bando misto de aves que seguem formigas de correição no sub-bosque da mata para se beneficiar dos insetos espantados pelas formigas, que fazem parte de sua dieta. Tem vocalização forte e típica, sendo muito vocal durante o dia, fator que mais contribui para detectá-la na mata fechada e escura.

Beija-flor-de-banda-branca
Chrysuronia versicolor

TAMANHO 8,5 cm	ENDÊMICA não
PESO 4 g	AMEAÇADA não
DIMORFISMO SEXUAL não	MIGRATÓRIA não

Ocorre em todo o Brasil. Espécie que utiliza vários tipos de ambiente, como borda de floresta úmida, mata seca, capoeira, mata de galeria, manguezal, restinga, ilha fluvial, áreas antropizadas e urbanas. Alimenta-se do néctar das flores e captura pequenos insetos para completar a dieta dos filhotes durante o período reprodutivo. Faz parte de um complexo de espécies com morfologia corporal muito parecida, o que dificulta sua identificação em campo. No caso dessa ave, a faixa escura na parte subterminal da cauda, contrastante com a cauda mais clara, é uma importante característica para definir a espécie. Bastante vocal, pode ser facilmente detectada pelo canto, mesmo nos horários mais quentes do dia.

Beija-flor-de-papo-branco
Leucochloris albicollis

TAMANHO 10,5 cm	ENDÊMICA não
PESO 6 g	AMEAÇADA não
DIMORFISMO SEXUAL não	MIGRATÓRIA não

Ocorre do sul da Bahia ao Rio Grande do Sul. Espécie encontrada em borda de floresta úmida, capoeira e campos naturais das regiões montanhosas acima dos 700 metros em relação ao nível do mar, além de áreas rurais, antropizadas e urbanas. Alimenta-se do néctar das flores, inclusive de plantas exóticas, como bananeira, limoeiro, laranjeira e eucalipto, e captura pequenos insetos para completar a dieta dos filhotes. Possui vocalização muito forte e característica, cantando durante boa parte do dia, até mesmo nos horários mais quentes, sempre no topo de uma árvore isolada. Apesar do porte pequeno, é uma ave robusta e muito territorialista que costuma espantar os concorrentes pelos recursos disponíveis.

Beija-flor-cinza
Aphantochroa cirrochloris

TAMANHO 11,8 cm
PESO 9 g
DIMORFISMO SEXUAL não

ENDÊMICA não
AMEAÇADA não
MIGRATÓRIA: não

Ocorre nas regiões Nordeste, Centro-Oeste, Sudeste e Sul do Brasil. Espécie encontrada em floresta tropical e subtropical úmida de baixa altitude, inclusive na restinga, além de floresta degradada, áreas rurais e urbanas próximas de alguma floresta. Possui várias vocalizações, e as mais elaboradas lembram a de outras aves. Alimenta-se do néctar das flores e captura pequenos insetos para complementar a dieta dos filhotes no período reprodutivo. Territorialista, aproveita seu tamanho avantajado e comportamento agressivo para expulsar os concorrentes pelo alimento disponível. Observada solitária ou em pares, passa boa parte do tempo pousada em um mesmo poleiro, de onde se desloca para se alimentar e depois retorna.

Beija-flor-de-fronte-violeta
Thalurania glaucopis

TAMANHO 11,1 cm
PESO 4,8 g
DIMORFISMO SEXUAL sim
ENDÊMICA sim
AMEAÇADA não
MIGRATÓRIA não

Ocorre em um trecho da Mata Atlântica que vai de Sergipe até o Rio Grande do Sul, sendo endêmica desse bioma. Espécie tipicamente florestal que prefere matas altas, densas e úmidas, mas pode ser encontrada em áreas de bordas e em ambientes adjacentes, inclusive em jardins. Alimenta-se do néctar das flores e captura pequenos insetos para completar a dieta dos filhotes. Vive solitária pelo sub-bosque da mata, é muito vocal e canta ao longo do dia, fatores que mais contribuem para detectá-la em campo. Joga-se em corpos de água de certa altura a fim de tomar banho. Mergulha parte do corpo e voa na sequência para permitir que um volume maior de água remova os vestígios de néctar deixados durante a alimentação.

fêmea

macho

Beija-flor-de-garganta-verde
Chionomesa fimbriata

TAMANHO **10 cm**
PESO **5 g**
DIMORFISMO SEXUAL **não**

ENDÊMICA **não**
AMEAÇADA **não**
MIGRATÓRIA **não**

Ocorre em todo o Brasil. Espécie que utiliza vários tipos de ambiente, como borda de floresta úmida, capoeira, mata de galeria, restinga, áreas antropizadas e urbanas. Alimenta-se do néctar das flores e captura pequenos insetos para completar a dieta dos filhotes. Faz parte de um complexo de espécies muito parecidas, o que dificulta sua identificação em campo. No caso dessa ave, a coloração verde do pescoço e a linha branca no peito, que expande pela barriga, são importantes características para definir a espécie. Possui um canto matinal, emitido no início do dia, e outro canto mais comum, escutado ao longo do dia, o que facilita sua detecção.

macho

Beija-flor-de-veste-preta
Anthracothorax nigricollis

TAMANHO 11,4 cm
PESO 7 g
DIMORFISMO SEXUAL sim
ENDÊMICA não
AMEAÇADA não
MIGRATÓRIA parcialmente

Ocorre em todo o Brasil. Espécie encontrada na borda das matas, em capoeiras e em áreas abertas, antropizadas e urbanas. Costuma frequentar o alto da copa das árvores, onde busca seu recurso alimentar. O vermelho da cauda chama muito a atenção quando está na contraluz. Alimenta-se do néctar das flores e captura pequenos insetos para complementar a dieta dos filhotes no período reprodutivo. A diferença de plumagem entre macho e fêmea é tão grande que parecem espécies distintas. Devido a seu tamanho avantajado, acaba dominando determinado recurso por espantar os demais beija-flores de porte menor. Parcialmente migratória, realiza movimentos regionais ainda pouco conhecidos.

fêmea

macho jovem

Beija-flor-rajado
Ramphodon naevius

TAMANHO 16 cm
PESO 8 g
DIMORFISMO SEXUAL sim
ENDÊMICA sim
AMEAÇADA não
MIGRATÓRIA não

Ocorre em uma estreita faixa de Mata Atlântica localizada entre os estados do Espírito Santo e Santa Catarina, sendo endêmica desse bioma. Espécie tipicamente florestal que prefere matas altas e densas, mas pode ser encontrada em ambientes próximos das matas, como capoeiras, áreas rurais e urbanas. A diferença entre macho e fêmea é muito sutil. Os machos têm um pequeno gancho na ponta do bico, ausente na fêmea, cujo bico é mais curvado. Tem canto muito forte e típico, vocalizando com frequência durante o voo, o que facilita sua detecção. Alimenta-se do néctar das flores e captura pequenos insetos para complementar a dieta dos filhotes. Com porte avantajado, acaba dominando os recursos alimentares por espantar os demais beija-flores de porte menor.

Beija-flor-roxo
Chlorestes cyanus

TAMANHO 8,8 cm
PESO 3,5 g
DIMORFISMO SEXUAL sim
ENDÊMICA não
AMEAÇADA não
MIGRATÓRIA não

Ocorre na Mata Atlântica e na Amazônia. Espécie encontrada na borda de mata alta e úmida, capoeira, restinga, áreas abertas e antropizadas, inclusive em ambientes rurais e urbanos. Alimenta-se do néctar das flores e captura pequenos insetos em pleno voo para complementar a dieta dos filhotes no período reprodutivo. Costuma tomar banho com frequência e passa longo período limpando e organizando a plumagem, comportamento comum entre os beija-flores. É possível observar diversos indivíduos lado a lado numa mesma árvore florida em busca de alimento, mas brigam com outras espécies que se aproximam. Pode ser confundida com algumas espécies parecidas, sendo preciso prestar atenção nos detalhes para sua identificação.

macho jovem

Beija-flor-rubi
Heliodoxa rubricauda

TAMANHO 12 cm
PESO 8 g
DIMORFISMO SEXUAL sim
ENDÊMICA sim
AMEAÇADA não
MIGRATÓRIA não

Ocorre em um trecho da Mata Atlântica que vai do centro-sul da Bahia ao Rio Grande do Sul, sendo endêmica desse bioma. Espécie tipicamente florestal que prefere matas altas, densas e úmidas, mas pode ser encontrada em áreas de bordas e em ambientes adjacentes. Vive no sub-bosque da mata, onde costuma cantar por vários minutos, e utiliza sempre o mesmo poleiro. Alimenta-se do néctar das flores e captura pequenos insetos para complementar a dieta dos filhotes. Com patas fortes e unhas afiadas, é o único beija-flor da Mata Atlântica capaz de tomar banho agarrado nas rochas das cachoeiras íngremes para permitir que um volume maior de água passe por seu corpo e faça uma limpeza mais eficiente, removendo vestígios de néctar.

fêmea

macho jovem

Beija-flor-tesoura
Eupetomena macroura

TAMANHO 18 cm
PESO 9 g
DIMORFISMO SEXUAL não

ENDÊMICA não
AMEAÇADA não
MIGRATÓRIA não

Ocorre em todos os estados das regiões central e leste do Brasil, estando ausente na maior parte da Amazônia. É um dos beija-flores mais comuns e pode ser encontrado em borda de mata, capoeira e áreas abertas, antropizadas e urbanas. Frequente nas maiores cidades do país, alimenta-se do néctar das flores e captura pequenos insetos para complementar a dieta dos filhotes no período reprodutivo. Tem canto típico e vocaliza com frequência durante o dia. Muito territorialista, aproveita seu tamanho avantajado e comportamento agressivo para expulsar os concorrentes pelo alimento disponível, incluindo outras aves, como a cambacica. Também costuma atacar aves maiores que se aproximam de seu ninho, até mesmo gaviões grandes.

Beija-flor-preto
Florisuga fusca

TAMANHO 12,6 cm	ENDÊMICA não
PESO 8 g	AMEAÇADA não
DIMORFISMO SEXUAL não	MIGRATÓRIA parcialmente

Ocorre da Paraíba ao Rio Grande do Sul acompanhando boa parte do domínio da Mata Atlântica. Espécie encontrada na borda de mata, em capoeiras e plantações, inclusive em áreas abertas, antropizadas e urbanas. Ave muito vocal que canta até mesmo em frequência ultrassônica. Alimenta-se do néctar das flores e captura pequenos insetos para a dieta dos filhotes. Muito agressiva, espanta os competidores que visitam as mesmas flores em busca do néctar. Durante o período reprodutivo, os casais realizam voos nupciais em que o macho sobe aproximadamente 20 metros de altura e depois persegue a fêmea ziguezagueando e exibindo a cauda branca. Parcialmente migratória, realiza movimentos regionais ainda pouco conhecidos.

Bem-te-vi-pirata
Legatus leucophaius

TAMANHO 15 cm	ENDÊMICA não
PESO 22 g	AMEAÇADA não
DIMORFISMO SEXUAL não	MIGRATÓRIA parcialmente

Ocorre em todo o Brasil. Espécie florestal que vive tanto no interior quanto na borda de mata úmida bem preservada e na mata secundária adjacente, inclusive em fragmento florestal e em áreas verdes urbanas. É encontrada solitária, em casais ou em grupos familiares, sempre no estrato médio-alto do ambiente, mas pode frequentar o sub-bosque em busca de comida. Costuma pousar em galhos altos, o que facilita sua observação. Alimenta-se de pequenos frutos. No período reprodutivo, é muito vocal e canta ao longo do dia, fator que mais contribui para detectá-la em campo. Pode ser confundida com os outros dois bem-te-vis rajados: o peitica, menor que ela, e o bem-te-vi-rajado, com tamanho maior que o dela. Por isso é preciso observar os detalhes para uma boa identificação.

Benedito-de-testa-amarela
Melanerpes flavifrons

TAMANHO 19,5 cm	ENDÊMICA sim
PESO 63 g	AMEAÇADA não
DIMORFISMO SEXUAL sim	MIGRATÓRIA não

Ocorre do sul da Bahia e Goiás ao Rio Grande do Sul e acompanha o domínio da Mata Atlântica, sendo endêmica desse bioma. Espécie que vive na borda de floresta, em capoeira e em áreas antropizadas, como plantações e áreas residenciais próximas das matas. É observada em grupos familiares com mais de 10 indivíduos. Alimenta-se principalmente de frutos, inclusive de frutas exóticas, mas também consome larvas e adultos de insetos, que captura com ajuda de sua língua longa e especializada. Tem comportamento bem ativo e se movimenta com frequência pelo ambiente, vocalizando bastante durante o dia, o que facilita sua detecção. Sua vocalização produz uma onomatopeia cujo som se assemelha a "benedito", da qual deriva seu nome popular.

Besourinho-de-bico-vermelho
Chlorostilbon lucidus

TAMANHO 8,5 cm	ENDÊMICA não
PESO 3,5 g	AMEAÇADA não
DIMORFISMO SEXUAL sim	MIGRATÓRIA não

Ocorre em todos os estados da região centro-leste do Brasil, estando ausente na maior parte da Amazônia. Espécie encontrada em capoeiras ralas, áreas abertas e antropizadas, inclusive ambientes rurais e urbanos. Costuma voar a baixa altura, passando facilmente despercebida. Alimenta-se do néctar das flores, em especial de flores bem pequenas, e captura pequenos insetos para complementar a dieta dos filhotes no período reprodutivo. Costuma utilizar locais com água corrente de fluxo mais lento, como poças de cachoeiras e chafarizes, para tomar banho, atividade muito importante para os beija-flores, pois estão sempre em contato com o néctar das flores e precisam se higienizar com frequência.

Bem-te-vi

Pitangus sulphuratus

TAMANHO 22,5 cm
PESO 61 g
DIMORFISMO SEXUAL não
ENDÊMICA não
AMEAÇADA não
MIGRATÓRIA parcialmente

Ocorre em todo o Brasil. Espécie que vive em todo tipo de ambiente, desde borda de mata bem preservada até mata secundária e, principalmente, áreas abertas, secas e úmidas, inclusive áreas rurais e urbanas. Trata-se de uma das aves mais comuns nas cidades brasileiras, sendo totalmente adaptada ao meio antrópico. É encontrada solitária, em casais ou em grupos familiares, em todos os estratos do ambiente. Alimenta-se preferencialmente de insetos, mas também consome frutas, flores, minhocas, crustáceos e pequenos vertebrados, como anfíbios, lagartos, cobras, peixes e aves. Muito vocal, canta de madrugada, somente antes de clarear o dia, depois passa a produzir a onomatopeia "bem-te-vi", da qual deriva seu nome popular.

Bem-te-vi-rajado
Myiodynastes maculatus

TAMANHO 21,5 cm
PESO 43 g
DIMORFISMO SEXUAL não

ENDÊMICA não
AMEAÇADA não
MIGRATÓRIA parcialmente

Ocorre em todo o Brasil. Reproduz-se na região Sul e Sudeste do país nos meses mais quentes do ano, migrando depois para a região Norte. Espécie florestal que vive na borda de mata bem preservada e na mata secundária adjacente, inclusive em fragmento florestal e em áreas rurais e urbanas. É encontrada em casais ou em grupos familiares, tanto no estrato médio-alto como no mais baixo do ambiente. Alimenta-se de insetos grandes, além de frutos. No período reprodutivo, é muito vocal, emitindo um chamado constante que lembra um soluço, fator que mais contribui para detectá-la em campo. É passível de confusão com os outros dois bem-te-vis rajados que podem estar no mesmo ambiente, o peitica e o bem-te-vi-pirata, sendo preciso observar os detalhes para uma boa identificação.

Bentevizinho-de-penacho-vermelho
Myiozetetes similis

TAMANHO 17,5 cm
PESO 28 g
DIMORFISMO SEXUAL não

ENDÊMICA não
AMEAÇADA não
MIGRATÓRIA não

Ocorre em todo o Brasil. Espécie de borda de mata bem preservada e de mata secundária adjacente, inclusive de fragmento florestal e de áreas rurais e urbanas, onde é muito comum. É encontrada em casais ou em pequenos grupos, tanto no estrato médio-alto como no mais baixo do ambiente. Alimenta-se de insetos que geralmente captura em voo e de pequenos frutos. No período reprodutivo, é muito vocal, mas sua vocalização não se parece com o som "bem-te-vi", mesmo assim o fator vocal é o que mais contribui para detectá-la em campo. Embora menor e com o bico curto, pode ser confundida com outros bem-te-vis, principalmente o bem-te-vi comum e o nei-nei, que vivem no mesmo tipo de ambiente e muitas vezes estão pousados lado a lado na mesma árvore.

jovem

Bico-chato-de-orelha-preta
Tolmomyias sulphurescens

TAMANHO 14,5 cm
PESO 14,3 g
DIMORFISMO SEXUAL não

ENDÊMICA não
AMEAÇADA não
MIGRATÓRIA não

Ocorre em todo o Brasil. Espécie florestal que vive no interior e na borda de mata úmida bem preservada e na mata secundária adjacente, inclusive em fragmento florestal e em áreas rurais e urbanas. Costuma ser encontrada solitária ou em casais no estrato alto da mata, muitas vezes logo abaixo da copa das árvores, onde captura os insetos que fazem parte de sua dieta. Tem comportamento discreto e passa longos períodos pousada no mesmo poleiro aguardando a aproximação dos insetos. Tem canto típico e vocaliza com frequência, fator que mais contribui para detectá-la no alto das árvores. Embora não possua a cabeça marrom, é frequentemente confundida com o cabeçudo, pois ambas as espécies vivem no mesmo ambiente.

Bico-de-lacre
Estrilda astrild

TAMANHO 10,7 cm
PESO 7,5 g
DIMORFISMO SEXUAL não

ENDÊMICA não
AMEAÇADA não
MIGRATÓRIA não

Espécie africana que chegou ao Brasil pelos navios negreiros durante o reinado de Dom Pedro I. Depois foi introduzida em outras regiões do país. Atualmente pode ser encontrada em todos os estados do leste do país, com ocorrências isoladas na região central e na Amazônia. Vive em ambiente aberto natural e antropizado, com a presença de capinzal, sendo muito comum em áreas urbanas. Nas cidades, fica em praças, parques e terrenos baldios. É observada em grupos que podem passar de 30 indivíduos, sendo comum vê-los se deslocando e vocalizando, o que facilita sua detecção. Alimenta-se das sementes dos capins, abrindo os frutos com muita habilidade. Mesmo de origem exótica, já faz parte da fauna silvestre do Brasil.

jovem e adulto

Bico-virado-miúdo
Xenops minutus

TAMANHO 11,5 cm
PESO 10 g
DIMORFISMO SEXUAL não

ENDÊMICA não
AMEAÇADA não
MIGRATÓRIA não

Ocorre na Amazônia e na Mata Atlântica, com alguns registros no Cerrado. Espécie florestal que vive no interior e na borda de mata úmida e secundária adjacente, inclusive em fragmento florestal grande. É encontrada solitária ou em casais pendurada sobre galhos e cipós em busca de comida. O "bico virado" de seu nome popular deriva do formato de sua mandíbula, que é virada para cima e lembra uma cunha, adaptada para buscar comida. Essa espécie costuma bater o bico contra os galhos e abrir as cascas a fim de encontrar os insetos e larvas de sua dieta, semelhante ao pequeno pica-pau, que pertence a outra família. É bastante vocal, fator que mais contribui para detectá-la na mata. Pode ser confundida com o bico-virado-carijó, mas não tem o ventre rajado.

Biguá

Nannopterum brasilianum

TAMANHO 73 cm
PESO 1.300 g
DIMORFISMO SEXUAL não

ENDÊMICA não
AMEAÇADA não
MIGRATÓRIA não

Ocorre em todo o Brasil. Espécie que vive em ambientes aquáticos, como rios, lagos, mangues, estuários e praias, além de represas e lagos urbanos. Pode ser encontrada solitária, em pares ou em grupos variados, formados por dezenas, centenas ou até milhares de indivíduos. Alimenta-se de peixes que captura mergulhando, por isso também é conhecida como mergulhão, mas pertence a uma família de ave distinta dos verdadeiros mergulhões. Costuma cercar os cardumes de peixes e pescar coletivamente. Após o mergulho, fica empoleirada com as asas abertas para se secar, pois, diferentemente de patos e marrecos, essa espécie não possui a glândula de gordura utilizada para impermeabilizar as penas.

Borboletinha-do-mato
Phylloscartes ventralis

TAMANHO 11,5 cm
PESO 8,3 g
DIMORFISMO SEXUAL não

ENDÊMICA não
AMEAÇADA não
MIGRATÓRIA não

Ocorre de Minas Gerais e Espírito Santo ao Rio Grande do Sul. Espécie florestal que vive no interior e na borda de mata úmida bem preservada e na mata secundária adjacente. Costuma ser encontrada solitária ou em casais no estrato alto da mata, muitas vezes logo abaixo da copa das árvores, onde captura os insetos que fazem parte de sua dieta. Tem comportamento inquieto e pula de galho em galho, mantendo sempre a cauda levantada e fazendo pequenos movimentos para cima, o que dificulta sua observação. Tem canto típico e vocaliza com frequência, fator que mais contribui para detectá-la em campo. Divide o mesmo ambiente com outras espécies do gênero *Phylloscartes*, que têm plumagem e comportamento semelhantes aos dela.

Bico-de-pimenta
Saltator fuliginosus

TAMANHO 22,5 cm	ENDÊMICA sim
PESO 56 g	AMEAÇADA não
DIMORFISMO SEXUAL sim	MIGRATÓRIA não

Ocorre de Pernambuco ao Rio Grande do Sul e acompanha o domínio da Mata Atlântica, sendo endêmica desse bioma. Espécie florestal que vive no interior de mata úmida bem preservada e em mata secundária adjacente, sendo incomum em fragmento florestal e em áreas antropizadas. Pode ser encontrada solitária ou em casais no estrato médio-alto da vegetação, onde segue outros grupos de aves ocasionalmente. Alimenta-se de frutas e de sementes, mas sua dieta ainda é pouco conhecida, assim como vários aspectos de sua história natural. Pode visitar comedouros se estiverem próximos da mata. Tem vocalização típica que pode variar regionalmente, fator que mais contribui para detectá-la na mata.

Bico-virado-carijó
Xenops rutilans

TAMANHO 12,5 cm	ENDÊMICA não
PESO 12 g	AMEAÇADA não
DIMORFISMO SEXUAL não	MIGRATÓRIA não

Ocorre em todo o Brasil, exceto na parte norte da Amazônia. Espécie florestal que vive no interior e na borda de mata úmida bem preservada e em floresta secundária adjacente. É encontrada solitária ou em casais pendurada sobre galhos e cipós em busca de comida. O "bico virado" de seu nome popular deriva do formato de sua mandíbula, que é virada para cima e lembra uma cunha, adaptada para buscar comida. Essa espécie costuma bater o bico contra os galhos e abrir as cascas a fim de encontrar os insetos e larvas de sua dieta, semelhante ao pequeno pica-pau, que pertence a outra família. É bastante vocal, fator que mais contribui para detectá-la na mata. Pode ser confundida com o bico-virado-miúdo, mas não tem o ventre uniforme.

Borralhara
Mackenziaena severa

TAMANHO 23 cm	ENDÊMICA sim
PESO 51 g	AMEAÇADA não
DIMORFISMO SEXUAL sim	MIGRATÓRIA não

Ocorre do sul da Bahia ao Rio Grande do Sul e acompanha o domínio da Mata Atlântica, sendo endêmica desse bioma. Espécie florestal que vive no interior e na borda de mata úmida bem preservada e na mata secundária adjacente, inclusive na mata em regeneração. Costuma ser encontrada em casais, no sub-bosque da mata, deslocando-se entre cipós e folhagens densas. Alimenta-se de artrópodes e insetos e tem comportamento bem inquieto, o que dificulta sua observação. Possui canto típico e alto, detectável a longas distâncias, fator que mais contribui para encontrá-la na mata fechada e escura. Espécie cuja fêmea tem plumagem mais chamativa que o macho, característica incomum entre as aves.

Calcinha-branca
Atticora tibialis

TAMANHO 12,3 cm	ENDÊMICA não
PESO 10 g	AMEAÇADA não
DIMORFISMO SEXUAL não	MIGRATÓRIA não

Ocorre na Amazônia e em uma pequena faixa da Mata Atlântica, entre o Rio de Janeiro e São Paulo. Espécie que vive na borda de mata bem preservada e em mata secundária adjacente, muitas vezes perto de algum curso de água ou de áreas rurais. É encontrada em casais ou em pequenos grupos, que costumam ficar pousados em árvores secas altas ou torres e cabos de energia elétrica. Alimenta-se exclusivamente de insetos que captura em voo, utilizando o mesmo poleiro ou sobrevoando uma área maior. Tem vocalização muito discreta, sendo mais fácil detectá-la visualmente. Pode ser facilmente confundida com outras pequenas andorinhas, por isso é preciso observar bem os detalhes da plumagem e seu comportamento.

Cabeçudo

Leptopogon amaurocephalus

TAMANHO 13 cm
PESO 11,7 g
DIMORFISMO SEXUAL não
ENDÊMICA não
AMEAÇADA não
MIGRATÓRIA não

Ocorre em todo o Brasil. Espécie florestal que vive no interior e na borda de mata úmida bem preservada e na mata secundária adjacente, inclusive em fragmento florestal. Costuma ser encontrada solitária ou em casais no estrato médio-alto da mata. Alimenta-se de pequenos insetos que captura em voo, mas retorna para outro poleiro após o ataque. Tem comportamento discreto, passando longos períodos no mesmo poleiro. Assim como o abre-asa-de-cabeça-cinza, tem comportamento de *abrir a asa* rapidamente, como se quisesse levantá-las. Tem canto típico e vocaliza em intervalos variados ao longo do dia, mesmo nos horários mais quentes, fator que mais contribui para detectá-la no interior da mata fechada e escura.

Cambacica

Coereba flaveola

TAMANHO 10,8 cm
PESO 10 g
DIMORFISMO SEXUAL não

ENDÊMICA não
AMEAÇADA não
MIGRATÓRIA não

Ocorre em todo o Brasil, sendo menos comum na Amazônia. Espécie florestal que vive na borda de diferentes tipos de matas, desde preservadas até antropizadas. É uma das aves mais comuns nas cidades brasileiras e totalmente adaptada ao meio antrópico. É encontrada em casais ou em grupos familiares no estrato médio-alto do ambiente. Alimenta-se de néctar, frutas e artrópodes, sendo muito comum em comedouros e nos bebedouros de beija-flor. Muito vocal, tem canto típico e vocaliza o dia todo, fator que mais contribui para detectá-la em campo. Pela semelhança e pelo porte pequeno, às vezes a cambacica é confundida com um "filhote de bem-te-vi", mas tem o bico fino e é de família diferente. Tem dois tipos de ninho, um para pernoitar e outro para se reproduzir.

Caminheiro-zumbidor
Anthus chii

TAMANHO 13 cm	ENDÊMICA não
PESO 15 g	AMEAÇADA não
DIMORFISMO SEXUAL não	MIGRATÓRIA não

Ocorre em todo o Brasil, sendo incomum no interior da Amazônia, onde vem ampliando sua distribuição devido ao desmatamento. Vive em ambiente aberto natural e antropizado, sendo comum em áreas urbanas. É observada em casais ou em pequenos grupos familiares. Terrícola, fica tanto em áreas de terra batida e areia quanto no meio da vegetação rasteira, onde encontra os insetos e as sementes que consome. Gosta de subir em cupinzeiros ou áreas mais altas para vigiar seu território e cantar, o que facilita sua observação, pois são quase imperceptíveis quando estão no chão. Faz uma exibição aérea durante a qual sobe mais de 15 metros de altura e depois desce vocalizando, fator que mais contribui para detectá-la em campo.

Canário-da-terra
Sicalis flaveola

TAMANHO 13,5 cm
PESO 15,5 g
DIMORFISMO SEXUAL sim
ENDÊMICA não
AMEAÇADA não
MIGRATÓRIA não

Ocorre em todo o Brasil, sendo incomum na Amazônia, onde sua presença vem aumentando em razão do desmatamento. Vive em ambiente aberto com vegetação campestre natural e exótica e arbustos isolados, sendo muito comum em áreas rurais e urbanas. A espécie é observada em casais ou em grupos que podem ter dezenas e até centenas de indivíduos. Alimenta-se preferencialmente de sementes de gramíneas, mas também captura alguns pequenos artrópodes no chão. É muito comum em comedouros e em outros locais onde se coloca comida, como chácaras e sítios. É bastante perseguida e capturada por traficantes de animais silvestres para servir como ave de gaiola ou mesmo para ser utilizada em rinhas – quando duas aves são colocadas para brigar até a morte.

Caneleiro-bordado
Pachyramphus marginatus

TAMANHO 13,5 cm
PESO 19 g
DIMORFISMO SEXUAL sim

ENDÊMICA não
AMEAÇADA não
MIGRATÓRIA não

Ocorre na Amazônia e na Mata Atlântica. Espécie florestal que vive na borda de mata úmida bem preservada e na mata secundária adjacente, principalmente na planície litorânea. Fica na copa das árvores, entre as folhas, o que dificulta sua observação. Costuma ser encontrada solitária ou em casais, muitas vezes seguindo bando misto de aves em busca de comida. Alimenta-se de insetos, larvas, lagartas e artrópodes, mas pode consumir pequenos frutos. Vocaliza com certa frequência, principalmente no início da manhã, fator que mais contribui para detectá-la no alto das árvores. É comum observá-la no mesmo ambiente de outros caneleiros, e o macho dessa espécie pode ser facilmente confundido com o macho do caneleiro-preto.

macho

Caneleiro
Pachyramphus castaneus

TAMANHO 14,8 cm	ENDÊMICA não
PESO 19,5 g	AMEAÇADA não
DIMORFISMO SEXUAL não	MIGRATÓRIA não

Ocorre na Amazônia e na Mata Atlântica. Espécie florestal que vive na borda de mata úmida bem preservada e na mata secundária adjacente, inclusive em fragmento florestal e em áreas rurais e urbanas. Fica no topo das árvores emergentes, o que facilita sua observação. Costuma ser encontrada em casais e muitas vezes estão próximas do ninho, reconhecido com facilidade por ser um grande emaranhado de folhas e material vegetal suspenso em um galho. Alimenta-se de frutos e de insetos grandes, que captura com muita habilidade. Muito vocal, emite seu canto típico durante todo o dia, fator que mais contribui para detectá-la no alto das árvores. É comum observá-la pousada ao lado de um caneleiro-de-chapéu-preto numa mesma árvore.

Caneleiro-preto
Pachyramphus polychopterus

TAMANHO 15,5 cm	ENDÊMICA não
PESO 20 g	AMEAÇADA não
DIMORFISMO SEXUAL sim	MIGRATÓRIA parcialmente

Ocorre em todo o Brasil. Espécie florestal que vive na borda de mata úmida bem preservada e na mata secundária adjacente, inclusive em fragmento florestal e em áreas rurais e urbanas. Fica na copa das árvores, entre as folhas, o que dificulta sua observação. Costuma ser encontrada solitária ou em casais. Alimenta-se de insetos, larvas, lagartas e artrópodes, mas pode consumir grandes quantidades de material vegetal, como pequenas bagas. Muito vocal, canta durante todo o dia, começando antes de clarear, fator que mais contribui para detectá-la no alto das árvores. É comum observá-la preponderando no mesmo ambiente de outros caneleiros. A plumagem do macho dessa espécie pode lembrar a do macho da choca-da-mata, mas as duas aves vivem em estratos diferentes.

Caneleiro-de-chapéu-preto
Pachyramphus validus

TAMANHO 17,8 cm	ENDÊMICA não
PESO 43 g	AMEAÇADA não
DIMORFISMO SEXUAL sim	MIGRATÓRIA parcialmente

Ocorre em todo o Brasil, exceto no interior da Amazônia. Espécie florestal que vive na borda de mata úmida e seca, inclusive em fragmento florestal e em áreas rurais e urbanas. Fica no topo das árvores emergentes, às vezes por longos períodos, o que facilita sua observação. Costuma ser encontrada em casais e muitas vezes estão próximo do ninho, facilmente reconhecido por ser um grande emaranhado de folhas, galhos finos e material vegetal suspenso em um galho. Alimenta-se de pequenos frutos e de insetos. Muito vocal, emite seu canto típico durante todo o dia, fator que mais contribui para detectá-la no alto das árvores. É comum observá-la pousada ao lado do caneleiro numa mesma árvore.

Capitão-castanho
Attila phoenicurus

TAMANHO 17,6 cm	ENDÊMICA não
PESO 32 g	AMEAÇADA não
DIMORFISMO SEXUAL não	MIGRATÓRIA sim

Ocorre em uma faixa que vai da Amazônia ao Sudeste e Sul do Brasil. Sua rota é migratória, ela se reproduz na Mata Atlântica nos meses mais quentes do ano e depois migra para o norte. Espécie florestal que vive em mata úmida bem preservada e na mata secundária adjacente. É encontrada em casais, sempre no estrato alto da mata, próximo da copa, mas desce para o sub-bosque em busca de comida. Não tem comportamento muito ativo, porém se desloca com frequência no interior da mata. Alimenta-se de artrópodes, embora também possa consumir frutos. Tem vocalização muito característica e canta com frequência durante o período reprodutivo, fator que mais contribui para detectá-la em campo. Seu ninho ainda não é conhecido.

Capitão-de-saíra
Attila rufus

TAMANHO **20 cm**
PESO **42 g**
DIMORFISMO SEXUAL **não**

ENDÊMICA **sim**
AMEAÇADA **não**
MIGRATÓRIA **não**

Ocorre do sul da Bahia ao Rio Grande do Sul e acompanha o domínio da Mata Atlântica, sendo endêmica desse bioma. Espécie florestal que vive em mata úmida bem preservada e na mata secundária adjacente, inclusive em fragmento florestal e em áreas verdes urbanas. É encontrada solitária ou em casais sempre no estrato alto da mata, próximo da copa, mas desce para o sub-bosque em busca de comida. Não tem comportamento muito ativo, mas se desloca no interior da mata, o que facilita sua observação. Alimenta-se de insetos, artrópodes e pequenos vertebrados, como anfíbios, além de frutos. Tem vocalização típica e canta com frequência durante o período reprodutivo, fator que mais contribui para detectá-la em campo.

Carcará

Caracara plancus

TAMANHO **56 cm**
PESO **1.348 g**
DIMORFISMO SEXUAL **não**

ENDÊMICA **não**
AMEAÇADA **não**
MIGRATÓRIA **não**

Ocorre em todo o Brasil. Espécie que vive em área aberta natural e antropizada, sendo muito comum em áreas urbanas. É observada solitária, em casais ou em grupos variados, com adultos e jovens. Costuma ficar no chão em busca de alimento, mas pousa com frequência nas árvores, em cercas e em estruturas artificiais, como torres e pontes. Onívora, alimenta-se de quase tudo que encontra pela frente, principalmente de pequenos vertebrados encontrados mortos ou feridos na beira de estradas e em regiões queimadas. Consome também material em decomposição e lixo produzido pelos humanos. Vocaliza ocasionalmente para marcar seu território, colocando a cabeça para trás, um comportamento típico. É uma ave muito popular e presente na cultura do Brasil.

Catirumbava
Orthogonys chloricterus

TAMANHO **19 cm**
PESO **38 g**
DIMORFISMO SEXUAL **não**

ENDÊMICA **sim**
AMEAÇADA **não**
MIGRATÓRIA **não**

Ocorre do sul do Espírito Santo ao norte do Rio Grande do Sul e acompanha o domínio da Mata Atlântica, sendo endêmica desse bioma. Espécie florestal que vive no estrato médio-alto de mata úmida bem preservada. Costuma ser encontrada em grupos numerosos, com mais de 20 indivíduos, acompanhando bando misto de aves na copa da mata. Alimenta-se preferencialmente de insetos, que captura vasculhando folhas, bromélias e galhos, mas também consome alguns frutos, descendo para o sub-bosque em busca de recursos. Possui canto típico e costuma vocalizar em grupo, fazendo grande cantoria enquanto se desloca pela mata. O fator vocal é o que mais contribui para encontrá-la em campo.

Chirito

Ramphocaenus melanurus

TAMANHO 15 cm
PESO 9 g
DIMORFISMO SEXUAL não

ENDÊMICA não
AMEAÇADA não
MIGRATÓRIA não

Ocorre na Amazônia e na Mata Atlântica, onde tem uma população no Nordeste e outra no Sudeste e Sul do país. Espécie florestal que vive no interior e na borda de mata preservada, em mata secundária adjacente e em fragmento florestal. É encontrada solitária, em casais ou em grupos familiares no estrato médio-alto da mata, entre cipoais, bambuzais e a vegetação fechada, sendo difícil observá-la. Alimenta-se de insetos e de larvas, que captura com seu bico longo e afiado. É muito vocal e canta ao longo do dia, mesmo nos horários mais quentes, fator que mais contribui para detectá-la em campo. Tem comportamento muito agitado e costuma seguir alguns grupos de aves insetívoras de sub-bosque para se alimentar.

macho

Choca-da-mata
Thamnophilus caerulescens

TAMANHO 15 cm
PESO 21 g
DIMORFISMO SEXUAL sim

ENDÊMICA não
AMEAÇADA não
MIGRATÓRIA não

Ocorre do Ceará ao Rio Grande do Sul, e as populações do Nordeste do país estão isoladas. Espécie florestal que vive no interior e principalmente na borda de mata úmida bem preservada, na mata secundária adjacente, na mata ciliar, na restinga, em fragmento florestal e em áreas urbanas bem arborizadas. Costuma ser encontrada em casais no sub-bosque da mata. Pula e se desloca entre cipós e folhagens e tem comportamento bem inquieto, o que dificulta sua observação. Alimenta-se de pequenos insetos e larvas, capturados debaixo de folhas e galhos, mas pode consumir alguns frutos silvestres. Possui vocalização bem característica, emitindo som o dia todo, fator que mais contribui para encontrá-la em mata fechada.

Carão
Aramus guarauna

TAMANHO 70 cm	ENDÊMICA não
PESO 1.080 g	AMEAÇADA não
DIMORFISMO SEXUAL não	MIGRATÓRIA não

Ocorre em todo o Brasil. Vive em ambiente úmido variado, desde áreas abertas com campos e várzeas até corpos de água cercados por vegetação arbórea e arbustiva, como rios, estuários e manguezais, além de áreas antropizadas, como lagos e represas. Dorme nas árvores equilibrando-se entre os galhos mais grossos. Vive em grupo, formando casais apenas no período reprodutivo. Fica bastante ativa durante a noite, quando inclusive vocaliza com frequência. Sua vocalização é forte e alta, formada por gritos variados capazes de assustar as pessoas que não a conhecem. Alimenta-se basicamente dos caramujos chamados de aruás, mas ocasionalmente também captura caramujos terrestres e lagartixas.

Chocão-carijó
Hypoedaleus guttatus

TAMANHO 20,5 cm	ENDÊMICA sim
PESO 38 g	AMEAÇADA não
DIMORFISMO SEXUAL sim	MIGRATÓRIA não

Ocorre de Alagoas (onde a população está isolada) ao Rio Grande do Sul e acompanha o domínio da Mata Atlântica, sendo endêmica desse bioma. Espécie florestal que vive no interior e borda de mata úmida bem preservada, na mata secundária adjacente e em fragmento florestal grande. Costuma ser encontrada em casais no estrato médio-alto da mata deslocando-se entre cipós e folhagens densas. Alimenta-se de artrópodes e insetos, capturados debaixo de folhas e galhos, e tem comportamento bem inquieto, o que dificulta sua observação. Possui canto típico e alto detectável a longas distâncias, o que favorece encontrá-la na mata fechada e escura.

Choquinha-de-asa-ferrugem
Dysithamnus xanthopterus

TAMANHO 13 cm	ENDÊMICA sim
PESO 15 g	AMEAÇADA não
DIMORFISMO SEXUAL sim	MIGRATÓRIA não

Ocorre do Rio de Janeiro a Santa Catarina e acompanha o domínio da Mata Atlântica, sendo endêmica desse bioma. Espécie florestal que vive no sub-bosque de mata úmida bem preservada do topo da serra, acima dos 700 metros de altitude, desaparecendo de ambientes antropizados. Costuma ser encontrada em casais acompanhando bando misto no estrato médio-alto da mata. Pode ser observada no mesmo ambiente da choquinha-lisa, ficando mais no alto das árvores. Alimenta-se de pequenos insetos, capturados debaixo de folhas e galhos, e tem comportamento bastante inquieto, o que dificulta sua observação. Possui canto típico, e o melhor lugar para encontrá-la é na mata fechada e escura.

Choquinha-de-garganta-pintada
Rhopias gularis

TAMANHO 9,5 cm	ENDÊMICA sim
PESO 11,3 g	AMEAÇADA não
DIMORFISMO SEXUAL sim	MIGRATÓRIA não

Ocorre do sul da Bahia ao Rio Grande do Sul e acompanha o domínio da Mata Atlântica, sendo endêmica desse bioma. Espécie florestal que vive em mata úmida bem preservada e mata secundária adjacente. Pode ser encontrada em casais, sempre no sub-bosque mais baixo da mata, próxima do chão. Costuma ficar saltando e caminhando entre troncos caídos próximos do solo, onde se alimenta de pequenos insetos que captura na vegetação arbustiva, tendo um comportamento bem inquieto. Vocaliza com frequência, fator que mais contribui para encontrá-la na mata fechada. A diferença entre macho e fêmea é muito sutil – a fêmea tem a garganta mais clara, com menos cor preta que o macho.

Choquinha-de-dorso-vermelho
Drymophila ochropyga

TAMANHO 13,5 cm
PESO 10,5 g
DIMORFISMO SEXUAL sim
ENDÊMICA sim
AMEAÇADA não
MIGRATÓRIA não

Ocorre da Bahia a Santa Catarina e acompanha o domínio da Mata Atlântica, sendo endêmica desse bioma. Espécie florestal que vive na borda de mata úmida bem preservada e na mata secundária adjacente acima dos 350 metros de altitude, inclusive em fragmento florestal grande. Também gosta de viver em clareiras no interior da mata alta e densa. Costuma ser encontrada em casais, no estrato baixo da mata, principalmente em taquarais fechados, onde fica escondida entre as folhagens, o que dificulta sua observação. Alimenta-se de pequenos insetos e tem comportamento bem inquieto. Possui vocalização típica e canta ao longo de todo o dia, fator que mais contribui para detectá-la em campo.

macho

Choquinha-cinzenta
Myrmotherula unicolor

TAMANHO 9,5 cm
PESO 11,5 g
DIMORFISMO SEXUAL sim
ENDÊMICA sim
AMEAÇADA não
MIGRATÓRIA não

Ocorre do Rio de Janeiro ao Rio Grande do Sul e acompanha o domínio da Mata Atlântica, sendo endêmica desse bioma. Espécie florestal que vive em mata úmida bem preservada, em mata secundária e em restinga, onde é muito comum. Pode ser encontrada em casais ou em grupos familiares, sempre nos estratos médio e alto da mata. Costuma ficar em bando misto com outras aves de copa, onde se alimenta de pequenos insetos que captura debaixo de folhas e galhos, tendo um comportamento bem inquieto. Vocaliza com frequência, fator que mais contribui para encontrá-la em campo. Já fez parte da lista de animais ameaçados de extinção; se a destruição das matas de baixada e da restinga continuar, essa choquinha, infelizmente, pode voltar a essa condição.

fêmea

Choquinha-lisa
Dysithamnus mentalis

TAMANHO 11 cm
PESO 18,9 g
DIMORFISMO SEXUAL sim

ENDÊMICA não
AMEAÇADA não
MIGRATÓRIA não

Ocorre em todo o Brasil, exceto na maior parte da Amazônia, onde está presente marginalmente. Espécie florestal que vive no sub-bosque de mata úmida bem preservada, na mata secundária adjacente, na mata ciliar e em alguns fragmentos florestais, inclusive na restinga litorânea, onde é muito comum. Pode ser encontrada em casais ou em grupos familiares. Costuma ficar em bando misto com outras aves de sub-bosque, onde se alimenta de pequenos insetos, aranhas e larvas que captura debaixo de folhas e galhos, tendo comportamento bem inquieto. Possui vários tipos de vocalizações, entre cantos e chamados, emitindo sons ao longo de todo o dia, mesmo nos horários mais quentes, fatores que mais contribuem para encontrá-la na mata fechada.

Choquinha-de-peito-pintado
Dysithamnus stictothorax

TAMANHO 12 cm
PESO 16 g
DIMORFISMO SEXUAL sim
ENDÊMICA sim
AMEAÇADA não
MIGRATÓRIA não

Ocorre da Bahia a Santa Catarina e acompanha o domínio da Mata Atlântica, sendo endêmica desse bioma. Espécie florestal que vive no sub-bosque de mata úmida bem preservada, principalmente abaixo dos 400 metros de altitude, desaparecendo de ambientes antropizados. Costuma ser encontrada em casais ou em grupos familiares acompanhando bando misto no estrato médio-alto da mata. Pode ser observada no mesmo ambiente da choquinha-lisa, ficando mais no alto das árvores. Alimenta-se de pequenos insetos, capturados debaixo de folhas e galhos, e tem comportamento bem inquieto, o que dificulta sua observação. Possui canto típico, e o melhor lugar para encontrá-la é na mata fechada e escura.

Chupa-dente
Conopophaga lineata

TAMANHO 11 cm
PESO 21 g
DIMORFISMO SEXUAL sim
ENDÊMICA não
AMEAÇADA não
MIGRATÓRIA não

Ocorre do sul da Bahia ao Rio Grande do Sul, chegando até Goiás e Mato Grosso. Espécie florestal que vive no interior e na borda de mata úmida e seca, inclusive em mata de galeria e restinga, onde pode ser encontrada ao lado do cuspidor-de-máscara-preta. Costuma ser encontrada em casais, no estrato baixo da mata, tendo comportamento bem inquieto. Alimenta-se de pequenos insetos e de artrópodes, como algumas aranhas. O nome "chupa-dente" deriva de um chamado emitido com frequência cujo som lembra o "chupar de dentes" feito por algumas pessoas após as refeições. É uma espécie muito vocal, com cantos distintos, fator que mais contribui para detectá-la em campo.

Choquinha-pequena
Myrmotherula minor

TAMANHO 8,4 cm
PESO 6,4 g
DIMORFISMO SEXUAL sim
ENDÊMICA sim
AMEAÇADA sim
MIGRATÓRIA não

Ocorre do sul da Bahia a São Paulo e acompanha o domínio da Mata Atlântica, sendo endêmica desse bioma. Espécie florestal que vive em mata alta e úmida bem preservada, desaparecendo de ambiente antropizado. Pode ser encontrada em casais ou em grupos familiares, nos estratos médio e alto da mata. Costuma ficar em bando misto com outras aves de copa, onde se alimenta de pequenos insetos, que captura debaixo de folhas e galhos. Seu comportamento bem inquieto faz com que ela seja uma ave de difícil detecção visual, mas vocaliza bastante, fator que mais contribui para encontrá-la na floresta escura. Está na lista de animais ameaçados de extinção devido à destruição de seu *habitat*, principalmente das matas de baixada.

Cigarra-bambu
Haplospiza unicolor

TAMANHO 13 cm
PESO 16 g
DIMORFISMO SEXUAL sim
ENDÊMICA sim
AMEAÇADA não
MIGRATÓRIA não

Ocorre do sul da Bahia ao Rio Grande do Sul e acompanha o domínio da Mata Atlântica, sendo endêmica desse bioma. Espécie florestal que vive no interior e na borda de mata úmida bem preservada e em mata secundária adjacente, sendo incomum em fragmento florestal pequeno e em áreas antropizadas. Pode ser encontrada solitária, em casais ou em grupos com dezenas e até centenas de indivíduos, principalmente no período de frutificação de algumas taquaras nativas, quando consomem suas sementes. Sua dieta também é constituída de sementes de outras plantas e de pequenos insetos. Tem canto melódico, que emite principalmente no período reprodutivo, mas passa o dia todo fazendo um chamado típico, fator que mais contribui para detectá-la em campo.

Chorozinho-de-asa-vermelha

Herpsilochmus rufimarginatus

TAMANHO 10,5 cm
PESO 11 g
DIMORFISMO SEXUAL sim

ENDÊMICA não
AMEAÇADA não
MIGRATÓRIA não

Ocorre da Bahia ao oeste do Rio Grande do Sul. Espécie florestal que vive no sub-bosque de mata úmida bem preservada, na mata secundária adjacente, na mata ciliar, na restinga, em fragmento florestal e em áreas urbanas bem arborizadas do litoral. Pode ser encontrada em casais ou em grupos familiares. Costuma ficar em bando misto com outras aves de copa, onde se alimenta de pequenos insetos, aranhas e larvas, capturados debaixo de folhas e galhos. Tem comportamento muito inquieto, o que dificulta sua observação. Ocasionalmente desce da copa e fica a poucos metros do solo em busca de alimento. Possui vocalização bem característica emitida o dia todo, fator que mais contribui para encontrá-la em campo.

macho jovem

Chupim

Molothrus bonariensis

TAMANHO 21,5 cm
PESO 52 g
DIMORFISMO SEXUAL sim

ENDÊMICA não
AMEAÇADA não
MIGRATÓRIA não

Ocorre em todo o Brasil e é menos comum na Amazônia. Vive em ambiente aberto natural e antropizado, com vegetação arbustiva, sendo muito frequente em áreas rurais com presença de pasto e em cidades. É observada em casais e em grupos, que podem variar de poucas dezenas a centenas de indivíduos. Gosta de frequentar gramados e costuma pousar em mourões de cercas e postes, o que facilita sua observação. Alimenta-se de artrópodes, sementes, frutas e flores. Não é muito vocal, cantando ocasionalmente. Não constrói ninho e coloca seus ovos nos ninhos de outras espécies de aves, principalmente do tico-tico, que cria seus filhotes naturalmente. Muitas vezes jogam os ovos do tico-tico e de outras aves fora do ninho.

macho

Coleirinho
Sporophila caerulescens

TAMANHO 11 cm
PESO 10 g
DIMORFISMO SEXUAL sim
ENDÊMICA não
AMEAÇADA não
MIGRATÓRIA parcialmente

Ocorre em quase todo o Brasil, exceto ao norte do rio Amazonas e em algumas regiões do Nordeste do país. Vem ampliando sua distribuição na Amazônia devido ao desmatamento. Vive em ambiente aberto com vegetação campestre natural e exótica, sendo comum em áreas rurais e urbanas. É observada em casais ou em grupos que podem ter dezenas de indivíduos, muitas vezes com outras espécies de aves, como tizius. Alimenta-se de sementes de gramíneas e costuma frequentar plantações de arroz e comedouros. Também conhecida como papa-capim, é muito perseguida e capturada por traficantes de animais silvestres para servir como ave de gaiola, devido a seu canto ser apreciado por quem gosta de manter ave silvestre em cativeiro.

Coró-coró
Mesembrinibis cayennensis

TAMANHO **58 cm**
PESO **756 g**
DIMORFISMO SEXUAL **não**

ENDÊMICA **não**
AMEAÇADA **não**
MIGRATÓRIA **não**

Ocorre em todo o Brasil, exceto em parte da região Nordeste. Vive em mata úmida escura, em geral matas ciliares de rios, lagoas, restingas, estuários e manguezais, incluindo áreas antropizadas rurais e urbanas, onde vem se tornando cada dia mais comum. É encontrada em casais ou em grupos familiares pequenos. Alimenta-se de invertebrados, como minhocas, insetos, crustáceos e moluscos, os quais captura com seu bico longo e curvado. Sua vocalização é alta e forte e produz a onomatopeia "k'ró-k'ró-k'ró-k'ró-k'ró-k'ró", da qual deriva seu nome popular. Canta sempre nos crepúsculos, geralmente em voo quando sai do dormitório e retorna para ele, mas também vocaliza bastante no chão, onde passa boa parte do dia procurando alimento.

Corocoxó

Carpornis cucullata

TAMANHO 23,3 cm
PESO 74 g
DIMORFISMO SEXUAL sim
ENDÊMICA sim
AMEAÇADA não
MIGRATÓRIA não

Ocorre do Espírito Santo ao Rio Grande do Sul e acompanha o domínio da Mata Atlântica, sendo endêmica desse bioma. Espécie florestal que vive no interior e na borda de mata úmida bem preservada e secundária adjacente de regiões serranas. É encontrada em casais no estrato médio-alto da mata, e o comportamento bem discreto a faz passar facilmente despercebida. Alimenta-se de pequenos frutos, mas ocasionalmente consome insetos grandes. Seu nome popular deriva de seu canto, cujo som produz a onomatopeia "corocoxó". Canta com frequência ao longo do dia, principalmente no período de reprodução. Essa evidência vocal faz com que o corocoxó seja considerado "a voz da mata" em muitas regiões da Mata Atlântica.

macho

Corruíra

Troglodytes musculus

TAMANHO 12,2 cm
PESO 9 g
DIMORFISMO SEXUAL não

ENDÊMICA não
AMEAÇADA não
MIGRATÓRIA não

Ocorre em todo o Brasil. Espécie que vive nos mais variados ambientes, desde borda de mata preservada até mata secundária e principalmente em ambiente aberto, inclusive áreas rurais e urbanas. É uma das aves mais comuns nas cidades brasileiras, sendo muito adaptada ao meio antrópico. Na cidade, faz seu ninho em buracos de muro, semáforos e postes de iluminação. É encontrada em casais ou em grupos familiares. Alimenta-se preferencialmente de insetos e de aranhas. Muito vocal, macho e fêmea cantam juntos, e sua vocalização muda de "sotaque" ao longo de sua distribuição pelo país. Seu nome científico significa em latim "pequeno rato que habita as cavernas", devido a seu comportamento inquieto de caminhar pelo chão.

Corucão

Podager nacunda

TAMANHO 29,5 cm
PESO 159 g
DIMORFISMO SEXUAL não
ENDÊMICA não
AMEAÇADA não
MIGRATÓRIA parcialmente

Ocorre em todo o Brasil. Espécie noturna de ambiente aberto, inclusive áreas naturais urbanas, que fica sempre no chão. Descansa durante todo o dia entre a vegetação rasteira, passando despercebida. No início da noite, começa a voar em busca dos insetos voadores que compõem sua alimentação; costuma sobrevoar postes de iluminação urbana. Durante o dia, pode ser avistada sobre queimadas em busca dos insetos que estão fugindo do fogo. Sua dieta ajuda no controle biológico dos insetos, principalmente em áreas urbanas. Vive em casais ou em pequenos grupos, mas em algumas épocas do ano dezenas de indivíduos se reúnem para realizar migrações parciais ainda pouco conhecidas.

Coruja-buraqueira
Athene cunicularia

TAMANHO 23 cm
PESO 150 g
DIMORFISMO SEXUAL não

ENDÊMICA não
AMEAÇADA não
MIGRATÓRIA não

Ocorre em todo o Brasil. Espécie terrícola, de hábito diurno e típica de área aberta – natural ou antropizada –, sendo comum na orla da praia e em áreas urbanas. Vocaliza durante o dia e à noite, principalmente quando se sente ameaçada. Seu nome deriva do tipo de ninho que constrói, constituído de um buraco no chão onde se abriga e cria os filhotes. Alimenta-se principalmente de roedores, mas também consome morcegos, répteis, anfíbios e artrópodes. Tem comportamento, praticamente exclusivo entre as corujas, de ficar pousada em uma única pata. Infelizmente é alvo de vândalos que fecham sua toca no chão, com paus, pedras e lixo, para prejudicar as aves. É uma espécie que precisa ser respeitada e protegida, pois presta importante serviço ambiental.

Coruja-do-mato
Strix virgata

TAMANHO 34 cm
PESO 240 g
DIMORFISMO SEXUAL não

ENDÊMICA não
AMEAÇADA não
MIGRATÓRIA não

Ocorre em todo o Brasil, sendo mais comum na Mata Atlântica e na Amazônia e incomum em muitas regiões. Espécie tipicamente florestal que vive solitária ou em casais no interior de mata alta úmida, mas também pode ser encontrada na borda da mata, em áreas com vegetação mais esparsa e ocasionalmente em cidades, sendo incomum nesse tipo de ambiente. Alimenta-se de artrópodes grandes e de pequenos vertebrados, como répteis (incluindo serpentes venenosas), anfíbios e aves. Não é muito vocal, cantando poucas vezes durante a noite, mas devido a seu canto forte e grave, formado por uma sequência de notas, pode ser escutada a distância, o que facilita sua detecção em campo.

Coruja-orelhuda
Asio clamator

TAMANHO 37 cm
PESO 563 g
DIMORFISMO SEXUAL não

ENDÊMICA não
AMEAÇADA não
MIGRATÓRIA não

Ocorre em todo o Brasil, sendo mais frequente fora da Amazônia. Espécie cujo nome popular deriva da associação com as penas alongadas que tem na cabeça semelhantes a "orelhas" ou "chifres", mas, como em todas as aves, seus ouvidos ficam na lateral da cabeça e protegidos pelas penas. Vive na borda dos mais variados tipos de ambiente florestal e em áreas abertas, inclusive rurais, antropizadas e urbanas, onde é muito comum. Pode ser encontrada solitária ou em pequenos grupos. Alimenta-se de ratos, anfíbios, répteis e aves, além de artrópodes. Não é muito vocal, seu canto mais comum – um assovio fino e curto – difere do das demais espécies de coruja, e ela passa despercebida das pessoas.

Corujinha-do-mato
Megascops choliba

TAMANHO 22 cm
PESO 132 g
DIMORFISMO SEXUAL não

ENDÊMICA não
AMEAÇADA não
MIGRATÓRIA não

Ocorre em todo o Brasil, sendo uma das corujas mais comuns do país, principalmente fora da Amazônia. Espécie florestal cujos casais vivem em diferentes tipos de ambientes, inclusive em áreas antropizadas, rurais e urbanas, onde são muito comuns. Alimenta-se preferencialmente de grandes artrópodes, como gafanhotos, aranhas, escorpiões e mariposas, contribuindo com o controle biológico desses animais nas grandes cidades, mas também captura pequenos vertebrados, como camundongos, morcegos e rãs. Muito vocal, costuma cantar com frequência no início e no final da noite, emitindo diferentes vocalizações. Além da plumagem típica, cinza-escura, alguns indivíduos podem ter as cores ferrugem e marrom, inclusive no mesmo casal.

Corujinha-sapo
Megascops atricapilla

TAMANHO 24 cm
PESO 134 g
DIMORFISMO SEXUAL não
ENDÊMICA sim
AMEAÇADA não
MIGRATÓRIA não

Ocorre em um trecho da Mata Atlântica que vai do sul da Bahia ao Rio Grande do Sul, chegando até o sul de Goiás e oeste do Paraná, e é endêmica desse bioma. Espécie que vive em casais no interior ou na borda de mata alta e úmida, mas pode ser encontrada em alguns fragmentos florestais e, mais ocasionalmente, em áreas urbanas, sendo incomum nesse tipo de ambiente. Alimenta-se de artrópodes e de pequenos vertebrados que captura na folhagem ou no solo. Durante o dia, descansa em cavidades ou galhos com densa vegetação. Costuma vocalizar no início e no final da noite, mas pode cantar ocasionalmente durante o dia. Além da plumagem típica, cinza-escura, alguns indivíduos podem ter as cores ferrugem e marrom.

Curicaca

Theristicus caudatus

TAMANHO 69 cm
PESO 1.726 g
DIMORFISMO SEXUAL não

ENDÊMICA não
AMEAÇADA não
MIGRATÓRIA não

Ocorre em todo o Brasil, exceto em partes da Amazônia e do Nordeste. Espécie que vive em campos abertos úmidos e secos, lagoas, áreas antropizadas rurais e urbanas. Gosta de gramados e campos de futebol. É encontrada em casais e em grupos pequenos. Reúne-se para dormir em dormitórios coletivos, no alto das árvores, deslocando-se diariamente entre essas áreas e os locais de alimentação. Alimenta-se de invertebrados, como insetos, centopeias, aranhas, caramujos e larvas, que captura com seu bico longo e curvado. Também preda pequenos vertebrados – anfíbios, répteis, ratos, pequenas serpentes e filhotes de aves, por exemplo. Bastante vocal, costuma cantar em voo, e sua vocalização é alta e bem característica, o que facilita sua detecção.

Curutié
Certhiaxis cinnamomeus

TAMANHO 14,5 cm
PESO 15 g
DIMORFISMO SEXUAL não

ENDÊMICA não
AMEAÇADA não
MIGRATÓRIA não

Ocorre em todo o Brasil, sendo mais comum fora da Amazônia. Espécie que vive em ambiente úmido aberto próximo de corpos de água, como rios, lagos, várzeas, banhados e taboais, tanto em áreas naturais preservadas quanto em regiões rurais e urbanas, onde é muito comum. É encontrada em casais ou em grupos familiares, sempre na vegetação densa, pousada em arbustos isolados e mais altos para cantar. Ocasionalmente pousa no chão. Alimenta-se de pequenos insetos, larvas artrópodes e moluscos. Pelo fato de viver escondida na vegetação densa, a melhor forma de detectá-la é pela vocalização, sendo um canto típico, emitido durante todo o dia, inclusive nos horários mais quentes.

Cuspidor-de-máscara-preta
Conopophaga melanops

TAMANHO 11 cm
PESO 20 g
DIMORFISMO SEXUAL sim

ENDÊMICA sim
AMEAÇADA não
MIGRATÓRIA não

Ocorre do Rio Grande do Norte a Santa Catarina e acompanha o domínio da Mata Atlântica, sendo endêmica desse bioma. Espécie florestal que vive no interior e na borda de mata úmida bem preservada e na mata secundária adjacente, inclusive na restinga, onde é muito comum. Em São Paulo, está presente com mais frequência nas matas da planície litorânea e na parte baixa da Serra do Mar, mas ocorre pontualmente na borda do planalto. É encontrada em casais, no estrato baixo da mata. Alimenta-se de pequenos insetos, mas no período reprodutivo pode predar pequenas pererecas, que são importante fonte de proteína animal para seus filhotes. O "cuspidor" de seu nome popular deriva do som de seu chamado.

Colhereiro
Platalea ajaja

TAMANHO **87 cm**	ENDÊMICA **não**
PESO **1.490 g**	AMEAÇADA **não**
DIMORFISMO SEXUAL **não**	MIGRATÓRIA **parcialmente**

Ocorre em todo o Brasil. Espécie que vive em ambientes úmidos como rios, lagos, várzeas, banhados, estuários e manguezais, além de áreas rurais e urbanas. É encontrada principalmente em grupos. Reúnem-se para dormir em dormitórios coletivos, no alto das árvores, deslocando-se diariamente entre essas áreas e os locais de alimentação. Alimenta-se de invertebrados, como insetos, camarões, moluscos e crustáceos, os quais captura com seu bico largo revirando e filtrando o sedimento. Também preda pequenos vertebrados, como anfíbios e pequenos peixes. Assim como o guará, retira o pigmento chamado caroteno dos alimentos, responsável pela coloração avermelhada de sua plumagem, que fica mais evidente no período de reprodução.

Cuiú-cuiú
Pionopsitta pileata

TAMANHO **21 cm**	ENDÊMICA **sim**
PESO **119 g**	AMEAÇADA **não**
DIMORFISMO SEXUAL **sim**	MIGRATÓRIA **não**

Ocorre do sul da Bahia ao Rio Grande do Sul e acompanha o domínio da Mata Atlântica, sendo endêmica desse bioma. Espécie florestal que não só vive em áreas florestais amplas e geralmente bem preservadas, mas também costuma frequentar áreas antropizadas e urbanas adjacentes. Pode ser encontrada em casais ou em grupos variados, com dezenas de indivíduos. Alimenta-se de diferentes tipos de frutos, inclusive de frutas exóticas, como goiaba e caqui, que busca em pomares. Voa sobre a copa das árvores, mas se desloca a grandes altitudes e ocasionalmente desce próximo ao solo para buscar algum recurso alimentar. Sua vocalização é muito parecida com a do apuim-de-costas-pretas. As duas espécies ocorrem juntas em muitas regiões.

Enferrujado
Lathrotriccus euleri

TAMANHO 12,7 cm
PESO 12 g
DIMORFISMO SEXUAL não

ENDÊMICA não
AMEAÇADA não
MIGRATÓRIA parcialmente

Ocorre em todo o Brasil, sendo mais comum fora da Amazônia. É migratória em algumas regiões, como no Sul do país, mas sua migração ainda é pouco conhecida. Espécie florestal que pode ser encontrada em todo tipo de mata, tanto em seu interior como em sua borda, inclusive em áreas rurais e urbanas. É encontrada solitária ou em casais e gosta de ficar escondida entre a vegetação fechada, o que dificulta sua observação. Alimenta-se de insetos que captura em voo. É muito vocal e canta sempre muito cedo e ao longo do dia, fatores que mais contribuem para detectá-la em campo. Pode ser facilmente confundida com o risadinha ou com o filipe, entre outros tiranídeos pequenos, por isso é preciso observar os detalhes para uma boa identificação.

Entufado

Merulaxis ater

TAMANHO 17 cm
PESO 37,2 g
DIMORFISMO SEXUAL sim
ENDÊMICA sim
AMEAÇADA não
MIGRATÓRIA não

Ocorre de Minas Gerais e Rio de Janeiro a Santa Catarina e acompanha o domínio da Mata Atlântica, sendo endêmica desse bioma. Espécie terrícola que vive no interior de floresta úmida e escura bem preservada e na mata secundária adjacente. É encontrada solitária ou em casais caminhando pelo chão da mata, sobre rochas, troncos caídos e galhos, mas foge a qualquer sinal de perigo, sendo muito difícil observá-la. Costuma levantar e abrir a cauda com frequência. Alimenta-se de pequenos artrópodes que captura na serrapilheira. Possui canto típico e vocaliza mais no início da manhã e no final da tarde, fatores que mais contribuem para detectá-la na mata fechada.

Falcão-caburé
Micrastur ruficollis

TAMANHO **36 cm**
PESO **196 g**
DIMORFISMO SEXUAL **não**
ENDÊMICA **não**
AMEAÇADA **não**
MIGRATÓRIA **não**

Ocorre em todo o Brasil. Espécie florestal que vive no interior de mata e na capoeira alta. Seu comportamento discreto faz com que passe visualmente despercebida, mas seu canto típico, emitido sempre no início da manhã e no final do dia, muitas vezes ainda no escuro, é o fator que mais contribui para detectá-la em campo. Alimenta-se de pequenos vertebrados, como lagartos, cobras, aves e mamíferos, principalmente os pequenos marsupiais, e de grandes insetos. Caça no sub-bosque da mata, descendo ao chão em algumas ocasiões. É um falcão que possui grande habilidade de voar entre a vegetação florestal densa, surpreendendo suas presas com ataques certeiros.

Falcão-de-coleira
Falco femoralis

TAMANHO **36 cm**
PESO **400 g**
DIMORFISMO SEXUAL **sim**
ENDÊMICA **não**
AMEAÇADA **não**
MIGRATÓRIA **não**

Espécie residente que ocorre em todo o Brasil, sendo menos comum na Amazônia. Vive em todo tipo de ambiente, desde borda de mata bem preservada até fragmentos florestais e áreas urbanas, onde é comum. Pode ser encontrada solitária, em casal ou em grupos familiares, e o fato de ser muito ativa, vocalizando bastante, facilita sua detecção. Também gosta de ficar pousada durante longos períodos em árvores secas altas e torres metálicas, que são ótimos locais para encontrá-la. Alimenta-se de pequenos vertebrados, como aves, mamíferos e lagartos, e de invertebrados, capturando-os sempre rente ao solo, em voos certeiros. Pode ser confundida com outras espécies de falcões, por isso é preciso prestar bastante atenção nos padrões da plumagem.

Falcão-peregrino
Falco peregrinus

TAMANHO **47 cm**
PESO **959 g**
DIMORFISMO SEXUAL **não**
ENDÊMICA **não**
AMEAÇADA **não**
MIGRATÓRIA **sim**

Espécie migratória da América do Norte que viaja para a América do Sul todos os anos a fim de fugir do inverno rígido. Pode ser encontrada em todo o Brasil entre setembro e março. Vive em áreas montanhosas e costeiras, mas são muito comuns nos ambientes urbanos, inclusive nas grandes cidades do país. Costuma ser solitária, mas ocasionalmente são avistadas em pares, sempre pousadas em árvores altas, beirais de prédios e torres de comunicação. Alimenta-se de grande variedade de presas, como pequenos mamíferos e peixes, mas é exímia caçadora de aves, que captura no ar em voos certeiros. O falcão-peregrino é o animal mais rápido do mundo, com velocidade de mergulho (asas fechadas) que pode atingir 320 quilômetros por hora.

Falcão-relógio
Micrastur semitorquatus

TAMANHO 53 cm
PESO 739 g
DIMORFISMO SEXUAL não
ENDÊMICA não
AMEAÇADA não
MIGRATÓRIA não

Ocorre em todo o Brasil. Espécie florestal que vive exclusivamente no interior da mata. Seu comportamento discreto faz com que passe visualmente despercebida, mas o canto típico, emitido sempre no início da manhã e no final do dia, muitas vezes ainda no escuro, é o fator que mais contribui para detectá-la em campo. Apresenta plumagem marrom (ruiva), variação morfológica distinta da cor branca típica. Alimenta-se de pequenos vertebrados, como lagartos, cobras e mamíferos, sendo uma exímia caçadora de aves. Caça no sub-bosque da mata com grande habilidade de voar entre a vegetação florestal densa, descendo ao chão em algumas ocasiões para surpreender suas presas com ataques certeiros.

morfo ruivo

Ferro-velho
Euphonia pectoralis

TAMANHO 11,5 cm
PESO 16,5 g
DIMORFISMO SEXUAL sim
ENDÊMICA sim
AMEAÇADA não
MIGRATÓRIA não

Ocorre de Pernambuco, onde tem uma população isolada, ao Rio Grande do Sul e acompanha o domínio da Mata Atlântica, sendo endêmica desse bioma. Espécie florestal que vive no interior e na borda de mata, inclusive em áreas rurais e urbanas. É encontrada em casais ou em pequenos grupos familiares no estrato médio-alto da vegetação. É muito comum em comedouros, onde se reúne em grupos numerosos, misturando-se com outras espécies do gênero *Euphonia*. Alimenta-se de pequenos frutos, da erva-de-passarinho e de algumas cactáceas. Como as sementes passam intactas por seu intestino, é uma ótima dispersora de muitas plantas. É uma das espécies mais distintas de gaturamo da Mata Atlântica, o que facilita sua identificação.

fêmea

macho

Figuinha-do-mangue

Conirostrum bicolor

TAMANHO 11,5 cm
PESO 10,5 g
DIMORFISMO SEXUAL sim
ENDÊMICA não
AMEAÇADA sim
MIGRATÓRIA não

Ocorre em vários estados do Brasil, com uma distribuição linear que inclui apenas uma faixa costeira de manguezais que vai do Amapá a Santa Catarina e um longo trecho de várzea e ilhas fluviais do rio Amazonas e alguns tributários. Espécie florestal que vive no interior e na borda dos ambientes ripários. Tem comportamento agitado, sendo encontrada em grupos familiares no estrato médio-alto do ambiente, mas costuma descer até o solo para buscar alimento. Sua dieta é formada principalmente de pequenos artrópodes, mas pode consumir frutos. Tem canto típico e vocaliza ao longo do dia, fatores que mais contribuem para detectá-la em campo. Está na lista de animais ameaçados de extinção de alguns estados devido à destruição de seu *habitat*.

fêmea

macho

Fim-fim

Euphonia chlorotica

TAMANHO 9,5 cm	ENDÊMICA não
PESO 8 g	AMEAÇADA não
DIMORFISMO SEXUAL sim	MIGRATÓRIA não

Ocorre em todo o Brasil, sendo incomum no interior da Amazônia. Espécie florestal que vive na borda de mata, inclusive em áreas rurais e urbanas. É encontrada em casais ou em pequenos grupos familiares no estrato médio-alto da vegetação. É muito comum em comedouros, onde se reúne em grupos numerosos com dezenas de indivíduos, misturando-se com outras espécies do gênero *Euphonia*. Alimenta-se de pequenos frutos, da erva-de-passarinho e de algumas cactáceas. Como as sementes passam intactas por seu intestino, é uma ótima dispersora de muitas plantas. Seu nome popular deriva da onomatopeia "fim-fim" produzida por seu canto, fator que contribui para detectá-la em campo. Pode ser confundida com o gaturamo, mas possui a garganta preta.

Flautim

Schiffornis virescens

TAMANHO 15,6 cm
PESO 25 g
DIMORFISMO SEXUAL não

ENDÊMICA sim
AMEAÇADA não
MIGRATÓRIA não

Ocorre da Bahia e Goiás ao Rio Grande do Sul e acompanha o domínio da Mata Atlântica, sendo endêmica desse bioma. Espécie florestal que vive no interior e na borda de mata úmida bem preservada e em floresta secundária adjacente, inclusive em fragmento florestal. Alimenta-se de pequenos frutos e insetos que captura no sub-bosque da mata ou próximo do solo, muitas vezes seguindo o bando misto de aves. Tem comportamento discreto, passando facilmente despercebida, mas, pelo fato de ter vocalização típica e cantar durante o dia todo, é facilmente detectada na mata escura. Sua plumagem verde e uniforme faz com que essa espécie seja confundida com a fêmea e o jovem do tangará, que possuem coloração semelhante à dela.

Fragata

Fregata magnificens

TAMANHO **98 cm**
PESO **1.560 g**
DIMORFISMO SEXUAL **sim**

ENDÊMICA **não**
AMEAÇADA **não**
MIGRATÓRIA **não**

Ocorre em todo o litoral do Brasil. Espécie que vive em ambientes litorâneos, como mangue, estuário, praia e ilhas costeiras, onde se reproduz. Pode ser encontrada solitária, em pares ou em grupos variados, formados por dezenas ou até centenas de indivíduos. Alimenta-se de peixes que captura na superfície da água com seu bico longo, pois não mergulha, mas sua especialidade é roubar os peixes de outras aves marinhas, como atobás, trinta-réis e gaivotas, sendo conhecida como "pirata do mar". Também costuma seguir os barcos pesqueiros para comer os descartes da pesca. Tem o hábito de aproveitar as correntes de ar quente para subir a grandes altitudes, voando com frequência entre os urubus nos horários mais quentes do dia.

fêmea

macho

Ferreirinho-relógio
Todirostrum cinereum

TAMANHO 8,8 cm	ENDÊMICA não
PESO 6,4 g	AMEAÇADA não
DIMORFISMO SEXUAL não	MIGRATÓRIA não

Ocorre em todo o Brasil, exceto no interior da Amazônia. Espécie de ambiente florestal aberto, com árvores isoladas, inclusive de áreas rurais e urbanas, onde é muito comum. É encontrada em casais sempre no estrato médio-alto da mata, onde captura os insetos que fazem parte de sua dieta. Tem comportamento inquieto, pulando de galho em galho o dia todo. É muito vocal e tem canto típico que emite ao longo do dia, fator que mais contribui para detectá-la no ambiente. Embora não possua a íris alaranjada e a faixa amarela na frente dos olhos, é frequentemente confundida com o teque-teque, pois ambas as espécies podem viver no mesmo ambiente. O "relógio" de seu nome popular deriva de seu canto, que lembra o ato de dar corda em um relógio antigo.

Filipe
Myiophobus fasciatus

TAMANHO 12,2 cm	ENDÊMICA não
PESO 10 g	AMEAÇADA não
DIMORFISMO SEXUAL não	MIGRATÓRIA parcialmente

Ocorre em todo o Brasil, sendo mais comum fora da Amazônia. É migratória em algumas regiões, como o Sul do país, mas sua migração ainda é pouco conhecida. Vive na borda de mata e ambiente florestal aberto, com vegetação arbórea e arbustiva isolada, inclusive várzeas. É encontrada solitária ou em casais e gosta de ficar escondida entre a vegetação fechada, o que dificulta sua observação. Alimenta-se de insetos que captura em voo, além de pequenos frutos. É muito vocal e canta sempre muito cedo e ao longo do dia, produzindo várias vocalizações, fator que mais contribui para detectá-la em campo. Pode ser facilmente confundida com o risadinha ou com o enferrujado, por isso é preciso observar os detalhes para uma boa identificação.

Figuinha-de-rabo-castanho
Conirostrum speciosum

TAMANHO 10,5 cm	ENDÊMICA não
PESO 8,4 g	AMEAÇADA não
DIMORFISMO SEXUAL sim	MIGRATÓRIA não

Ocorre em quase todo o Brasil, sendo incomum na maior parte da Amazônia e ausente no extremo sul do país. Espécie florestal que vive na borda de mata seca e úmida, em ambiente aberto com árvores isoladas, inclusive em áreas rurais e urbanas, onde é comum. Tem comportamento agitado, sendo encontrada em grupos familiares no estrato médio-alto do ambiente, principalmente na copa das árvores, onde segue bando misto de aves. Alimenta-se de pequenos insetos e de larvas. Verifica galhos e folhas e fica de ponta cabeça para achar as presas, mas pode consumir néctar. Tem canto típico e vocaliza bastante em grupo quando estão se deslocando, fatores que mais contribuem para detectá-la em campo.

Freirinha
Arundinicola leucocephala

TAMANHO 12,4 cm	ENDÊMICA não
PESO 13 g	AMEAÇADA não
DIMORFISMO SEXUAL sim	MIGRATÓRIA não

Ocorre em todo o Brasil, sendo mais comum fora da Amazônia. Espécie que vive em ambientes abertos próximo de corpos de água, como rios, lagos, várzeas, banhados e taboais, tanto em áreas naturais preservadas quanto em regiões rurais e urbanas, onde é comum. É encontrada em casais ou em grupos familiares, sempre na vegetação aquática densa, mas pousa em arbustos isolados e mais altos para vigiar seu território e capturar em voo os insetos dos quais se alimenta. Tem vocalização muito discreta e passa despercebida. O fator visual é o que mais contribui para sua detecção, quando se desloca pela vegetação. Porém, para encontrá-la é preciso ter paciência, pois pode ficar horas escondida.

Gaivotão
Larus dominicanus

TAMANHO 58 cm
PESO 1.100 g
DIMORFISMO SEXUAL não
ENDÊMICA não
AMEAÇADA não
MIGRATÓRIA não

Ocorre em todo o litoral do Brasil, sendo a gaivota mais comum no país. Vive em ambientes costeiros, como mangue, estuário, praia e ilhas próximas da costa, além de áreas antropizadas e urbanas. Pode ser encontrada solitária, mas geralmente está em grupos variados, formados por dezenas ou até centenas de indivíduos, adultos e jovens. Alimenta-se de invertebrados marinhos e restos de comida encontrados nas praias, incluindo lixo. As gaivotas formam um grupo amplo de aves, com muitas espécies parecidas, e sempre se pode encontrar uma menos comum no meio de um grupo de gaivotões, por isso é importante prestar muita atenção nos detalhes de cada indivíduo do bando. A ave na foto foi marcada com uma anilha do Cemave (Guarujá) 2.149 dias antes, quando jovem.

Garça-azul
Egretta caerulea

TAMANHO 52 cm
PESO 364 g
DIMORFISMO SEXUAL não
ENDÊMICA não
AMEAÇADA não
MIGRATÓRIA não

Ocorre em todo o Brasil, principalmente no litoral. Espécie que vive em ambientes aquáticos variados, como rios, lagoas, estuários, manguezais e praias, incluindo áreas urbanas. Pode ser encontrada solitária ou em grupos pequenos. Alimenta-se de peixes e pequenos invertebrados que captura com seu bico longo e afiado. Os jovens têm a plumagem branca e vão ficando coloridos e azuis quando adultos, sendo facilmente confundidos com outras garças brancas durante a fase inicial de vida, principalmente a garça-branca-pequena. Durante o período reprodutivo, para ajudar na corte nupcial, ganha penas "extras" no dorso chamadas *egretas*, que exibe de forma exuberante, ficando com coloração azul-escura na cara.

jovem

adulta

Garça-branca-grande
Ardea alba

TAMANHO **88 cm**
PESO **935 g**
DIMORFISMO SEXUAL **não**

ENDÊMICA **não**
AMEAÇADA **não**
MIGRATÓRIA **não**

Ocorre em todo o Brasil, sendo muito comum. Vive em ambientes aquáticos, como rios, lagoas, manguezais, estuários, brejos e várzeas, além de áreas antropizadas e lagos urbanos. Pode ser encontrada solitária ou em grupos que variam de poucas aves a dezenas e centenas de indivíduos. Alimenta-se de peixes, que captura com seu bico longo e afiado, mas também captura anfíbios, répteis, pequenos roedores e lixo. Sua voz é grave e rouca, emitida geralmente em voo. Durante o período reprodutivo, para ajudar na corte nupcial, ganha penas "extras" no dorso chamadas *egretas*, que exibe de forma exuberante, ficando com coloração esverdeada na cara. A ave na foto foi marcada com uma anilha do Cemave (Ubatuba) 2.203 dias antes.

Garça-branca-pequena
Egretta thula

TAMANHO 54 cm
PESO 371 g
DIMORFISMO SEXUAL não

ENDÊMICA não
AMEAÇADA não
MIGRATÓRIA não

Ocorre em todo o Brasil, sendo uma espécie muito comum. Vive em ambientes aquáticos variados, como rios, lagoas, manguezais, estuários, brejos e várzeas, além de áreas antropizadas e lagos urbanos. Pode ser encontrada solitária ou em grupos que variam de poucas aves a dezenas e centenas de indivíduos. Alimenta-se principalmente de peixes, que captura com seu bico longo e afiado, mas também captura insetos, larvas, moluscos, vermes, crustáceos e pequenos anfíbios e répteis. Durante o período reprodutivo, para ajudar na corte nupcial, ganha penas "extras" no dorso chamadas *egretas*, que exibe de forma exuberante, ficando com coloração rósea escura na cara.

Garrinchão-de-bico-grande

Cantorchilus longirostris

TAMANHO **15 cm**
PESO **21 g**
DIMORFISMO SEXUAL **não**

ENDÊMICA **não**
AMEAÇADA **não**
MIGRATÓRIA **não**

Ocorre em quase todos os estados da faixa leste do Brasil, exceto no Rio Grande do Sul. Pode ser dividida em duas populações, uma no Nordeste e outra no Sudeste e no Sul do país. Espécie florestal que vive no interior e principalmente na borda de mata preservada, em mata secundária adjacente e em fragmento florestal. É encontrada em casais no estrato médio-baixo da mata, entre a vegetação fechada, sendo difícil observá-la. Alimenta-se de insetos e de larvas, que captura com seu bico longo e afiado. É muito vocal e canta ao longo do dia, mesmo nos horários mais quentes, fator que mais contribui para detectá-la em campo. Possui canto típico, mas emite muitos chamados variados que podem confundir os observadores mais experientes.

Gaturamo

Euphonia violacea

TAMANHO 12 cm
PESO 15 g
DIMORFISMO SEXUAL sim

ENDÊMICA não
AMEAÇADA não
MIGRATÓRIA não

Ocorre em todo o Brasil, exceto no interior da Amazônia. Espécie florestal que vive no interior e na borda de mata, inclusive em áreas rurais e urbanas. É encontrada em casais ou em pequenos grupos familiares no estrato médio-alto da vegetação. É muito comum em comedouros, onde se reúne em grupos numerosos com dezenas de indivíduos, misturando-se com outras espécies do gênero *Euphonia*. Alimenta-se de pequenos frutos, da erva-de-passarinho e de algumas cactáceas. Como as sementes passam intactas por seu intestino, é uma ótima dispersora de muitas plantas. Tem canto típico, mas imita a voz de várias espécies de aves, inclusive de gaviões. Pode ser confundida com o fim-fim, mas possui a garganta amarela.

Galinha-do-mato
Formicarius colma

TAMANHO 17 cm	ENDÊMICA não
PESO 47 g	AMEAÇADA não
DIMORFISMO SEXUAL não	MIGRATÓRIA não

Ocorre na Amazônia e na Mata Atlântica. Espécie terrícola que vive no interior de floresta úmida, escura e bem preservada, e ocasionalmente em mata secundária adjacente. É encontrada solitária, em casais ou em grupos familiares caminhando pelo chão da mata, mas foge a qualquer sinal de perigo, sendo muito difícil observá-la. Alimenta-se de pequenos artrópodes, de insetos e de minhocas que captura no solo. Pode predar pequenos vertebrados, como anfíbios. Possui canto muito característico e não vocaliza com frequência, sendo mais comum escutar seu chamado, fator que mais contribui para detectá-la na mata fechada. Quando assustada de surpresa, faz um voo de fuga e emite uma sequência de chamados curtos.

Garça-vaqueira
Bubulcus ibis

TAMANHO 49 cm	ENDÊMICA não
PESO 372 g	AMEAÇADA não
DIMORFISMO SEXUAL não	MIGRATÓRIA não

Espécie de origem africana que foi registrada no Brasil pela primeira vez em 1964, na Ilha de Marajó, no Pará. Colonizou os 27 estados brasileiros e atualmente é encontrada em todo o país. Vive em ambientes campestres abertos, principalmente pastos com a presença de gado. Essas aves podem ser encontradas em grupos pequenos ou com centenas de indivíduos. Alimentam-se principalmente de insetos que capturam no solo em razão da movimentação do gado, por isso estão sempre próximas desses animais e são conhecidas como garças-vaqueiras, mas também predam anfíbios e filhotes de aves. Costumam dormir em grupo num local e se deslocam diariamente para as áreas de alimentação, sendo possível ver bandos dessas aves voando no início da manhã e no final do dia.

Garça-moura
Ardea cocoi

TAMANHO 125 cm	ENDÊMICA não
PESO 3.200 g	AMEAÇADA não
DIMORFISMO SEXUAL não	MIGRATÓRIA não

Ocorre em todo o Brasil, sendo a maior espécie de garça do país. Vive em ambientes aquáticos variados, como rios, lagoas, manguezais, estuários, brejos e várzeas, além de áreas antropizadas e lagos urbanos. Geralmente é encontrada solitária, mas se reúne em pequenos grupos quando há fartura de recurso alimentar. Alimenta-se principalmente de peixes, que captura com seu bico longo e afiado, mas também consome crustáceos, moluscos, anfíbios e répteis. Fica parada e imóvel por longos períodos em busca de seu alimento, sendo facilmente detectada pelos observadores. Durante o período reprodutivo, para ajudar na corte nupcial, ganha penas "extras" no dorso chamadas *egretas*, ficando com coloração azulada na cara.

Gavião-caramujeiro
Rostrhamus sociabilis

TAMANHO 41 cm	ENDÊMICA não
PESO 308 g	AMEAÇADA não
DIMORFISMO SEXUAL sim	MIGRATÓRIA parcialmente

Ocorre em todo o Brasil. Espécie de ambiente aquático alagado, como brejo, lagoa e banhado, incluindo lagos urbanos. Vive em grupos que costumam ficar pousados em árvores secas à beira da água. Alimenta-se quase que exclusivamente de grandes caramujos aquáticos conhecidos como aruás, os quais captura na vegetação ribeirinha ou sobre a água. Utiliza seu bico curvado e especializado para retirar o animal de sua concha, depositando os restos abaixo de seu poleiro. Em algumas regiões, também se alimenta de pequenos caranguejos. Em determinadas épocas do ano, grupos com centenas e até milhares de indivíduos são observados se deslocando entre regiões, o que indica possíveis migrações regionais ainda pouco conhecidas.

Gavião-bombachinha-grande
Accipiter bicolor

TAMANHO 35 cm
PESO 212 g
DIMORFISMO SEXUAL não

ENDÊMICA não
AMEAÇADA não
MIGRATÓRIA não

Ocorre em todo o Brasil. Espécie florestal que pode ser encontrada em florestas úmidas primária e secundária, mata de galeria, mata seca e cerradão. Também frequenta fragmentos florestais próximos de matas mais preservadas. Vive solitária no interior da mata e é de difícil observação visual, sendo detectada frequentemente pelo canto. Alimenta-se principalmente de aves, como sabiás e pombas, mas também preda mamíferos pequenos e lagartos. Costuma ficar pousada por longos períodos no mesmo poleiro aguardando a movimentação de suas presas. Possui plumagem parecida com a do gavião-bombachinha, sendo preciso prestar bastante atenção nos detalhes, como tamanho e padrões de asa e de cauda, para sua identificação.

jovem

macho

Gavião-caracoleiro
Chondrohierax uncinatus

TAMANHO 42 cm
PESO 300 g
DIMORFISMO SEXUAL sim

ENDÊMICA não
AMEAÇADA não
MIGRATÓRIA não

Ocorre em todo o Brasil. Espécie discreta que vive solitária ou em casais, mas é vista em grupos com dezenas de indivíduos voando juntos, o que sugere uma possível movimentação regional. Espécie florestal encontrada em mata ciliar, borda de mata úmida e seca, restingas, inclusive em fragmentos florestais rurais e áreas urbanas. Alimenta-se principalmente de caramujos, mas, diferentemente do gavião-caramujeiro, que retira a parte mole de dentro da casca com seu bico especializado, ela pode quebrar a casca ou engolir o molusco inteiro. Também preda pequenos vertebrados, como lagartos e anfíbios. Vocaliza pouco e apresenta uma grande variação de plumagem, mas seu bico em forma de gancho e a mancha amarela na frente dos olhos ajudam em sua identificação.

Gavião-carijó

Rupornis magnirostris

TAMANHO 36 cm
PESO 350 g
DIMORFISMO SEXUAL não
ENDÊMICA não
AMEAÇADA não
MIGRATÓRIA não

Ocorre em todo o Brasil, sendo um dos gaviões mais comuns do país. Espécie que vive solitária ou em casais, em todo tipo de ambiente, como borda de mata, fragmento florestal, ambiente aberto, áreas rurais e urbanas, onde é comum. Sua dieta é bem generalista e inclui desde pequenos vertebrados até diferentes grupos de invertebrados, com preferência pelos insetos. Costuma ficar pousada na beira das estradas para consumir animais atropelados e segue formigas de correição no interior da mata a fim de capturar pequenos animais espantados. Costuma voar nos horários mais quentes do dia, ficando bastante vocal, o que facilita sua detecção. O casal costuma vocalizar em dueto durante o voo, sendo facilmente reconhecido pela cor ferrugem nas asas.

Gavião-carrapateiro
Milvago chimachima

TAMANHO 40 cm
PESO 329 g
DIMORFISMO SEXUAL sim
ENDÊMICA não
AMEAÇADA não
MIGRATÓRIA não

Ocorre em todo o Brasil, principalmente fora da Amazônia. Espécie que vive em área aberta natural e antropizada e em campo com árvores isoladas, sendo muito comum em áreas rurais e urbanas. É observada solitária, em casais ou em grupos variados, incluindo adultos e jovens. O macho possui a pele nua da região dos olhos amarela e a fêmea, rósea. O "carrapateiro" de seu nome popular deriva do hábito de comer carrapatos instalados em médios e grandes mamíferos, como capivaras, cavalos e gado, nos quais sobe a fim de capturar os parasitas. Também consome lagartas, cupins, filhotes de aves, carniça e frutas. Muito vocal, possui canto típico que costuma emitir em voo, sendo facilmente identificado. Em muitas regiões, é conhecido como gavião-pinhé, devido à onomatopeia "pinhé" produzida por seu canto.

fêmea

jovem fase estriada

jovem fase estriada

Gavião-gato
Leptodon cayanensis

TAMANHO 54 cm
PESO 474 g
DIMORFISMO SEXUAL não

ENDÊMICA não
AMEAÇADA não
MIGRATÓRIA não

Ocorre em todo o Brasil, exceto entre o Rio Grande do Norte e Alagoas, onde é substituída pelo gavião-gato-do-nordeste. Espécie florestal que vive solitária nos mais variados tipos de ambiente, como mata densa úmida, mata seca, mata ribeirinha, capoeira, fragmento florestal e áreas antropizadas rurais e urbanas. Costuma sobrevoar as matas nos horários mais quentes do dia, muitas vezes vocalizando bastante, o que facilita sua detecção. Alimenta-se de diferentes tipos de insetos, como vespas, formigas, besouros e gafanhotos, além de invertebrados (moluscos) e pequenos vertebrados, como cobras e lagartos. Os jovens possuem plumagens que mimetizam (imitam) outros gaviões, sendo preciso ter atenção em sua identificação.

Gavião-de-cauda-curta
Buteo brachyurus

TAMANHO 48 cm	ENDÊMICA não
PESO 530 g	AMEAÇADA não
DIMORFISMO SEXUAL não	MIGRATÓRIA não

Ocorre em todo o Brasil. Espécie que vive solitária ou em casais, em ambiente aberto com árvores isoladas e floresta aberta, além de áreas antropizadas, rurais e urbanas, onde é muito comum. Alimenta-se principalmente de aves, como andorinhas, periquitos e pombas, mas também captura anfíbios, lagartos, serpentes, roedores, marsupiais e artrópodes. Voa a grandes altitudes, muitas vezes ao lado dos urubus, passando despercebida dos observadores. Não é muito vocal, mas seu canto, um assovio forte e agudo, geralmente emitido em voo, facilita sua detecção em campo. Possui forma escura bastante comum em algumas regiões (morfo escuro), sendo muito confundida com o urubu-preto, pois costumam voar juntos nas massas de ar quente.

Gavião-pato
Spizaetus melanoleucus

TAMANHO 56 cm	ENDÊMICA não
PESO 850 g	AMEAÇADA sim
DIMORFISMO SEXUAL não	MIGRATÓRIA não

Ocorre em todo o Brasil, exceto em parte do Nordeste. Espécie florestal incomum que vive solitária ou em pares na borda de mata bem preservada, na mata adjacente, na mata de galeria e em fragmento florestal, inclusive em áreas urbanas. Costuma sobrevoar as matas a grandes alturas, o que facilita sua busca por presas e a detecção dessa espécie pelos observadores. Alimenta-se principalmente de aves, como urus, tucanos e periquitos, mas também consome répteis, anfíbios e mamíferos pequenos. Devido à coloração ventral branca, pode facilmente ser confundida com outros gaviões que possuem padrões parecidos, como o gavião-pombo-pequeno, por isso é preciso prestar muita atenção nos detalhes, como o padrão das asas e da cauda, na hora de sua identificação.

Gavião-pega-macaco
Spizaetus tyrannus

TAMANHO 72 cm	ENDÊMICA não
PESO 904 g	AMEAÇADA não
DIMORFISMO SEXUAL não	MIGRATÓRIA não

Ocorre em todo o Brasil. Espécie florestal que vive solitária ou em pares, em matas primária e secundária, frequentando fragmentos florestais de áreas rurais e periurbanas. Costuma sobrevoar as matas no início da manhã e no final da tarde, sempre vocalizando bastante, o que facilita sua detecção. Sua vocalização muito característica pode ser escutada a longas distâncias. Alimenta-se principalmente de mamíferos, em especial primatas, mas também captura morcegos, aves e répteis. Costuma atacar criações domésticas em áreas rurais, sendo muito perseguida pelos fazendeiros. Desce ao solo com frequência para buscar suas presas, mas em geral fica pousada em árvores mais altas, de onde procura suas vítimas antes do ataque.

Gavião-pombo-pequeno
Amadonastur lacernulatus

TAMANHO 48 cm	ENDÊMICA sim
PESO não disponível	AMEAÇADA sim
DIMORFISMO SEXUAL não	MIGRATÓRIA não

Ocorre em um trecho da Mata Atlântica que vai do sul da Bahia ao Rio Grande do Sul, sendo endêmica desse bioma. Espécie florestal que prefere mata alta, densa e úmida, embora também encontrada em área de borda e nos ambientes adjacentes, como restinga e manguezal. Pode aparecer em áreas urbanas. Vive no sub-bosque da mata, mas costuma ficar pousada em árvores emergentes na borda. Alimenta-se de pequenos vertebrados, como aves, serpentes, lagartos e roedores, além de gastrópodes, insetos, aranhas e crustáceos. É facilmente confundida com o gavião-pato, sendo preciso prestar bastante atenção nos detalhes para sua identificação. Está ameaçada de extinção devido à degradação da Mata Atlântica, em especial das matas de baixada.

Gavião-tesoura
Elanoides forficatus

TAMANHO 60 cm
PESO 442 g
DIMORFISMO SEXUAL não
ENDÊMICA não
AMEAÇADA não
MIGRATÓRIA parcialmente

Ocorre em todo o Brasil. Espécie florestal que vive na borda de mata úmida e no campo. É encontrada em grupos de até 30 indivíduos. Costuma sobrevoar a copa das árvores à procura de alimento, como cupins, formigas, lagartas, lagartixas, cobras, morcegos, ovos e filhotes de aves e frutos. Sobrevoa rios e lagos para beber água e capturar animais na superfície da água, como libélulas. A população norte-americana se reproduz nos Estados Unidos e migra para o norte da América do Sul durante os meses mais quentes do ano, podendo chegar ao Sul do Brasil. Outra população se reproduz do sul do México ao centro-sul da América do Sul, inclusive nas regiões Sul e Sudeste do Brasil, também realizando movimentos migratórios ainda pouco conhecidos.

Gavião-pernilongo
Geranospiza caerulescens

TAMANHO 46 cm	ENDÊMICA não
PESO 279 g	AMEAÇADA não
DIMORFISMO SEXUAL não	MIGRATÓRIA não

Ocorre em todo o Brasil. Espécie de ambiente florestal variado, desde áreas úmidas, como mata de galeria, brejo, buritizal, estuário e manguezal, até mata seca e cerradão. Vive solitária e costuma pular de galho em galho, na borda da mata, em busca de alimento. Sua dieta é composta de roedores, morcegos, serpentes, lagartos, anfíbios e pequenas aves, além de invertebrados, como artrópodes e gastrópodes. Utiliza suas patas longas para inspecionar buracos de árvores e fendas em busca de presas, comportamento incomum entre as aves de rapina do Brasil. Pouco vocal, costuma planar em círculos a baixa altura nas horas mais quentes do dia, o que facilita sua detecção e identificação.

Gibão-de-couro

Hirundinea ferruginea

TAMANHO 17,5 cm
PESO 30,6 g
DIMORFISMO SEXUAL não
ENDÊMICA não
AMEAÇADA não
MIGRATÓRIA não

Ocorre em todo o Brasil, exceto na maior parte da Amazônia. Espécie que ocorre em diferentes tipos de ambientes abertos, como montanha, paredão rochoso, áreas rurais e urbanas. É encontrada em casais ou em grupos pequenos e sempre pousa em locais destacados, seja um poste, seja uma árvore seca. Alimenta-se de insetos que captura no ar em ataques certeiros e acrobáticos. É uma ave de fácil detecção. Seu canto típico ajuda a encontrá-la na paisagem, pois é muito vocal. Costuma se reproduzir em locais abrigados, como cavidades de rochas e beirais de casas. Tem comportamento de colocar pequenas pedras entre as palhas e no entorno do ninho, hábito ainda pouco compreendido.

jovens

jovens e adulto vermelho

Guará

Eudocimus ruber

TAMANHO 58 cm
PESO 741 g
DIMORFISMO SEXUAL não

ENDÊMICA não
AMEAÇADA não
MIGRATÓRIA não

Nos séculos passados, ocorria em grande parte do litoral brasileiro, mas as populações das regiões Sudeste e Sul foram praticamente extintas. No entanto, a espécie vem recolonizando várias localidades nas últimas décadas. Atualmente pode ser encontrada na região Norte e parcialmente nas regiões Nordeste, Sudeste e Sul do país. Vive nos manguezais e ambientes adjacentes. É encontrada em grupos numerosos que chegam a milhares de indivíduos em algumas regiões. A cor dos adultos é vermelha cintilante. Os jovens são cinza-escuro e passam por fases "manchadas", ficando vermelhos conforme vão se tornando adultos. Alimenta-se do caranguejo chama-maré, de onde retira o pigmento (caroteno) responsável pela coloração vermelha.

Guaracava-de-barriga-amarela
Elaenia flavogaster

TAMANHO 15 cm
PESO 24 g
DIMORFISMO SEXUAL não

ENDÊMICA não
AMEAÇADA não
MIGRATÓRIA não

Ocorre em todo o Brasil, sendo menos comum na Amazônia. Espécie de borda de mata e de ambiente florestal aberto, com árvores isoladas, inclusive de áreas rurais e urbanas, onde é muito comum. É encontrada solitária, em casais ou em grupos familiares, sempre no estrato médio-alto da vegetação, mas pode frequentar o sub-bosque e chegar próximo do chão. Alimenta-se de pequenos frutos, insetos e artrópodes. É muito vocal, cantando ao longo do dia, inclusive nos horários mais quentes. Canta de madrugada, somente antes de clarear o dia. A cor amarela de sua barriga pode variar de muito forte a média ou praticamente ausente, e isso confunde o observador, portanto, a voz é o fator que mais contribui para detectá-la em campo.

Guaracava-de-crista-branca
Elaenia chilensis

TAMANHO 15 cm
PESO 14,5 g
DIMORFISMO SEXUAL não

ENDÊMICA não
AMEAÇADA não
MIGRATÓRIA sim

Reproduz-se em países como Chile e Argentina e migra para o centro-leste do Brasil e sul da Amazônia a fim de fugir do inverno rígido. Passa pelo estado de São Paulo entre final de fevereiro e início de maio, ocorrendo em variados tipos de ambientes florestais, desde ilhas costeiras até planície litorânea e planalto, e em áreas urbanas. É encontrada em grupos no estrato médio-alto da vegetação, onde se alimenta de pequenos frutos e de insetos. É discreta, vocaliza pouco durante a migração e é muito parecida com outras espécies do gênero *Elaenia*, o que dificulta sua identificação em campo. É mais acinzentada, tem um píleo branco bastante evidente, cabeça "quadrada" devido ao píleo e, em geral, duas barras claras nas asas.

Guaxe

Cacicus haemorrhous

TAMANHO 26 cm
PESO 102 g
DIMORFISMO SEXUAL não

ENDÊMICA não
AMEAÇADA não
MIGRATÓRIA não

Ocorre em todo o Brasil, exceto em algumas regiões do Nordeste. Espécie florestal que vive no interior e na borda de mata bem preservada e em mata secundária adjacente, inclusive em áreas urbanas. É encontrada em casais ou em grupos variados com dezenas de indivíduos. Costuma utilizar o estrato médio-alto da mata, sendo muito comum na copa das árvores. Alimenta-se de insetos e de outros invertebrados, de frutos, de néctar e ocasionalmente de pequenos vertebrados. É muito vocal e possui grande variação de cantos e de chamados. Está entre as aves tecelãs, pois constrói seu ninho longo e suspenso em forma de bolsa utilizando fibras vegetais tecidas com muita precisão. Em um ninhal, é possível encontrar dezenas de ninhos lado a lado.

Inhambuguaçu
Crypturellus obsoletus

TAMANHO 29 cm
PESO 460 g
DIMORFISMO SEXUAL não

ENDÊMICA não
AMEAÇADA não
MIGRATÓRIA não

Ocorre principalmente no leste do Brasil, do sul da Bahia ao Rio Grande do Sul, preferencialmente em áreas de Mata Atlântica, mas também é encontrada na Amazônia. Espécie tipicamente florestal, ocorre tanto nas áreas mais preservadas quanto nos ambientes em regeneração, como capoeiras. Anda pelo chão da mata, voando apenas quando assustada ou para escapar de predadores. Vive solitária ou em casais, e tanto o macho quanto a fêmea cantam, mas as vocalizações são distintas. Alimenta-se basicamente de sementes e de pequenos insetos que encontra no solo. Essa espécie não está ameaçada de extinção, mas ainda é muito procurada e perseguida pelos caçadores de animais silvestres.

Inhambu-chintã
Crypturellus tataupa

TAMANHO 24 cm
PESO 230 g
DIMORFISMO SEXUAL não

ENDÊMICA não
AMEAÇADA não
MIGRATÓRIA não

Ocorre em quase todo o Brasil, principalmente nos estados do leste do país, do Ceará ao Rio Grande do Sul. Vive em diferentes tipos de ambientes florestais, desde matas densas até áreas antropizadas e de capoeiras. Costuma frequentar plantações próximas das matas. Assim como outros inhambus, anda pelo chão e voa apenas quando assustada ou para escapar de predadores. Vive solitária ou em casais e possui canto típico mais parecido com o padrão de voz do inhambuguaçu. Alimenta-se basicamente de sementes e de pequenos insetos que encontra no solo. Essa espécie também não está ameaçada de extinção, mas ainda é muito procurada e perseguida pelos caçadores de animais silvestres.

Iraúna-grande
Molothrus oryzivorus

TAMANHO 35 cm
PESO 212 g
DIMORFISMO SEXUAL sim

ENDÊMICA não
AMEAÇADA não
MIGRATÓRIA não

Ocorre em todo o Brasil, exceto em algumas regiões do Nordeste. Vive em ambiente aberto natural e antropizado, com vegetação arbustiva, sendo muito comum em áreas rurais com a presença de pastos. É observada solitária ou em pequenos grupos. Gosta de frequentar gramados e costuma pousar em mourões de cercas e postes, o que facilita sua observação. Alimenta-se de artrópodes, grãos, frutas e néctar, mas tem grande preferência por carrapatos que retira dos animais silvestres e domésticos de médio e grande porte, como capivaras, anta e gado. Não é muito vocal, cantando ocasionalmente. Assim como outros "chupins", não constrói ninho, ocupando os ninhos de outras espécies de aves, principalmente das tecelãs.

Irré
Myiarchus swainsoni

TAMANHO 19,5 cm
PESO 25 g
DIMORFISMO SEXUAL não

ENDÊMICA não
AMEAÇADA não
MIGRATÓRIA parcialmente

Ocorre em todo o Brasil, sendo migratória em algumas regiões, como São Paulo, onde aparece nos meses mais quentes do ano, mas sua migração ainda é pouco conhecida. Espécie florestal que vive no interior e na borda de mata preservada e na mata secundária adjacente. É encontrada solitária ou em casais, tanto no estrato médio-alto quanto no sub-bosque da mata. Alimenta-se de insetos e de artrópodes, além de frutos. No período reprodutivo, é muito vocal, fator que mais contribui para detectá-la e identificá-la em campo. Canta de madrugada, somente antes de clarear o dia. Pode ser facilmente confundida com outras espécies do gênero *Myiarchus*, principalmente a maria-cavaleira, por isso é preciso observar os detalhes para uma boa identificação.

Jacuguaçu
Penelope obscura

TAMANHO **73 cm**
PESO **1.700 g**
DIMORFISMO SEXUAL **não**

ENDÊMICA **não**
AMEAÇADA **não**
MIGRATÓRIA **não**

Ocorre apenas nas regiões Sudeste e Sul do Brasil. Espécie que vive em diferentes tipos de ambientes florestais, desde matas altas, densas e bem preservadas até matas mais baixas, como capoeiras e áreas antropizadas, inclusive ambiente florestal urbano. Costuma andar pela copa das árvores e no chão, voando apenas para se deslocar entre pontos distintos ou para fugir de algum predador. Vive em casais e em grupos familiares, mas quando encontra alimento fácil, oferecido por moradores de sítios, forma grupos com dezenas de indivíduos. Sua vocalização vai de piados curtos a gritos altos. Alimenta-se de frutos, mas pode consumir folhas, sementes e insetos. Devido ao porte avantajado, está entre as aves mais caçadas no Brasil.

Jacutinga
Aburria jacutinga

TAMANHO **74 cm**	ENDÊMICA **sim**
PESO **1.100 g**	AMEAÇADA **sim**
DIMORFISMO SEXUAL **não**	MIGRATÓRIA **não**

Ocorre nas regiões Sudeste e Sul do Brasil e acompanha o domínio da Mata Atlântica, sendo endêmica desse bioma. Espécie que vive em floresta alta bem preservada, desaparecendo de fragmento florestal. Ocupa o estrato médio-alto da mata e é encontrada em casais e em grupos familiares. Seu canto é um assovio fino e sequencial, mas também produz um som mecânico com as penas das asas. Alimenta-se de frutos, principalmente do palmito-juçara, sendo prejudicada com o corte ilegal dessa espécie vegetal, mas pode consumir botões florais e artrópodes. Devido ao porte avantajado e comportamento tranquilo, ainda é muito caçada. A destruição do *habitat* e a caça ilegal a colocam entre as aves mais ameaçadas da Mata Atlântica, sendo extinta em muitas regiões.

Japacanim
Donacobius atricapilla

TAMANHO **23 cm**	ENDÊMICA **não**
PESO **43 g**	AMEAÇADA **não**
DIMORFISMO SEXUAL **não**	MIGRATÓRIA **não**

Ocorre em todo o Brasil, exceto em partes da Caatinga e do Sul do país, incluindo o Pampa. Espécie que vive em taboal, juncal e em outras vegetações baixas de áreas abertas próximas de corpos de água, como rios, lagos e estuários. É encontrada em casais ou em grupos familiares sempre na vegetação densa, pousada em arbustos isolados e mais altos para cantar. O casal canta junto e faz um *display* abrindo a cauda e movendo-a lateralmente a fim de exibir as marcas brancas. Alimenta-se de artrópodes que captura no interior do brejo e na superfície da água. Pelo fato de viver escondida na vegetação densa, seus pequenos voos de deslocamento ou sua vocalização são os fatores que mais contribuem para detectá-la.

Jaó-do-sul
Crypturellus noctivagus

TAMANHO **35 cm**	ENDÊMICA **sim**
PESO **560 g**	AMEAÇADA **sim**
DIMORFISMO SEXUAL **não**	MIGRATÓRIA **não**

Ocorre em uma pequena região do Sudeste e Sul do Brasil, entre o Espírito Santo e o Rio Grande do Sul, sendo mais comum entre São Paulo e Santa Catarina, preferencialmente em áreas de Mata Atlântica. Espécie florestal típica das matas de baixada da Serra do Mar. Assim como outros inhambus, anda pelo chão da mata, voando apenas quando assustada ou para escapar de predadores. Vive solitária ou em casais e possui canto típico e distinto do inhambuguaçu e do inhambu-chintã. Alimenta-se basicamente de sementes, frutos, vegetais e pequenos insetos que encontra no solo. Espécie ameaçada de extinção, pois é muito procurada e perseguida pelos caçadores de animais silvestres.

Japuíra
Cacicus chrysopterus

TAMANHO **20,5 cm**	ENDÊMICA **não**
PESO **41 g**	AMEAÇADA **não**
DIMORFISMO SEXUAL **não**	MIGRATÓRIA **não**

Ocorre do Rio de Janeiro ao Rio Grande do Sul, com uma população isolada no Mato Grosso do Sul. Espécie florestal que vive no interior e principalmente na borda de mata bem preservada e em mata secundária adjacente. É encontrada solitária, em casais ou em pequenos grupos familiares no estrato médio-alto da mata. Alimenta-se de insetos e de outros invertebrados, de frutos, de néctar e ocasionalmente de pequenos vertebrados. Costuma ficar de cabeça para baixo enquanto busca alimento. É muito vocal e possui grande variação de cantos e chamados, imitando outras aves. Está entre as aves tecelãs, pois constrói um ninho longo e suspenso em forma de bolsa utilizando fibras vegetais escuras e tecidas com muita precisão.

João-de-barro

Furnarius rufus

TAMANHO 19 cm
PESO 57 g
DIMORFISMO SEXUAL não
ENDÊMICA não
AMEAÇADA não
MIGRATÓRIA não

Ocorre em todo o Brasil, exceto na maior parte da Amazônia, onde está presente apenas marginalmente em áreas desmatadas e na parte norte da região Nordeste. Espécie que ocorre em ambientes abertos, como campo natural, cerrado, pastagem, áreas antropizadas e ambientes rurais e urbanos, onde é muito comum. É encontrada em casais ou em grupos familiares caminhando no solo em busca de pequenos insetos e artrópodes de sua dieta, também constituída de resto de alimento humano. É uma ave de fácil detecção, e seu canto típico ajuda a detectá-la na paisagem. Existe uma lenda segundo a qual o macho, em casos de traição, prende a fêmea dentro de sua casa, fecha a abertura com barro e a deixa morrer – algo impossível de acontecer.

João-porca
Lochmias nematura

TAMANHO **14 cm**
PESO **22 g**
DIMORFISMO SEXUAL **não**
ENDÊMICA **não**
AMEAÇADA **não**
MIGRATÓRIA **não**

Ocorre da Bahia, Tocantins e Mato Grosso ao Rio Grande do Sul. Espécie florestal que vive no interior e na borda de mata úmida bem preservada e secundária adjacente, além de áreas rurais e urbanas, onde é menos comum. É encontrada solitária ou em casais, sempre na beira de pequenos riachos no meio da floresta, pois se trata de uma ave associada à água e à mata ciliar. Alimenta-se de pequenos insetos, de artrópodes, de anelídeos e de anfíbios que captura no solo, entre as folhas e na lama. Seus nomes populares, incluindo o capitão-da-porcaria, derivam do comportamento de visitar chiqueiros e esgotos de áreas rurais para buscar comida. É bastante vocal, fator que mais contribui para detectá-la na mata, pois visualmente passa despercebida.

João-teneném
Synallaxis spixi

TAMANHO **16 cm**
PESO **12 g**
DIMORFISMO SEXUAL **não**
ENDÊMICA **não**
AMEAÇADA **não**
MIGRATÓRIA **não**

Ocorre da Bahia ao Rio Grande do Sul. Espécie que vive em campo com vegetação arbustiva, borda de mata e áreas antropizadas rurais e urbanas, onde é muito comum. É encontrada em casais no estrato baixo da mata e próxima do solo. Gosta de ocupar a vegetação densa, como capinzais, cipoais e bambuzais, o que dificulta sua visualização. Alimenta-se de insetos, larvas e artrópodes que captura entre as folhagens. Seu nome popular deriva de sua vocalização, cujo som se assemelha a "teneném" e é emitida durante todo o dia, inclusive nos horários mais quentes, fator que mais contribui para detectá-la em campo. É muito parecida com o pichororé, com quem costuma dividir as bordas de mata ao lado de outras espécies do mesmo gênero.

Juriti-pupu
Leptotila verreauxi

TAMANHO **26,5 cm**
PESO **160 g**
DIMORFISMO SEXUAL **não**
ENDÊMICA **não**
AMEAÇADA **não**
MIGRATÓRIA **não**

Ocorre em todo o Brasil. Espécie florestal encontrada em mata escura e úmida, em capoeira e em fragmento florestal periurbano e urbano. Vive tanto no interior da mata como na borda e em áreas abertas próximas, onde é mais fácil de ser observada. Possui canto típico, mas muito parecido com o da juriti-de-testa-branca, com a qual se assemelha morfologicamente. Vive solitária ou em casais, no sub-bosque e no chão da mata, onde fica caminhando em busca de alimento. Muito arisca, voa com a aproximação humana. Consome basicamente frutos e sementes caídas no solo. Mesmo sendo uma ave de pequeno porte, é muito capturada por caçadores de animais silvestres em armadilhas de solo, como arapucas.

Juruva
Baryphthengus ruficapillus

TAMANHO **42 cm**
PESO **158 g**
DIMORFISMO SEXUAL **não**
ENDÊMICA **sim**
AMEAÇADA **não**
MIGRATÓRIA **não**

Ocorre da Bahia ao Rio Grande do Sul. Chega até o Mato Grosso do Sul e acompanha o domínio da Mata Atlântica, sendo endêmica desse bioma. Espécie que vive no interior de floresta alta e escura, tanto primária quanto secundária. Pode ser encontrada solitária ou em casais. Alimenta-se de grandes insetos, moluscos, pequenos répteis e mamíferos, mas também consome alguns frutos. Costuma passar longos períodos pousada no mesmo galho, o que dificulta sua detecção visual, mas facilita a observação quando a ave é encontrada. Costuma cantar apenas durante poucos minutos nos crepúsculos. Seu canto é típico e pode ser detectado a distância. Pelo fato de fazer o ninho em barrancos, desce com frequência ao solo ou à parte baixa da mata.

Juruviara
Vireo chivi

TAMANHO **14 cm**	ENDÊMICA **não**
PESO **15 g**	AMEAÇADA **não**
DIMORFISMO SEXUAL **não**	MIGRATÓRIA **parcialmente**

Ocorre em todo o Brasil. É migratória em algumas regiões, como São Paulo, onde se reproduz nos meses mais quentes do ano e depois migra para a região Norte do país, mas sua migração ainda é pouco conhecida. Espécie florestal que vive no interior e na borda de mata bem preservada, em mata secundária adjacente e em fragmento florestal, sendo comum em áreas verdes urbanas. É encontrada em casais ou em pequenos grupos familiares no sub-bosque e na copa das árvores. Alimenta-se de insetos e de pequenos frutos. No período reprodutivo, é muito vocal, fator que mais contribui para detectá-la em campo. Pode ser facilmente confundida com a juruviara-boreal, migrante da América do Norte, mas essa espécie tem a íris vermelha, e a juruviara, a íris marrom.

Lavadeira-mascarada
Fluvicola nengeta

TAMANHO **15 cm**
PESO **20 g**
DIMORFISMO SEXUAL **não**

ENDÊMICA **não**
AMEAÇADA **não**
MIGRATÓRIA **não**

Ocorre em todo o Brasil, exceto na Amazônia. Terrícola, vive em ambiente úmido aberto próximo de corpos de água, como rios, lagos, várzeas, banhados e taboais, tanto em áreas naturais preservadas quanto em regiões rurais e urbanas, onde é comum. É encontrada em casais ou em grupo familiar sempre caminhando pelo chão, mas pousa em locais próximos ao menor sinal de perigo. Alimenta-se de pequenos artrópodes e de minhocas, que encontra no solo e na lama. Costuma fazer uma apresentação individual ou entre indivíduos, quando abrem as asas e cauda, no chão ou sobre um arbusto. Tem canto típico que ajuda a encontrá-la em campo. O "lavadeira" de seu nome popular é uma associação com as mulheres lavadeiras que trabalhavam na beira dos rios.

Limpa-folha-coroado
Philydor atricapillus

TAMANHO 17 cm	ENDÊMICA sim
PESO 22 g	AMEAÇADA não
DIMORFISMO SEXUAL não	MIGRATÓRIA não

Ocorre do sul da Bahia ao Rio Grande do Sul e chega até o oeste do Paraná. Acompanha o domínio da Mata Atlântica, sendo endêmica desse bioma. Espécie florestal que vive no interior e na borda de mata úmida e em floresta secundária adjacente. É encontrada em casais ou em grupos pequenos. Muito ativa, costuma explorar galhos, troncos e folhas secas em busca dos insetos, larvas e artrópodes que fazem parte de sua dieta. Participa de bando misto de aves de sub-bosque, que se reúnem para facilitar a busca e captura de alimento. Nesses bandos, costuma estar ao lado de outros limpa-folhas, como o de-testa-baia e o ocráceo. Tem vocalização muito forte e típica e canta ao longo de todo o dia, fator que mais contribui para detectá-la na mata fechada e escura.

Limpa-folha-de-testa-baia
Dendroma rufa

TAMANHO 19 cm	ENDÊMICA não
PESO 25 g	AMEAÇADA não
DIMORFISMO SEXUAL não	MIGRATÓRIA não

Ocorre do sul da Bahia, Goiás e Mato Grosso ao Rio Grande do Sul. Espécie florestal que vive no interior e na borda de mata úmida e em floresta secundária adjacente. É encontrada em casais ou em grupos pequenos. Muito ativa, costuma explorar galhos, troncos e folhas secas, muitas vezes dependurando-se nessas estruturas, em busca dos insetos, larvas e artrópodes que fazem parte de sua dieta. Participa de bando misto de aves de sub-bosque, que se reúnem para facilitar a busca e captura de alimento. Nesses bandos costuma estar ao lado de outros limpa-folhas, como o coroado e o ocráceo, com quem é muito confundida. Tem vocalização discreta e canta ao longo de todo o dia, fator que mais contribui para detectá-la em campo.

Maçarico-pintado
Actitis macularius

TAMANHO 19 cm	ENDÊMICA não
PESO 40 g	AMEAÇADA não
DIMORFISMO SEXUAL não	MIGRATÓRIA sim

Espécie migratória da América do Norte, viaja para a América do Sul todos os anos a fim de fugir do inverno rígido. Pode ser encontrada em todo o Brasil entre agosto e março. Vive em ambientes úmidos com praias e rochas, como margens de rios, lagos, várzeas, banhados e manguezais, incluindo áreas antropizadas rurais e urbanas. Vive solitária ou em pequenos grupos. Durante a migração, apresenta plumagem de inverno mais discreta – peito branco –, diferente da plumagem reprodutiva, com pintas no peito, entre outros detalhes. Alimenta-se de invertebrados, como insetos, crustáceos e moluscos. A identificação dos maçaricos precisa ser feita com atenção, e detalhes de bico e patas, além dos ambientes, são importantes.

Maçarico-solitário
Tringa solitaria

TAMANHO 18 cm	ENDÊMICA não
PESO 48 g	AMEAÇADA não
DIMORFISMO SEXUAL não	MIGRATÓRIA sim

Espécie migratória da América do Norte que viaja para a América do Sul todos os anos a fim de fugir do inverno rígido. Pode ser encontrada em todo o Brasil entre agosto e março. Vive em ambientes úmidos variados, como margens de rios, lagos, várzeas, banhados e manguezais, incluindo áreas antropizadas rurais e urbanas. Vive solitária ou em pequenos grupos. Durante a migração, apresenta plumagem de inverno, mais discreta, toda cinza, diferente da plumagem reprodutiva, com manchas pretas evidentes nas costas. Alimenta-se de invertebrados aquáticos que captura no sedimento com seu bico longo. A identificação dos maçaricos precisa ser feita com atenção, e detalhes de bico e patas, além dos ambientes, são importantes.

Maçarico-grande-de-perna-amarela
Tringa melanoleuca

TAMANHO 35 cm
PESO 153 g
DIMORFISMO SEXUAL não

ENDÊMICA não
AMEAÇADA não
MIGRATÓRIA sim

Espécie migratória da América do Norte que viaja para a América do Sul todos os anos a fim de fugir do inverno rígido. Pode ser encontrada em todo o Brasil entre agosto e março. Vive em ambientes úmidos variados, como margens de rios, lagos, várzeas, banhados, praias e manguezais, incluindo áreas antropizadas rurais e urbanas. Vive em grupos variados, de dezenas a centenas e milhares de indivíduos. Durante a migração, apresenta plumagem de inverno mais discreta, toda cinza, diferente da plumagem reprodutiva, com manchas pretas evidentes nas costas. Alimenta-se de invertebrados aquáticos que captura com seu bico longo. A identificação dos maçaricos precisa considerar detalhes de bico e patas, além dos ambientes.

Macuco
Tinamus solitarius

TAMANHO 52 cm	ENDÊMICA sim
PESO 1.500 g	AMEAÇADA sim
DIMORFISMO SEXUAL não	MIGRATÓRIA não

Ocorre ao longo de toda a Mata Atlântica, principalmente nas regiões Sudeste e Sul do Brasil, onde ainda existem grandes remanescentes florestais, sendo endêmica desse bioma. Espécie típica de floresta alta bem preservada que tem comportamento de andar lentamente pelo chão, voando apenas para escapar dos predadores e na hora de empoleirar no alto das árvores para dormir. Passa a noite agachada e apoiada sobre as patas e volta ao solo no início da manhã. Vive solitária ou em casais, e seu canto mais comum é um assovio curto e sequencial. Alimenta-se basicamente de sementes, frutos e pequenos insetos que encontra no solo. Consta na lista de animais ameaçados de extinção devido à destruição de seu *habitat* e caça ilegal.

Macuquinho
Eleoscytalopus indigoticus

TAMANHO 11 cm	ENDÊMICA sim
PESO 18 g	AMEAÇADA não
DIMORFISMO SEXUAL sim	MIGRATÓRIA não

Ocorre da Bahia (onde tem uma população isolada) ao Rio Grande do Sul e acompanha o domínio da Mata Atlântica, sendo endêmica desse bioma. Espécie que vive no interior e na borda de floresta bem preservada e em mata secundária adjacente. Terrícola, costuma ser encontrada solitária ou em casais caminhando pelo chão da mata, mas foge a qualquer sinal de perigo. Gosta de ficar em áreas com aglomerados de samambaias terrestres e plantas arbustivas, sendo muito difícil observá-la. Alimenta-se de pequenos insetos que captura próximo do solo. Tem o hábito de entrar em cavidades de árvores mortas para vocalizar, amplificando assim seu canto típico, que pode ser escutado a distância.

Marreca-caneleira
Dendrocygna bicolor

TAMANHO 48 cm	ENDÊMICA não
PESO 770 g	AMEAÇADA não
DIMORFISMO SEXUAL não	MIGRATÓRIA parcialmente

Ocorre em todo o Brasil, principalmente nos estados do leste do país, do Piauí ao Rio Grande do Sul. Vive em ambientes aquáticos, como rios, lagos e banhados, além de áreas antropizadas, como represas, plantações de arroz e lagoas urbanas. Fica pousada entre a vegetação aquática, passando facilmente despercebida. Possui comportamento crepuscular e costuma voar durante a noite. Vive em casais e em grupos de variados tamanhos que chegam a centenas de indivíduos. Alimenta-se de plantas aquáticas (sementes e folhas), larvas de insetos e pequenos crustáceos que captura no sedimento, mas ocasionalmente pode consumir insetos, girinos e pequenos peixes. Também são perseguidas pelos caçadores de animais silvestres.

Marreca-toicinho
Anas bahamensis

TAMANHO 37 cm	ENDÊMICA não
PESO 535 g	AMEAÇADA não
DIMORFISMO SEXUAL sim	MIGRATÓRIA não

Ocorre nos estados do leste do Brasil, principalmente nas regiões Nordeste e Sudeste do país. Espécie que vive em ambientes aquáticos variados, como rios, lagos, banhados, estuários, praias e manguezais, além de áreas antropizadas – represas e lagos urbanos, por exemplo. Fica pousada entre a vegetação aquática, passando facilmente despercebida, mas pode ser encontrada com outras marrecas, como a marreca-cricri e a marreca-ananaí. Vive em casais e em grupos variados, chegando a centenas de indivíduos. Alimenta-se de plantas aquáticas, além de pequenos invertebrados e larvas que captura filtrando o sedimento com o bico. Apesar do porte pequeno, é muito perseguida pelos caçadores de animais silvestres.

Maitaca-verde
Pionus maximiliani

TAMANHO 27 cm
PESO 293 g
DIMORFISMO SEXUAL não

ENDÊMICA não
AMEAÇADA não
MIGRATÓRIA não

Ocorre em todo o Brasil, exceto na Amazônia e em algumas partes do Nordeste. Espécie florestal que não só vive em mata ampla e bem preservada, mas também frequenta ambientes rurais e urbanos adjacentes. Pode ser encontrada em casais ou em grupos variados, com mais de 50 indivíduos. Alimenta-se de diferentes tipos de frutos e sementes, como o pinhão, do pinheiro-do-paraná. Voa com mais frequência no início da manhã e no final do dia, sendo mais fácil detectá-la visualmente e pela vocalização do grupo, pois quando está pousada passa despercebida. Essa é a verdadeira "maritaca", pouco conhecida das pessoas, que geralmente chamam de maritaca várias espécies de periquitos presentes nas cidades, principalmente o periquito-rico.

Maria-cavaleira

Myiarchus ferox

TAMANHO 19,5 cm
PESO 27,5 g
DIMORFISMO SEXUAL não

ENDÊMICA não
AMEAÇADA não
MIGRATÓRIA não

Ocorre em todo o Brasil, mas não faz movimentos migratórios. Espécie florestal que vive na borda de mata bem preservada e na mata secundária adjacente, inclusive em fragmento florestal e em áreas rurais e urbanas. É encontrada solitária ou em casais, tanto no estrato médio-alto como no sub-bosque da mata. Alimenta-se de insetos e de artrópodes que captura em voo, além de frutos. No período reprodutivo, é muito vocal e canta ao longo do dia, fator que mais contribui para detectá-la e identificá-la em campo. Pode ser facilmente confundida com outras espécies do gênero *Myiarchus*, principalmente o irré, pois estão juntos em muitos ambientes, por isso é preciso observar os detalhes para uma boa identificação.

Maria-faceira

Syrigma sibilatrix

TAMANHO 53 cm
PESO 463 g
DIMORFISMO SEXUAL não

ENDÊMICA não
AMEAÇADA não
MIGRATÓRIA não

Ocorre em quase todo o Brasil, sendo uma espécie rara na maior parte da Amazônia e em algumas regiões do Nordeste. Vive em ambientes campestres abertos secos e úmidos, incluindo áreas antropizadas e urbanas. Geralmente é encontrada em casais ou em pequenos grupos. Alimenta-se principalmente de insetos, mas em áreas úmidas também preda anfíbios, pequenos roedores e peixes. Possui vocalização muito característica, e diferente da de outras garças, que consiste em três assovios melodiosos e sequenciais emitidos com o bico largamente aberto e pescoço esticado, sendo facilmente detectada em campo. Tem coloração azul muito vistosa ao redor dos olhos, que contrasta com o vermelho do bico, chamando muito a atenção.

Mariquita

Setophaga pitiayumi

TAMANHO 9,8 cm
PESO 7,5 g
DIMORFISMO SEXUAL não

ENDÊMICA não
AMEAÇADA não
MIGRATÓRIA não

Ocorre em todo o Brasil, exceto na maior parte da Amazônia, onde ocupa áreas marginais. Espécie florestal que vive no interior e na borda de mata seca e úmida bem preservada, em mata secundária e em fragmento florestal, inclusive em áreas rurais e urbanas, onde é comum. Tem comportamento bem agitado e é encontrada em casais ou em grupos familiares no estrato médio-alto da vegetação, sendo muito comum na copa das árvores, onde se mistura com outros grupos de aves e os segue. Alimenta-se de pequenos artrópodes, como insetos, aranhas e larvas, que captura com seu bico fino em frestas e folhas. Pode visitar comedouros e consumir frutas. É muito vocal e possui voz típica, fatores que mais contribuem para detectá-la em campo.

Marreca-ananaí
Amazonetta brasiliensis

TAMANHO 40 cm
PESO 500 g
DIMORFISMO SEXUAL sim

ENDÊMICA não
AMEAÇADA não
MIGRATÓRIA não

Ocorre em todo o Brasil, sendo uma das marrecas mais comuns no país. Vive em ambientes aquáticos variados, como rios, lagos, banhados, estuários e manguezais, além de áreas antropizadas – represas, plantações de arroz e lagos urbanos, por exemplo. Fica pousada entre a vegetação aquática, passando facilmente despercebida, mas pode ser encontrada com outras marrecas. Vive em casais e em grupos pequenos. Alimenta-se de plantas aquáticas, além de pequenos invertebrados e de larvas que captura no sedimento e filtra pelo bico. É uma ave muito arisca, voando com a aproximação humana. O tamanho pequeno e o comportamento arredio fazem com que essa espécie seja menos perseguida pelos caçadores de animais silvestres.

machos

Martim-pescador-pequeno
Chloroceryle americana

TAMANHO 19 cm
PESO 30 g
DIMORFISMO SEXUAL sim
ENDÊMICA não
AMEAÇADA não
MIGRATÓRIA não

Ocorre em todo o Brasil. Espécie de ambiente aquático alagado, como brejo, lagoa e banhado, incluindo lagoas urbanas. Vive solitária ou em casais e costuma ficar pousada em árvores secas a baixa altura, na beira da água. Alimenta-se quase que exclusivamente de pequenos peixes, que captura em voos e mergulhos certeiros, fisgando a presa e retornando ao poleiro, onde engole a refeição inteira. Pode pairar no ar antes de mergulhar. Ocasionalmente, consome pequenos crustáceos. Muito ativa, costuma sobrevoar os corpos de água, mas devido a seu tamanho acaba passando despercebida. É muito parecida com o martim-pescador-verde, embora de porte menor e com pintas brancas nas asas, o que facilita sua identificação em campo.

Murucututu-de-barriga-amarela

Pulsatrix koeniswaldiana

TAMANHO 44 cm
PESO 481 g
DIMORFISMO SEXUAL não

ENDÊMICA sim
AMEAÇADA não
MIGRATÓRIA não

Ocorre em um trecho da Mata Atlântica que vai do sul da Bahia ao Rio Grande do Sul, chegando até o Mato Grosso do Sul, e é endêmica desse bioma. Espécie pertencente ao grupo das maiores corujas do país, vive em casais no interior ou na borda de mata úmida primária ou secundária, mas pode ser encontrada em alguns fragmentos florestais mais isolados. Pode aparecer ocasionalmente em área urbana. Alimenta-se de artrópodes grandes e de pequenos vertebrados, como répteis, anfíbios e aves, que captura com muita agilidade, principalmente enquanto estão dormindo. Costuma vocalizar bastante, e seu canto típico pode ser escutado a distância. É comum escutar macho e fêmea cantando juntos, e a fêmea tem a voz mais aguda.

Martim-pescador-grande
Megaceryle torquata

TAMANHO 42 cm	ENDÊMICA não
PESO 341 g	AMEAÇADA não
DIMORFISMO SEXUAL sim	MIGRATÓRIA não

Ocorre em todo o Brasil. Espécie de ambiente aquático alagado, como brejo, lagoa e banhado, incluindo a orla marítima e lagoas urbanas. Vive solitária ou em casais e costuma ficar pousada em árvores secas na beira da água ou em postes e pontes. Alimenta-se quase que exclusivamente de peixes, dos mais variados tamanhos e formas, que captura em voos e mergulhos certeiros, fisgando a presa e retornando ao poleiro, onde engole a refeição inteira. Ocasionalmente, pode capturar pequenos répteis, anfíbios e caranguejos. Tem vocalização alta e forte, e seu canto pode ser escutado a distância, principalmente em voo, o que resulta numa boa maneira de detecção, e é uma ave de fácil observação, ficando ativa durante o dia todo.

Martim-pescador-verde
Chloroceryle amazona

TAMANHO 29,5 cm	ENDÊMICA não
PESO 121 g	AMEAÇADA não
DIMORFISMO SEXUAL sim	MIGRATÓRIA não

Ocorre em todo o Brasil. Espécie de ambiente aquático alagado, como brejo, lagoa e banhado, incluindo lagoas urbanas. Vive solitária ou em casais e costuma ficar pousada em árvores secas a baixa altura, na beira da água. Alimenta-se praticamente de peixes, que captura em voos e mergulhos certeiros, fisgando a presa e retornando ao poleiro, onde engole a refeição inteira. Ocasionalmente, pode capturar pequenos camarões de água doce, anfíbios e larvas de insetos aquáticos. Tem vocalização característica, o que facilita sua detecção, e é uma ave de fácil observação, ficando ativa durante o dia todo, principalmente no início da manhã e no final da tarde. É muito parecida com o martim-pescador-pequeno, embora de porte maior.

Matracão
Batara cinerea

TAMANHO 34 cm	ENDÊMICA não
PESO 156 g	AMEAÇADA não
DIMORFISMO SEXUAL sim	MIGRATÓRIA não

Ocorre do sul da Bahia ao Rio Grande do Sul. Espécie florestal que vive no interior e na borda de mata úmida bem preservada e na mata secundária adjacente, desaparecendo de ambientes antropizados. Costuma ser encontrada em casais no sub-bosque da mata, mas pode ficar próxima do solo deslocando-se entre cipós, samambaias, bambus e folhagens densas, o que dificulta sua observação. Salta de galho em galho semelhante a um esquilo. Alimenta-se de pequenos vertebrados, como anfíbios, lagartos, cobras, roedores e filhotes de aves, além de artrópodes e caracóis terrestres, que captura com seu bico robusto. Possui canto forte e alto, detectável a longas distâncias, fator muito favorável para encontrá-la em mata fechada.

Narceja

Gallinago paraguaiae

TAMANHO 30 cm
PESO 110 g
DIMORFISMO SEXUAL não

ENDÊMICA não
AMEAÇADA não
MIGRATÓRIA não

Ocorre em todo o Brasil. Espécie observada em ambientes úmidos, como brejos, várzeas, banhados e manguezais, incluindo áreas antropizadas rurais e urbanas. Vive solitária ou em pequenos grupos, sempre escondidas na vegetação. Terrícola, costuma andar pelas áreas abertas no início da manhã ou no final da tarde para se alimentar, o que facilita sua observação. Muito tolerante à aproximação de estranhos, devido a sua boa camuflagem, alça voo ao primeiro sinal de perigo. Alimenta-se de invertebrados, como insetos e minhocas, além de material vegetal. Faz uma apresentação aérea muito interessante – sobe aproximadamente de 10 a 15 metros e desce rapidamente emitindo um som mecânico típico chamado *balido*, produzido pelas penas modificadas da cauda.

Nei-nei
Megarynchus pitangua

TAMANHO 21,5 cm
PESO 70 g
DIMORFISMO SEXUAL não

ENDÊMICA não
AMEAÇADA não
MIGRATÓRIA não

Ocorre em todo o Brasil. Espécie florestal que vive na borda de mata bem preservada e na mata secundária adjacente, inclusive em fragmento florestal e em áreas rurais e urbanas, onde é muito comum. É encontrada em casais, tanto no estrato médio-alto como no mais baixo do ambiente. Alimenta-se de insetos, além de frutos e ocasionalmente de pequenos vertebrados. No período reprodutivo, é muito vocal, fator que mais contribui para detectá-la em campo. Pode ser facilmente confundida com o bem-te-vi, pois, além da plumagem semelhante, as duas espécies ocorrem no mesmo ambiente e podem estar pousadas juntas na mesma árvore, mas o nei-nei tem canto diferente e bico mais grosso, sendo conhecido como bem-te-vi-do-bico-chato.

Papa-formiga-de-grota
Myrmoderus squamosus

TAMANHO 14,5 cm	ENDÊMICA sim
PESO 18,5 g	AMEAÇADA não
DIMORFISMO SEXUAL sim	MIGRATÓRIA não

Ocorre do Rio de Janeiro ao Rio Grande do Sul e acompanha o domínio da Mata Atlântica, sendo endêmica desse bioma. Espécie florestal que vive no interior e na borda de mata úmida e escura bem preservada e na mata secundária adjacente, inclusive na mata em regeneração e até no sub-bosque de plantação de eucalipto. Costuma ser encontrada em casais, no sub-bosque da mata, deslocando-se entre cipós e folhagens densas. Fica saltando e caminhando entre troncos caídos próximos do solo, onde se alimenta de pequenos insetos que captura na vegetação arbustiva. Tem comportamento bem inquieto, o que dificulta sua observação. Acompanha bando misto de sub-bosque dentro de seu território, do qual dificilmente se afasta.

Papa-lagarta-acanelado
Coccyzus melacoryphus

TAMANHO 28,3 cm	ENDÊMICA não
PESO 54 g	AMEAÇADA não
DIMORFISMO SEXUAL não	MIGRATÓRIA sim

Ocorre em todo o Brasil. Espécie florestal encontrada em mata de galeria, várzea e capoeira, aparecendo ocasionalmente em áreas rurais e fragmentos florestais urbanos. Vive solitária no estrato médio da mata, sendo de difícil detecção, mas pode pousar em áreas abertas, o que facilita sua observação. Tem vocalização típica e alta, mas não canta com frequência. Alimenta-se basicamente de insetos, como gafanhotos, percevejos e aranhas, tendo preferência pelas lagartas, inclusive espécies urticantes. Ocasionalmente, preda pequenos vertebrados – lagartixas e camundongos, por exemplo. Assim como outros membros de sua família (Cuculidae), costuma se deslocar pela mata pulando entre os galhos, semelhante a um esquilo.

Papagaio-verdadeiro
Amazona aestiva

TAMANHO 85 cm	ENDÊMICA não
PESO 451 g	AMEAÇADA não
DIMORFISMO SEXUAL não	MIGRATÓRIA não

Ocorre em todo o Brasil, exceto na Amazônia. Espécie florestal que vive em mata úmida e seca, cerrado, capoeira, mata de galeria, áreas rurais e urbanas, onde é muito comum. Pode ser encontrada em casais ou em grupos com dezenas ou centenas de indivíduos. Alimenta-se de sementes e de frutos. É o papagaio mais conhecido devido a sua capacidade de imitar a voz humana, sendo o melhor imitador entre as aves com essa capacidade. Tal característica provocou sua captura ilegal na natureza pelos traficantes de animais silvestres. Isso vem acontecendo há muitos séculos e tem prejudicado as populações naturais. Atualmente não é considerada ameaçada de extinção, mas pode voltar a ser, caso o comércio ilegal continue.

Papa-lagarta-de-euler
Coccyzus euleri

TAMANHO 23 cm	ENDÊMICA não
PESO 52 g	AMEAÇADA não
DIMORFISMO SEXUAL não	MIGRATÓRIA não

Ocorre em todo o Brasil. Espécie típica de ambiente florestal úmido, de cerrado e de capoeira, sendo encontrada na borda da mata, mas também utiliza áreas semiabertas, o que facilita sua observação. Vive solitária e, mesmo tendo vocalização típica e forte, canta com pouca frequência. Alimenta-se basicamente de invertebrados pequenos e médios, com preferência pelas lagartas. Assim como outros membros de sua família (Cuculidae), costuma se deslocar pela mata pulando entre os galhos, semelhante a um esquilo. Essa espécie é muito parecida com o papa-lagarta-de-asa-vermelha, que é migratório da América do Norte. Pelo fato de ser uma espécie incomum, dispomos de poucas informações sobre sua história natural.

Papagaio-moleiro
Amazona farinosa

TAMANHO **40 cm**
PESO **626 g**
DIMORFISMO SEXUAL **não**

ENDÊMICA **não**
AMEAÇADA **sim**
MIGRATÓRIA **não**

Ocorre na Amazônia e em uma pequena parte da Mata Atlântica, entre o sul da Bahia e São Paulo. Espécie florestal que não só vive em mata alta bem preservada, mas também frequenta ambientes rurais e urbanos adjacentes. É o maior papagaio brasileiro, podendo-se encontrá-lo em casais ou em grupos. Alimenta-se de diferentes tipos de frutos e de sementes, inclusive de coquinhos de palmeiras. Voa com mais frequência no início da manhã e no final do dia, quando respectivamente sai de seu dormitório e retorna para ele. Pode voar bem alto, geralmente quando se desloca a longas distâncias. É muito vocal, o que facilita sua detecção em campo, mas passa despercebida na vegetação. Está na lista de animais ameaçados de extinção devido à destruição de seu *habitat*, principalmente das matas de baixada.

Papa-moscas-cinzento
Contopus cinereus

TAMANHO 13,5 cm
PESO 12 g
DIMORFISMO SEXUAL não

ENDÊMICA não
AMEAÇADA não
MIGRATÓRIA não

Ocorre em todo o Brasil, exceto na maior parte da Amazônia, onde está presente apenas pontualmente. Espécie florestal que vive no interior e na borda de mata úmida bem preservada, em mata secundária adjacente, em mata ciliar e em fragmento florestal. É encontrada solitária ou em casais pousada no alto das árvores, geralmente em galhos destacados, fator que mais contribui para detectá-la em campo. Alimenta-se de insetos que captura no ar através de voos acrobáticos, voltando ao mesmo poleiro. Tem voz típica, mas canta apenas ocasionalmente. Pode ser facilmente confundida com outras espécies do gênero *Contopus*, inclusive os migrantes da América do Norte, sendo preciso observar bem os detalhes.

Papa-taoca-do-sul
Pyriglena leucoptera

TAMANHO **18 cm**
PESO **28 g**
DIMORFISMO SEXUAL **sim**
ENDÊMICA **sim**
AMEAÇADA **não**
MIGRATÓRIA **não**

Ocorre da Bahia ao Rio Grande do Sul e acompanha o domínio da Mata Atlântica, sendo endêmica desse bioma. Espécie florestal que vive no interior e na borda de mata úmida bem preservada e na mata secundária adjacente, inclusive em fragmento florestal. Costuma ser encontrada em casais, no sub-bosque da mata. Fica saltando e caminhando entre troncos caídos próximos do solo e propriamente nele. É uma das principais espécies de aves da Mata Atlântica que segue formigas de correição pelo interior da mata. Por isso é conhecida como papa-taoca, pois taoca deriva do tupi *ta'oka*, que significa "formiga". Porém se alimenta dos insetos espantados pelas formigas, e não das próprias formigas.

Pardal

Passer domesticus

TAMANHO 14,8 cm
PESO 30 g
DIMORFISMO SEXUAL sim

ENDÊMICA não
AMEAÇADA não
MIGRATÓRIA não

Espécie europeia que foi introduzida no Rio de Janeiro em 1906 com o objetivo de predar os insetos que causavam diferentes enfermidades. Depois foi colonizando diferentes regiões, tanto artificial como naturalmente. Hoje pode ser encontrada em quase todo o país, exceto na maior parte do interior da Amazônia. Vive em ambiente urbano, desde cidades grandes até núcleos urbanos isolados. É observada em grupos variados, que podem ter dezenas e até centenas de aves. Alimenta-se de sementes, brotos, flores, frutas e insetos, mas nas áreas urbanas consome principalmente restos de alimentação humana. Mesmo de origem exótica, já faz parte da fauna silvestre do Brasil, mas as populações vêm declinando nos últimos anos.

Pariri

Geotrygon montana

TAMANHO **24 cm**
PESO **115 g**
DIMORFISMO SEXUAL **sim**

ENDÊMICA **não**
AMEAÇADA **não**
MIGRATÓRIA **não**

Ocorre em todo o Brasil, sendo mais comum na Mata Atlântica e na Amazônia. Espécie tipicamente florestal, vive em matas escuras e úmidas, o que dificulta sua visualização. É detectada com mais facilidade pela vocalização. Possui um canto típico, formado por notas graves curtas e sequenciais. Representante terrícola das pombas silvestres do Brasil, vive solitária ou em casais, no sub-bosque e no chão da mata, onde fica caminhando com frequência em busca de alimento, passando facilmente despercebida pelo seu comportamento discreto. Consome basicamente frutos e sementes caídas no solo. Possui grande habilidade de voar em alta velocidade entre a vegetação florestal, levantando voo de forma silenciosa.

fêmea

Patinho

Platyrinchus mystaceus

TAMANHO **9,8 cm**
PESO **9,7 g**
DIMORFISMO SEXUAL **sim**

ENDÊMICA **não**
AMEAÇADA **não**
MIGRATÓRIA **não**

Ocorre em todo o Brasil, exceto na maior parte da Amazônia, onde é conhecida em apenas uma localidade. Espécie florestal que vive no interior de mata úmida bem preservada e na mata secundária adjacente, inclusive em fragmento florestal. Tem comportamento discreto, ocupando o estrato médio-baixo da mata. Costuma ser encontrada solitária ou em casais. Alimenta-se de pequenos insetos que captura em voos rápidos e certeiros, retornando para o mesmo poleiro. Seu nome popular faz referência a seu bico largo, semelhante ao de um patinho, adaptação que facilita a captura dos insetos que compõem sua dieta. Vocaliza pouco, mas seu canto típico é o fator que mais contribui para detectá-la no interior da mata fechada e escura.

Pavó

Pyroderus scutatus

TAMANHO 46 cm
PESO 357 g
DIMORFISMO SEXUAL não

ENDÊMICA não
AMEAÇADA não
MIGRATÓRIA não

Ocorre da Bahia, Goiás e Mato Grosso do Sul ao Rio Grande do Sul. Espécie florestal que vive no interior e na borda de mata úmida bem preservada, em floresta secundária adjacente, em fragmento florestal e em áreas rurais e urbanas. Visita cidades em busca de alimento, principalmente no outono e no inverno, aparecendo em parques e praças. Espécie solitária cujos machos se reúnem em grupos com mais de 15 indivíduos no período pré-reprodutivo para fazer exibições vocais. Sua voz é grave e lembra o som de alguém soprando a boca de uma garrafa. Alimenta-se de frutos, mas durante a reprodução preda pequenos vertebrados, como anfíbios e filhotes de aves. Costuma ser vista cruzando estradas e se deslocando dentro da mata.

Peitica

Empidonomus varius

TAMANHO **19 cm**
PESO **27 g**
DIMORFISMO SEXUAL **não**
ENDÊMICA **não**
AMEAÇADA **não**
MIGRATÓRIA **parcialmente**

Ocorre em todo o Brasil. É migratória em algumas regiões, como São Paulo, onde se reproduz nos meses mais quentes do ano. Depois migra para a região Norte do país, mas sua migração ainda é pouco conhecida. É uma espécie de borda de mata, de área aberta com árvores isoladas e de áreas rurais e urbanas, onde é muito comum. É encontrada em casais ou em pequenos grupos familiares. Alimenta-se de insetos que captura em voo. No período reprodutivo, é muito vocal, mas passa despercebida, pois sua voz é discreta e lembra o som emitido por um inseto. Pode ser confundida com os outros dois bem-te-vis rajados, que podem estar no mesmo ambiente, o bem-te-vi-rajado propriamente e o bem-te-vi-pirata, por isso é preciso observar os detalhes para uma boa identificação.

Periquito-rico
Brotogeris tirica

TAMANHO 24,5 cm
PESO 63 g
DIMORFISMO SEXUAL não

ENDÊMICA sim
AMEAÇADA não
MIGRATÓRIA não

Ocorre de Pernambuco ao Rio Grande do Sul e acompanha o domínio da Mata Atlântica, sendo endêmica desse bioma. Espécie florestal que vive em vários tipos de ambientes, desde regiões bem preservadas até áreas rurais, antropizadas e urbanas, onde são muito comuns. Pode ser encontrada em casais ou em grupos variados, com dezenas de indivíduos. Alimenta-se de diferentes tipos de frutos, sementes e coquinhos de palmeiras, além de frutas exóticas, flores e larvas de insetos. É popularmente chamada de "maritaca", juntamente com outros periquitos urbanos, e o fato de escolher os forros dos telhados das casas para fazer seu ninho acaba gerando prejuízos econômicos aos moradores.

Pato-do-mato
Cairina moschata

TAMANHO 85 cm	ENDÊMICA não
PESO 2.850 g	AMEAÇADA não
DIMORFISMO SEXUAL sim	MIGRATÓRIA não

Ocorre em todo o Brasil. Vive em ambientes aquáticos cercados de mata, como rios, estuários e manguezais, além de áreas antropizadas, como lagos e represas. Vive em casais e em grupos, dormindo no alto das árvores. Alimenta-se de plantas aquáticas, além de pequenos invertebrados e larvas que captura no sedimento. É uma das aves aquáticas mais perseguidas pelos caçadores de animais silvestres em razão de seu tamanho. Costuma ser cruzada com o pato-doméstico, gerando indivíduos de vida livre (aves ariscas e com poucas manchas brancas na plumagem), semidomesticados (de vida livre ou cativos, aves mais mansas e com maior quantidade de manchas brancas na plumagem) e domésticos (aves de cativeiro, mansas e com plumagem muito variada).

Pia-cobra
Geothlypis aequinoctialis

TAMANHO 13,5 cm	ENDÊMICA não
PESO 11 g	AMEAÇADA não
DIMORFISMO SEXUAL sim	MIGRATÓRIA não

Ocorre em todo o Brasil, exceto em algumas áreas do Nordeste e do interior da Amazônia. Vive em ambiente úmido aberto natural e antropizado, com arbustos isolados ou com vegetação rala, próximo de corpos de água, como rios, lagos, várzeas e taboais, inclusive em áreas rurais e urbanas, onde é comum. É encontrada em casais ou em grupos familiares pequenos, sempre escondida na vegetação, pousando em arbustos isolados e mais altos apenas para cantar e no chão, ocasionalmente. Alimenta-se de pequenos artrópodes e de larvas. Tem vocalização típica e melodiosa e canta durante o dia todo, inclusive nos horários mais quentes, fatores que mais contribuem para detectá-la em campo.

Pica-pau-de-banda-branca
Dryocopus lineatus

TAMANHO 25,1 cm	ENDÊMICA não
PESO 194 g	AMEAÇADA não
DIMORFISMO SEXUAL sim	MIGRATÓRIA não

Ocorre em todo o Brasil, exceto em certas partes do Nordeste. Espécie que vive no interior e na borda de floresta, em capoeira e em áreas antropizadas e rurais. Presente em áreas urbanas, costuma ficar em parques arborizados. É observada solitária ou em casais e sempre muito ativa escalando os troncos das árvores em busca de comida. Alimenta-se de larvas e adultos de insetos, principalmente besouros, que captura com ajuda de sua língua longa e especializada, mas também consome alguns frutos nativos e exóticos, como abacate. É um pica-pau pouco vocal, cantando em intervalos longos durante o dia, mas sua vocalização típica ajuda a detectá-lo no ambiente, sendo muito comum escutá-lo "tamborilando" em árvores secas.

Pica-pau-do-campo
Colaptes campestris

TAMANHO 32 cm	ENDÊMICA não
PESO 158 g	AMEAÇADA não
DIMORFISMO SEXUAL sim	MIGRATÓRIA não

Ocorre em todo o Brasil, exceto na Amazônia. Espécie que vive em áreas abertas naturais e antropizadas, sendo comum em áreas urbanas. É observada em casais ou em pequenos grupos familiares. Terrícola, costuma ficar no chão em busca dos insetos que consome, mas voa para a árvore mais próxima ao menor sinal de perigo. Gosta de subir em cupinzeiros e frequentar amplos gramados, pousando frequentemente em mourões de cercas e postes, o que facilita sua observação. Pode ser observada em harmonia ao lado do pica-pau-verde-barrado. Vocaliza bastante, tanto em voo quanto pousada, e seu canto típico facilita sua detecção em campo. A população do Sul do Brasil tem a plumagem diferente.

Pica-pau-bufador
Piculus flavigula

TAMANHO 17,5 cm
PESO 55 g
DIMORFISMO SEXUAL sim

ENDÊMICA não
AMEAÇADA não
MIGRATÓRIA não

Ocorre na Amazônia e na Mata Atlântica, inclusive em áreas de mata alta e úmida do entorno direto desses biomas. Espécie que vive no interior e na borda da mata, no estrato médio ou na copa das árvores. Costuma ser observada em casais, cuja vocalização forte facilita sua detecção, embora não cante com frequência. Alimenta-se de larvas e adultos de insetos, que captura em frestas, buracos e entre plantas epífitas, sempre com a ajuda de sua língua longa e especializada. O casal pode ficar pousado por bastante tempo no mesmo local, seja em busca de alimento, seja descansando, o que facilita sua observação. É muito parecida com o pica-pau-dourado, ocorrendo com ele na parte central da encosta da Serra do Mar de São Paulo, apesar de se tratar de uma espécie típica da baixada.

fêmea e macho

Pica-pau-de-cabeça-amarela
Celeus flavescens

TAMANHO 27 cm
PESO 139 g
DIMORFISMO SEXUAL sim
ENDÊMICA não
AMEAÇADA não
MIGRATÓRIA não

Ocorre do sul da Bahia e Goiás ao Rio Grande do Sul. Espécie que vive no interior e na borda de floresta, em capoeira e em áreas antropizadas e rurais. Muito comum em áreas urbanas, pode ser encontrada facilmente em bairros arborizados e parques. É observada em casais ou em pequenos grupos familiares. Alimenta-se de larvas e adultos de insetos, que captura com a ajuda de sua língua longa e especializada, mas também consome néctar de algumas plantas, sendo considerada uma ave polinizadora. Típica escaladora de árvores, desce ao chão em busca de alguns recursos, como formigas. Não é muito vocal, cantando em intervalos variados durante o dia, mas sua vocalização típica ajuda a detectá-la no ambiente.

fêmea

Pica-pau-verde-barrado
Colaptes melanochloros

TAMANHO 26 cm
PESO 140 g
DIMORFISMO SEXUAL sim

ENDÊMICA não
AMEAÇADA não
MIGRATÓRIA não

Ocorre em todo o Brasil, exceto na Amazônia. Espécie florestal que vive em mata seca, úmida, de galeria, em capoeira e em áreas florestais antropizadas e urbanas, sendo comum em muitas cidades. É observada solitária, em casais ou em pequenos grupos, ocasionalmente avistados em harmonia ao lado do pica-pau-do-campo. Alimenta-se de larvas e adultos de insetos, que captura com ajuda de sua língua longa e especializada, e de diferentes tipos de frutos. Típica escaladora de árvores, desce ao chão em busca de alguns recursos alimentares. Não é muito vocal, cantando em intervalos variados durante o dia, mas sua vocalização típica ajuda a detectá-la no ambiente.

macho

Pica-pau-verde-carijó
Veniliornis spilogaster

TAMANHO **17,5 cm**
PESO **40,3 g**
DIMORFISMO SEXUAL **sim**

ENDÊMICA **não**
AMEAÇADA **não**
MIGRATÓRIA **não**

Ocorre do sul de Minas Gerais ao Rio Grande do Sul. Espécie que vive no interior e na borda de floresta, em capoeira e em áreas antropizadas, como plantações e áreas residenciais periurbanas e urbanas, sendo muito comum em várias cidades grandes, como São Paulo. É observada solitária ou em casais e sempre muito ativa, escalando os troncos das árvores em busca de comida. Alimenta-se de larvas e adultos de insetos, principalmente besouros, que captura com a ajuda de sua língua longa e especializada, mas também consome alguns frutos nativos e exóticos. É um pica-pau pouco vocal, cantando em intervalos longos durante o dia, mas sua vocalização típica ajuda a detectá-la no ambiente.

Picapauzinho-barrado
Picumnus cirratus

TAMANHO 10 cm
PESO 10 g
DIMORFISMO SEXUAL sim

ENDÊMICA não
AMEAÇADA não
MIGRATÓRIA não

Ocorre isoladamente em uma pequena região do Norte do Brasil. Também está presente do sul da Bahia ao oeste do Rio Grande do Sul. Espécie que vive no interior e na borda de floresta e em áreas antropizadas, inclusive em ambientes urbanos. É observada em casais ou em grupos familiares. Alimenta-se de larvas e adultos de pequenos insetos, que captura debaixo de cascas de árvores e dentro de troncos podres com a ajuda de sua língua longa e especializada. Tem comportamento bem ativo e inquieto, pulando de galho em galho, o que facilita sua observação. Sua vocalização típica, formada por um trinado curto, também favorece sua detecção, mas é preciso ter atenção, pois se parece muito com o picapauzinho-de-coleira, com o qual convive em algumas regiões de São Paulo.

fêmea

macho

Picapauzinho-de-coleira
Picumnus temminckii

TAMANHO 10 cm
PESO 10 g
DIMORFISMO SEXUAL sim
ENDÊMICA sim
AMEAÇADA não
MIGRATÓRIA não

Ocorre de São Paulo ao Rio Grande do Sul e acompanha o domínio da Mata Atlântica, sendo endêmica desse bioma. Espécie que vive no interior e na borda de floresta e em áreas antropizadas, inclusive em ambientes urbanos. É observada em casais ou em grupos familiares. Alimenta-se de larvas e adultos de pequenos insetos, que captura debaixo de cascas de árvores e dentro de troncos podres com a ajuda de sua língua longa e especializada. Tem comportamento bem ativo e inquieto, pulando de galho em galho, o que facilita sua observação. Sua vocalização típica, formada por um trinado curto, também favorece sua detecção, mas é preciso ter atenção, pois se parece muito com o picapauzinho-barrado, com o qual convive em algumas regiões de São Paulo.

fêmea

Pica-pau-dourado
Piculus aurulentus

TAMANHO **20 cm**	ENDÊMICA **sim**
PESO **75 g**	AMEAÇADA **não**
DIMORFISMO SEXUAL **sim**	MIGRATÓRIA **não**

Ocorre de Minas Gerais e Espírito Santo ao Rio Grande do Sul e acompanha o domínio da Mata Atlântica, sendo endêmica desse bioma. Espécie que vive no interior e na borda das matas, no estrato médio ou na copa das árvores. Costuma ser observada em casais, cuja vocalização facilita sua detecção, embora não cante com frequência. Alimenta-se de larvas e adultos de insetos, que captura em frestas, buracos e entre plantas epífitas sempre com a ajuda de sua língua longa e especializada. Utiliza ocos de árvores para dormir e se proteger da chuva. É muito parecida com o pica-pau-bufador, ocorrendo com ele na parte central da encosta da Serra do Mar de São Paulo apesar de se tratar de uma espécie típica das regiões mais altas, do topo da serra e do planalto.

Pichororé
Synallaxis ruficapilla

TAMANHO **16 cm**	ENDÊMICA **sim**
PESO **13 g**	AMEAÇADA **não**
DIMORFISMO SEXUAL **não**	MIGRATÓRIA **não**

Ocorre do sul da Bahia ao Rio Grande do Sul, com uma população isolada na Bahia, e acompanha o domínio da Mata Atlântica, sendo endêmica desse bioma. Espécie florestal que vive no interior e na borda de mata úmida bem preservada, em floresta secundária adjacente e em fragmento florestal. É encontrada em casais, no estrato médio-baixo da mata, ficando próxima do solo e entre a vegetação densa, com cipós, samambaias e bambus. Alimenta-se de insetos, larvas e artrópodes que captura entre a vegetação. Tem vocalização muito típica, cantando o dia todo, fator que mais contribui para detectá-la na mata escura. É bastante semelhante ao joão-teneném, com quem costuma dividir as bordas de mata ao lado de outras espécies do gênero *Synallaxis*.

Pinto-do-mato
Cryptopezus nattereri

TAMANHO **12,5 cm**	ENDÊMICA **sim**
PESO **32 g**	AMEAÇADA **não**
DIMORFISMO SEXUAL **não**	MIGRATÓRIA **não**

Ocorre de Minas Gerais ao Rio Grande do Sul e acompanha o domínio da Mata Atlântica, sendo endêmica desse bioma. Espécie que vive no interior e na borda de floresta montana bem preservada, na mata secundária adjacente e, mais raramente, em fragmento florestal grande. É terrícola e de difícil visualização. Costuma ser encontrada solitária ou em casais caminhando pelo chão da mata, mas foge a qualquer sinal de perigo, sendo muito difícil observá-la. Alimenta-se de pequenos insetos que captura próximo do solo, entre a vegetação densa. Possui canto típico, mas não vocaliza com tanta frequência. O canto é o fator que mais contribui para detectá-la na mata fechada.

Piolhinho
Phyllomyias fasciatus

TAMANHO **11,5 cm**	ENDÊMICA **não**
PESO **10 g**	AMEAÇADA **não**
DIMORFISMO SEXUAL **não**	MIGRATÓRIA **não**

Ocorre em todo o Brasil, exceto na Amazônia. Espécie de borda de mata, de ambiente florestal aberto com árvores isoladas e de áreas rurais e urbanas. É encontrada solitária, em casais ou em grupos familiares, sempre no estrato médio-alto do ambiente, mas pode frequentar o sub-bosque e chegar próximo do chão em busca de comida. Alimenta-se de pequenos insetos e artrópodes, mas também consome frutos. No período reprodutivo, é muito vocal, cantando ao longo do dia, fator que mais contribui para detectá-la em campo. Pode ser facilmente confundida com outras espécies do gênero *Phyllomyias* e com alguns pequenos tiranídeos, como o risadinha, por isso é preciso observar os detalhes para uma boa identificação.

macho

Pintadinho
Drymophila squamata

TAMANHO 12 cm
PESO 10 g
DIMORFISMO SEXUAL sim

ENDÊMICA sim
AMEAÇADA não
MIGRATÓRIA não

Ocorre de Pernambuco e Alagoas (onde as populações estão isoladas) a Santa Catarina e acompanha o domínio da Mata Atlântica, sendo endêmica desse bioma. Espécie florestal que vive na borda de mata úmida bem preservada e na mata secundária adjacente, inclusive na restinga, onde é muito comum. Em São Paulo, ocorre apenas nas matas da planície litorânea e na parte baixa da Serra do Mar. Costuma ser encontrada em casais, no estrato baixo da mata, principalmente em taquarais fechados, onde fica escondida entre as folhagens, o que dificulta sua observação. Alimenta-se de pequenos insetos e tem comportamento bem inquieto. Possui vocalização muito típica, fator que mais contribui para detectá-la em campo.

Piolhinho-serrano
Phyllomyias griseocapilla

TAMANHO 11 cm	ENDÊMICA sim
PESO 10 g	AMEAÇADA não
DIMORFISMO SEXUAL não	MIGRATÓRIA não

Ocorre do sul da Bahia ao Rio Grande do Sul e acompanha o domínio da Mata Atlântica, sendo endêmica desse bioma. Espécie florestal que vive no interior e na borda de mata úmida bem preservada e na mata secundária adjacente. É encontrada solitária ou em casais, sempre no estrato alto da mata, mas quando está na borda ou em áreas abertas pode descer para o sub-bosque em busca de comida. Alimenta-se de pequenos insetos e de frutos. Tem vocalização muito característica e canta com frequência, fator que mais contribui para detectá-la em campo. Pode ser facilmente confundida com outras espécies do gênero *Phyllomyias* e com alguns pequenos tiranídeos, por isso é preciso observar os detalhes para uma boa identificação.

Pitiguari
Cyclarhis gujanensis

TAMANHO 16 cm	ENDÊMICA não
PESO 28 g	AMEAÇADA não
DIMORFISMO SEXUAL não	MIGRATÓRIA não

Ocorre em todo o Brasil, sendo menos comum na Amazônia. Espécie florestal que vive na borda de mata bem preservada, em mata secundária adjacente, em mata ciliar e em fragmento florestal, além de áreas rurais e parques urbanos, onde é comum. É encontrada solitária ou em casais no estrato médio-alto da mata, sendo difícil observá-la. Alimenta-se basicamente de artrópodes, como besouros, aranhas, larvas e lagartas, descendo próximo do solo ocasionalmente. Com um bico muito forte, também costuma predar pequenos vertebrados, como anfíbios, lagartos, cobras, morcegos e aves, inclusive seus ovos e filhotes. É muito vocal e tem grande variação de cantos, fator que mais contribui para detectá-la em campo.

Pomba-amargosa
Patagioenas plumbea

TAMANHO 34 cm	ENDÊMICA não
PESO 231 g	AMEAÇADA não
DIMORFISMO SEXUAL não	MIGRATÓRIA não

Ocorre em todo o Brasil, exceto em parte do Nordeste e no extremo sul do país. Espécie típica de ambiente florestal denso e úmido que fica escondida na vegetação para dificultar sua visualização, sendo detectada com mais facilidade pela vocalização. Possui canto típico, emitido frequentemente e escutado a distância. Vive solitária ou em casais, sempre na copa das árvores. Alimenta-se de frutos e sementes, descendo ao solo para obter parte dos recursos. Costuma se reunir em grupos quando encontra árvores frutificando em abundância. O "amargosa" do nome popular é, segundo os caçadores, em razão do sabor da sua carne, que adquire essa característica porque a ave consome a planta erva-de-passarinho. Trata-se de uma pomba menos caçada que as demais do mesmo porte.

Pomba-galega
Patagioenas cayennensis

TAMANHO 32 cm	ENDÊMICA não
PESO 230 g	AMEAÇADA não
DIMORFISMO SEXUAL não	MIGRATÓRIA não

Ocorre em todo o Brasil, sendo mais comum nas regiões Centro-Oeste, Sudeste e Sul. Típica de borda de floresta, mata ciliar, capoeiras e manguezais, essa espécie vem colonizando muitas áreas periurbanas e urbanas pelo país. Vive solitária, em casais ou em pequenos grupos. Voa a grandes altitudes, sendo facilmente observada durante seus deslocamentos diários. Possui um canto semelhante ao da pomba-asa-branca, espécies encontradas lado a lado em muitas regiões do país. Alimenta-se basicamente de frutos e de sementes, mas parte dos indivíduos das áreas urbanas também consome restos de comida encontrados pelo chão. Assim como as demais pombas grandes, é alvo dos caçadores de animais silvestres.

Pomba-asa-branca
Patagioenas picazuro

TAMANHO 34 cm
PESO 280 g
DIMORFISMO SEXUAL não

ENDÊMICA não
AMEAÇADA não
MIGRATÓRIA não

Ocorre em todo o Brasil, exceto no interior da Amazônia. Espécie que vive em ambiente aberto, borda de mata, matas ciliares, capoeiras e áreas urbanas, onde já convive ao lado do pombo-doméstico. Vive em casais e em grupos variados com dezenas e até centenas de indivíduos. Voa a grandes altitudes, sendo facilmente observada durante seus deslocamentos diários. Possui canto semelhante ao da pomba-galega. Alimenta-se basicamente de frutos e de sementes, mas os indivíduos encontrados em áreas urbanas consomem restos de comida encontrados pelo chão. Beneficiam-se do desperdício de grãos em rodovias e em estradas de ferro, que são rotas de expansão geográfica. Assim como as demais pombas grandes, ainda são muito caçadas.

Pombo-doméstico
Columba livia

TAMANHO 38 cm
PESO 370 g
DIMORFISMO SEXUAL não

ENDÊMICA não
AMEAÇADA não
MIGRATÓRIA não

Essa espécie foi introduzida no Brasil pelos colonizadores europeus, sendo considerada uma ave exótica, mas com populações estabelecidas no país. Pode ser encontrada em todo o território nacional, até mesmo no interior da Amazônia, mas seu *habitat* preferencial são as grandes áreas urbanas. Fica pousada principalmente em prédios e postes e tem comportamento típico de andar pelo chão. Alimenta-se basicamente de frutos e sementes de diferentes espécies vegetais, mas também consome restos de comida. Pode ser encontrada em casais ou em grupos com centenas e até milhares de indivíduos, sendo considerada uma praga urbana em muitas regiões, pois causa os mais diferentes tipos de prejuízos econômicos e sanitários.

Príncipe
Pyrocephalus rubinus

TAMANHO **13 cm**	ENDÊMICA **não**
PESO **9 g**	AMEAÇADA **não**
DIMORFISMO SEXUAL **sim**	MIGRATÓRIA **parcialmente**

Ocorre em todo o Brasil, sendo incomum em áreas do Nordeste e do Norte. É migratória em algumas regiões, como São Paulo, onde aparece nos meses mais secos e frios do ano e depois migra de volta para o sul da América do Sul a fim de se reproduzir. É uma espécie de ambiente aberto com vegetação arbórea e arbustiva isolada, como campo e cerrado, e de áreas rurais, litorâneas e urbanas, onde é muito comum. É encontrada solitária, em casais ou em pequenos grupos familiares, inclusive de adultos e de jovens. Alimenta-se de insetos que captura por meio de voos acrobáticos, retornando ao mesmo poleiro. Durante sua invernagem, quase não vocaliza, mas, por ficar pousada em postes, cercas e árvores isoladas, é facilmente encontrada.

fêmea

macho

Pula-pula
Basileuterus culicivorus

TAMANHO 12,2 cm
PESO 10,5 g
DIMORFISMO SEXUAL não

ENDÊMICA não
AMEAÇADA não
MIGRATÓRIA não

Ocorre em todo o Brasil, sendo incomum na Amazônia, onde está presente pontualmente. Espécie florestal que vive no interior e na borda de vários tipos de matas úmidas e secas, inclusive em fragmentos florestais de vários tamanhos. É encontrada em casais ou em grupos familiares no sub-bosque da mata, entre cipoais e a vegetação densa. Alimenta-se de pequenos artrópodes, como insetos, aranhas e larvas, que captura entre os galhos e as folhas. É muito vocal e possui voz típica, cantando ao longo do dia, mesmo nos horários mais quentes. O fator vocal é o que mais contribui para detectá-la em campo. O "pula-pula" de seu nome popular deriva do comportamento inquieto, de não ficar parada, o que dificulta sua observação. Pode ter a coloração ventral amarela ou branca dependendo da região.

Pula-pula-assobiador
Myiothlypis leucoblephara

TAMANHO 14,4 cm
PESO 15 g
DIMORFISMO SEXUAL não

ENDÊMICA não
AMEAÇADA não
MIGRATÓRIA não

Ocorre de Minas Gerais e Rio de Janeiro ao Rio Grande do Sul. Espécie florestal que vive no interior e na borda de mata úmida bem preservada, em mata secundária adjacente e em fragmento florestal grande, desaparecendo de áreas degradadas. Tem comportamento bem agitado e é encontrada em casais no estrato médio-baixo da vegetação, entre cipoais e samambaias, descendo com frequência ao chão, onde também busca alimento. Costuma consumir pequenos artrópodes, como insetos, aranhas e larvas, que captura com seu bico fino em frestas de troncos, em folhas e no solo. É muito vocal e possui voz típica, cantando ao longo do dia, mesmo nos horários mais quentes. O fator vocal é o que mais contribui para detectá-la em campo.

Pula-pula-ribeirinho
Myiothlypis rivularis

TAMANHO 14,2 cm
PESO 14,5 g
DIMORFISMO SEXUAL não

ENDÊMICA não
AMEAÇADA não
MIGRATÓRIA não

Ocorre do sul da Bahia a Santa Catarina, chegando ao oeste do Paraná, sendo muito comum ao longo da Serra do Mar. Espécie florestal que vive no interior de mata úmida bem preservada e em mata secundária adjacente. É encontrada em casais no sub-bosque da mata, principalmente no solo ou sobre troncos caídos. Alimenta-se de pequenos artrópodes, como insetos, aranhas e larvas. É muito vocal e possui voz típica, cantando ao longo do dia, mesmo nos horários mais quentes. O fator vocal é o que mais contribui para detectá-la em campo. O "ribeirinho" de seu nome deriva do fato de ela estar sempre próxima de algum corpo de água, seja nascente, riacho ou rio de porte maior, onde costuma ficar pulando entre as rochas para capturar os insetos.

Quero-quero
Vanellus chilensis

TAMANHO **37 cm**
PESO **237 g**
DIMORFISMO SEXUAL **não**

ENDÊMICA **não**
AMEAÇADA **não**
MIGRATÓRIA **não**

Ocorre em todo o Brasil, sendo mais comum e abundante fora da Amazônia. Espécie que vive nos mais variados tipos de ambientes abertos, desde áreas úmidas, como brejos, várzeas, banhados, manguezais e praias, até áreas não úmidas, como campos naturais e áreas antropizadas, incluindo pastagens e gramados urbanos. Gosta muito de campo de futebol. Vive em casais ou em grupos variados, que podem ter dezenas de indivíduos. Alimenta-se de invertebrados e peixinhos que encontra na lama. Muito territorialista, é sempre a primeira ave a dar o alarme e espantar o intruso de seu espaço, principalmente no período reprodutivo. Possui dois esporões afiados, um em cada ombro, exibindo-os com frequência, o que assusta ainda mais o predador.

Rabo-branco-de-garganta-rajada
Phaethornis eurynome

TAMANHO 15,5 cm
PESO 5 g
DIMORFISMO SEXUAL não

ENDÊMICA sim
AMEAÇADA não
MIGRATÓRIA não

Ocorre em um trecho da Mata Atlântica que vai do centro-sul da Bahia ao Rio Grande do Sul, sendo endêmica desse bioma. Espécie tipicamente florestal que prefere matas altas, densas e úmidas, mas pode ser encontrada ocasionalmente em áreas de bordas e em ambientes adjacentes. Vive solitária pelo sub-bosque da mata, sendo facilmente detectada por sua vocalização, constituída de chamados curtos e sequenciais. Alimenta-se do néctar das flores e captura pequenos insetos para completar a dieta dos filhotes. O ninho é forrado com um tipo de líquen avermelhado, e por isso muitas aves ficam com o ventre vermelho durante determinado período, o que chama a atenção de observadores e fotógrafos.

Rabo-branco-rubro
Phaethornis ruber

TAMANHO 8,6 cm
PESO 2,4 g
DIMORFISMO SEXUAL sim

ENDÊMICA não
AMEAÇADA não
MIGRATÓRIA não

Ocorre em todo o Brasil, exceto na região Sul. Espécie tipicamente florestal que prefere matas altas, densas e úmidas, mas pode ser encontrada em ambientes adjacentes, como capoeiras, áreas rurais e até urbanas. Devido a seu pequeno tamanho – considerada o menor beija-flor do Brasil –, passa despercebida de muitas pessoas. A diferença entre macho e fêmea é muito sutil – os machos têm a cauda mais curta e arredondada e quase sem as marginações lateroapicais ferrugem. No interior da mata, voa a uma baixa altura, fazendo um zumbido com as asas que lembra uma abelha. Tem canto característico que facilita sua detecção. Alimenta-se do néctar das flores e captura pequenos insetos para complementar a dieta dos filhotes.

Rendeira

Manacus manacus

TAMANHO 11 cm
PESO 15 g
DIMORFISMO SEXUAL sim

ENDÊMICA não
AMEAÇADA não
MIGRATÓRIA não

Ocorre na Amazônia e na Mata Atlântica. Espécie florestal que vive no interior e na borda de mata úmida bem preservada e em floresta secundária adjacente, inclusive em fragmento florestal. É encontrada em casais ou em pequenos grupos no estrato médio-baixo da mata. Alimenta-se de pequenos frutos. No período reprodutivo, os machos fazem uma exibição pré-nupcial para as fêmeas. Em suas arenas particulares, eles estufam as penas da garganta, lembrando uma barba. Também executam voos sequenciais para a frente e para trás, pulando de poleiro em poleiro, rente ao solo, e produzindo um som mecânico com as asas. Em uma mesma área, é possível ter várias arenas, e as fêmeas escolhem os melhores dançarinos para acasalar.

Risadinha
Camptostoma obsoletum

TAMANHO 10 cm
PESO 8,1 g
DIMORFISMO SEXUAL não

ENDÊMICA não
AMEAÇADA não
MIGRATÓRIA não

Ocorre em todo o Brasil. Espécie de borda de mata e de ambiente florestal aberto, com árvores isoladas, inclusive de áreas rurais e urbanas, onde é muito comum. Também ocupa clareiras dentro da mata fechada. É encontrada solitária ou em casais, sempre no estrato médio-alto da mata, mas pode frequentar o sub-bosque e chegar próximo do chão. Alimenta-se de insetos e pequenos frutos. Tem comportamento inquieto, pulando de galho em galho o dia todo. É muito vocal, cantando ao longo do dia, inclusive nos horários mais quentes. O "risadinha" de seu nome popular deriva de seu canto típico, que lembra uma gargalhada, mas também emite um chamado muito característico, e o fator auditivo é o que mais contribui para detectá-la no ambiente.

Rolinha-roxa
Columbina talpacoti

TAMANHO 17 cm
PESO 45,5 g
DIMORFISMO SEXUAL sim

ENDÊMICA não
AMEAÇADA não
MIGRATÓRIA não

Ocorre em todo o Brasil e é mais comum fora da Amazônia. Espécie típica de ambiente aberto, como campos naturais e cerrados, também pode ser facilmente encontrada em áreas degradadas, sendo uma das espécies mais comuns em ambiente urbano. Vive em casais e grupos variados, que podem chegar a dezenas de indivíduos. Alimenta-se de grãos silvestres, mas também consome restos de comida que encontra pelo chão. Sua vocalização é bem característica, emitida inclusive nas horas mais quentes do dia. Convive pacificamente ao lado da pomba-asa-branca, do pombo-doméstico e da avoante, sendo bem menor que eles. Pelo fato de ocorrer comumente nas cidades e visitar residências, é vitimada constantemente por ataques de gatos domésticos.

machos

Sabiá-coleira

Turdus albicollis

TAMANHO 22 cm
PESO 54 g
DIMORFISMO SEXUAL não

ENDÊMICA não
AMEAÇADA não
MIGRATÓRIA não

Ocorre em quase todo o Brasil, mas, como vive em mata úmida, está ausente em algumas regiões, como a Caatinga. É muito comum nas florestas do Sudeste e do Sul do país, principalmente nas maiores serras. Vive solitária ou em casais no sub-bosque escuro da mata, sendo uma ave de difícil visualização. Faz alguns deslocamentos regionais ainda pouco conhecidos. Alimenta-se principalmente de frutos, mas também consome minhocas e insetos, descendo com frequência ao chão. Pode visitar pomares de áreas próximas de matas em busca das frutas exóticas. Costuma cantar no início da manhã e no final da tarde, mas passa o dia fazendo um chamado bem típico, fator que mais contribui para detectá-la na mata.

Sabiá-do-campo

Mimus saturninus

TAMANHO 26 cm
PESO 73 g
DIMORFISMO SEXUAL não

ENDÊMICA não
AMEAÇADA não
MIGRATÓRIA não

Ocorre em todo o Brasil, exceto na maior parte da Amazônia, onde vem colonizando nos últimos anos em decorrência dos desmatamentos. Vive em ambiente aberto natural e antropizado, com vegetação arbustiva, sendo muito comum em áreas urbanas. É observada em grupos familiares com mais de 10 indivíduos. Costuma descer ao chão em busca de alimento, mas voa ao menor sinal de perigo. Gosta de frequentar gramados e tem o hábito de pousar em mourões de cercas e postes, o que facilita sua observação. Possui canto característico e pode imitar o canto de várias outras espécies de aves. Tem comportamento típico de levantar a cauda quando pousa. A população do Sul do Brasil tem a plumagem diferente.

Sabiá-laranjeira
Turdus rufiventris

TAMANHO 25 cm
PESO 78 g
DIMORFISMO SEXUAL não

ENDÊMICA não
AMEAÇADA não
MIGRATÓRIA não

Ave símbolo do Brasil e do estado de São Paulo, ocorre em todo o país, exceto na Amazônia. Espécie florestal que vive no interior e na borda de mata bem preservada, em mata secundária adjacente e em fragmento florestal, inclusive em áreas rurais e urbanas. Espécie muito comum nas cidades brasileiras e bastante adaptada ao meio antrópico. É encontrada solitária, em casais ou em pequenos grupos no sub-bosque da mata, mas desce com frequência ao chão, onde captura parte de seu alimento. Sua dieta é composta de frutos, minhocas e insetos. No período reprodutivo, é muito vocal, e nas grandes cidades costuma cantar de madrugada para escapar do forte e prejudicial ruído urbano. Costuma ser observada junto com o sabiá-barranco.

Sabiá-poca
Turdus amaurochalinus

TAMANHO 21,9 cm
PESO 57 g
DIMORFISMO SEXUAL não
ENDÊMICA não
AMEAÇADA não
MIGRATÓRIA parcialmente

Ocorre em todo o Brasil, sendo menos comum na Amazônia. Realiza movimentações regionais ainda pouco conhecidas. Espécie florestal que vive na borda de mata primária, em mata secundária e em fragmento florestal, além de áreas rurais e urbanas, onde é comum. É encontrada solitária, em casais ou em grupos variados no estrato médio da mata. Alimenta-se de frutos, minhocas e insetos. No período reprodutivo, canta principalmente no início da manhã e no final da tarde, mas passa o dia fazendo um chamado denominado "poca", que dá origem a seu nome popular. Costuma ser confundida com o sabiá-barranco, mas é menor e mais clara que ele, tem uma mancha escura na frente dos olhos e o bico amarelo durante o período reprodutivo.

Sabiá-una

Turdus flavipes

TAMANHO 20,5 cm
PESO 64 g
DIMORFISMO SEXUAL sim
ENDÊMICA não
AMEAÇADA não
MIGRATÓRIA sim

Ocorre em quase todos os estados da faixa leste do Brasil, principalmente nas regiões Sudeste e Sul e, pontualmente, no norte da Amazônia. Realiza movimentações regionais ainda pouco conhecidas. Espécie florestal que vive em mata primária, em mata secundária e em fragmento florestal, além de áreas rurais e urbanas, onde é visitante sazonal. É encontrada solitária, em casais ou em grupos variados no estrato médio-alto da mata. Alimenta-se de diferentes tipos de frutos, principalmente do palmito-juçara, cuja extração ilegal prejudica essa ave. Possui canto típico e muito variado. No período reprodutivo, os machos cantam o dia todo pousados no alto de uma árvore emergente, fator que mais contribui para detectar a espécie em campo.

Sabiá-barranco
Turdus leucomelas

TAMANHO 22 cm
PESO 69 g
DIMORFISMO SEXUAL não
ENDÊMICA não
AMEAÇADA não
MIGRATÓRIA não

Ocorre em todo o Brasil, exceto em algumas regiões da Amazônia. Espécie florestal que vive no interior e na borda de mata bem preservada, em mata secundária adjacente e em fragmento florestal, inclusive em áreas rurais e urbanas, onde é muito comum. É encontrada solitária, em casais ou em pequenos grupos no sub-bosque da mata, mas desce com frequência ao chão, onde captura parte de seu alimento. Consome principalmente frutos e minhocas, mas também captura insetos, larvas e pequenos vertebrados, como lagartos. No período reprodutivo, é muito vocal, fator que mais contribui para detectá-la em campo. Costuma ser observada com o sabiá-laranjeira e pode ser facilmente confundida com o sabiá-poca, mas é maior que ele e tem o bico escuro.

Saci
Tapera naevia

TAMANHO 29 cm
PESO 52 g
DIMORFISMO SEXUAL não
ENDÊMICA não
AMEAÇADA não
MIGRATÓRIA não

Ocorre em todo o Brasil. Espécie florestal encontrada geralmente em borda da mata e em capoeira. Vive solitária ou em casais, sendo de difícil observação, pois, além de ficar entre a vegetação densa, possui coloração discreta. Alimenta-se basicamente de insetos e lagartas. Assim como algumas espécies de sua família (Cuculidae), não constrói ninho, colocando os ovos no ninho de outra ave, que vai chocar e cuidar dos filhotes. É detectada geralmente pelo canto, formado por duas notas que produzem o som – "sa-ci", do qual deriva seu nome. Canta por longos períodos, incluindo os horários mais quentes do dia e ocasionalmente durante a noite, fato pelo qual lhe são atribuídas várias lendas, como as dos personagens Saci e Matintapereira.

Sabiá-cica
Triclaria malachitacea

TAMANHO 29 cm
PESO 90 g
DIMORFISMO SEXUAL sim
ENDÊMICA sim
AMEAÇADA não
MIGRATÓRIA não

Ocorre do Espírito Santo ao Rio Grande do Sul e acompanha o domínio da Mata Atlântica, sendo endêmica desse bioma. Espécie florestal que vive em áreas florestais amplas e geralmente bem preservadas. Costuma ser encontrada em casais ou em grupos familiares pequenos. Alimenta-se de diferentes tipos de frutos, além de flores. Voa dentro da mata, com muita habilidade para desviar da vegetação densa, mas passa boa parte do dia pousada e em silêncio, o que dificulta sua detecção. Seu nome popular tem origem indígena, cujo significado é "mãe do sabiá", pois sua vocalização, completamente diferente da dos demais psitacídeos (periquitos, papagaios e araras), é marcada por um canto harmonioso e melódico que lembra o do sabiá.

Saí-andorinha
Tersina viridis

TAMANHO 14 cm
PESO 30 g
DIMORFISMO SEXUAL sim
ENDÊMICA não
AMEAÇADA não
MIGRATÓRIA parcialmente

Ocorre em todo o Brasil, sendo menos comum na Amazônia. Espécie florestal que vive na borda de diferentes tipos de matas e frequenta clareiras de grandes áreas florestais. Pode ser encontrada em casais, mas geralmente forma grupos variados, que podem ter até dezenas de indivíduos. Explora o estrato médio-alto da vegetação, sendo muito comum na copa das árvores, onde se mistura com outros grupos de aves e os segue. Alimenta-se de frutos e de artrópodes, em proporções que podem variar ao longo do ano. Tem vocalização discreta, mas bem típica, e costuma cantar ao longo do dia, fatores que mais contribuem para detectá-la em campo. Pode realizar movimentações regionais ainda pouco conhecidas.

Saí-azul

Dacnis cayana

TAMANHO **13 cm**
PESO **16 g**
DIMORFISMO SEXUAL **sim**
ENDÊMICA **não**
AMEAÇADA **não**
MIGRATÓRIA **não**

Ocorre em todo o Brasil e é menos comum na Amazônia. Espécie florestal que vive na borda de diferentes tipos de matas, inclusive em áreas rurais e urbanas, onde é comum. Costuma ser encontrada em casais ou em pequenos grupos familiares. Explora o estrato médio-alto da vegetação e ocupa com frequência a copa das árvores, onde se mistura com outros grupos de aves e os segue. Alimenta-se de frutos, de artrópodes e de néctar, sendo muito frequente em comedouros, onde se reúne em grupos maiores, com dezenas de indivíduos. Tem vocalização discreta e canta ocasionalmente. Em algumas regiões da Mata Atlântica, pode ser encontrada ao lado do saí-de-pernas-pretas, com quem pode ser facilmente confundida, embora tenha as pernas róseas.

Saí-canário

Thlypopsis sordida

TAMANHO 13,5 cm	ENDÊMICA não
PESO 17 g	AMEAÇADA não
DIMORFISMO SEXUAL sim	MIGRATÓRIA não

Ocorre em todo o Brasil, exceto na maior parte da Amazônia e no extremo sul do país. Espécie florestal que vive na borda de mata seca e úmida, em ambiente aberto com árvores isoladas e em áreas rurais e urbanas, onde é comum. Tem comportamento agitado, sendo encontrada em casais ou em grupos familiares, no estrato médio-alto do ambiente, principalmente na copa das árvores, onde segue bando misto de aves, mas costuma descer próximo do chão em busca de alimento. Sua dieta é constituída de frutas e de pequenos artrópodes. Tem canto típico, que pode ser facilmente confundido com o do canário-da-terra, e vocaliza moderadamente ao longo do dia, fatores que mais contribuem para detectá-la em campo.

macho

Saíra-amarela
Stilpnia cayana

TAMANHO 14 cm	ENDÊMICA não
PESO 18 g	AMEAÇADA não
DIMORFISMO SEXUAL sim	MIGRATÓRIA não

Ocorre em quase todo o Brasil, sendo incomum na Amazônia e ausente no extremo sul do país. Espécie florestal que vive na borda de mata seca e úmida, inclusive em ambiente aberto com árvores isoladas, e em áreas rurais e urbanas, onde é comum. É encontrada em casais ou em pequenos grupos no estrato médio-alto do ambiente, principalmente na copa das árvores. Alimenta-se preferencialmente de frutas, mas também consome insetos, capturando cupins e vespas com muita habilidade. É muito comum em pomares e plantações, além de visitar comedouros, onde se mistura com sanhaços e saíras. Tem canto discreto e vocaliza ao longo do dia, fatores que contribuem para detectá-la em campo.

Saíra-de-chapéu-preto
Nemosia pileata

TAMANHO 13 cm	ENDÊMICA não
PESO 14 g	AMEAÇADA não
DIMORFISMO SEXUAL sim	MIGRATÓRIA não

Ocorre em todo o Brasil, sendo menos comum na Amazônia e no extremo sul do país. Espécie florestal que vive em ambiente com vegetação arbórea rala e aberta, como cerrado, caatinga e capoeira, incluindo áreas rurais e urbanas. Nas cidades, visitam parques e bairros arborizados. Tem comportamento bem inquieto, sendo encontrada em casais ou em pequenos grupos familiares no estrato médio-alto da vegetação, principalmente na copa das árvores mais altas. Alimenta-se preferencialmente de artrópodes, mas também consome frutos e a polpa de algumas frutas maiores. Não é muito vocal, mas suas vocalizações são bem típicas, sendo emitidas ao longo do dia e quando estão se deslocando, o que facilita sua detecção.

Saíra-ferrugem
Hemithraupis ruficapilla

TAMANHO 12,8 cm	ENDÊMICA sim
PESO 13 g	AMEAÇADA não
DIMORFISMO SEXUAL sim	MIGRATÓRIA não

Ocorre da Bahia ao norte do Rio Grande do Sul e acompanha o domínio da Mata Atlântica, sendo endêmica desse bioma. Espécie florestal que vive no interior e na borda de mata úmida bem preservada e em mata secundária adjacente, sendo incomum em fragmento florestal. Tem comportamento bem agitado e é encontrada em casais ou em grupos pequenos no estrato médio-alto da vegetação. Ocupa com frequência a copa das árvores, onde se mistura com outros grupos de aves e os segue. Alimenta-se principalmente de artrópodes, além de pequenas quantidades de frutas. Tem vocalização discreta, mas costuma cantar ao longo do dia, fator que mais contribui para detectá-la. Pode estar ao lado da saíra-de-papo-preto em determinadas regiões.

Saíra-lagarta
Tangara desmaresti

TAMANHO 13,5 cm	ENDÊMICA sim
PESO 20 g	AMEAÇADA não
DIMORFISMO SEXUAL sim	MIGRATÓRIA não

Ocorre de Minas Gerais e Espírito Santo a Santa Catarina e acompanha o domínio da Mata Atlântica, sendo endêmica desse bioma. Espécie florestal que vive no interior e na borda de mata úmida bem preservada, em mata secundária adjacente e em fragmento florestal grande, sendo incomum em áreas urbanas. É encontrada em casais ou em grupos com mais de vinte indivíduos, sempre no estrato médio-alto do ambiente, principalmente na copa das árvores. Reúne-se com outras saíras, formando grupos ainda mais numerosos e coloridos. Alimenta-se de frutas, insetos e larvas, visitando comedouros próximos da mata, onde são comuns. É muito vocal e canta ao longo do dia, principalmente em voo, fatores que contribuem para detectá-la em campo.

machos

Saíra-militar

Tangara cyanocephala

TAMANHO 13,5 cm
PESO 18 g
DIMORFISMO SEXUAL sim

ENDÊMICA sim
AMEAÇADA não
MIGRATÓRIA não

Ocorre do Ceará ao Rio Grande do Sul, com populações isoladas no Nordeste do país, e acompanha o domínio da Mata Atlântica, sendo endêmica desse bioma. Espécie florestal que vive no interior e na borda de mata úmida bem preservada, em mata secundária adjacente e em fragmento florestal grande, visitando áreas urbanas arborizadas. É encontrada em casais ou em grupos com mais de 30 indivíduos, sempre no estrato médio-alto do ambiente, principalmente na copa das árvores. Reúne-se com outras saíras, formando grupos ainda mais numerosos e coloridos. Alimenta-se de frutas e insetos, visitando pomares e comedouros próximos da mata. É muito vocal e canta ao longo do dia, principalmente em voo, fatores que contribuem para detectá-la em campo.

Saíra-sapucaia

Stilpnia peruviana

TAMANHO 14,2 cm
PESO 22 g
DIMORFISMO SEXUAL sim
ENDÊMICA sim
AMEAÇADA sim
MIGRATÓRIA parcialmente

Ocorre do sul da Bahia ao Rio Grande do Sul e acompanha o domínio da Mata Atlântica, sendo endêmica desse bioma. Espécie florestal que vive na restinga, mas pode aparecer em mata úmida de regiões serranas. Frequenta áreas urbanas arborizadas. É encontrada em casais ou em pequenos grupos no estrato médio-alto do ambiente. Alimenta-se preferencialmente de frutas, mas também consome pequenos artrópodes e larvas. Tem voz discreta e vocaliza pouco, ainda assim esses fatores contribuem para encontrá-la em campo. Pode ser facilmente confundida com a saíra-preciosa, mas o macho possui as costas pretas. Está na lista de animais ameaçados de extinção de alguns estados devido à destruição de seu *habitat*.

macho

Saíra-sete-cores

Tangara seledon

TAMANHO 13,5 cm
PESO 18 g
DIMORFISMO SEXUAL sim

ENDÊMICA sim
AMEAÇADA não
MIGRATÓRIA não

Ocorre da Bahia ao Rio Grande do Sul, chegando ao oeste do Paraná, e acompanha o domínio da Mata Atlântica, sendo endêmica desse bioma. Espécie florestal que vive no interior e na borda de mata úmida bem preservada, em mata secundária adjacente e em fragmento florestal grande, visitando áreas urbanas arborizadas. É encontrada em casais ou em grupos com mais de trinta indivíduos, sempre no estrato médio-alto do ambiente, principalmente na copa das árvores. Reúne-se com outras saíras, formando grupos ainda mais numerosos e coloridos. Alimenta-se de frutas e insetos, visitando pomares e comedouros próximos da mata, onde são comuns. É muito vocal e canta ao longo do dia, principalmente em voo, fatores que contribuem para detectá-la em campo.

macho

Saí-verde

Chlorophanes spiza

TAMANHO 13,5 cm
PESO 18,5 g
DIMORFISMO SEXUAL sim

ENDÊMICA não
AMEAÇADA não
MIGRATÓRIA não

Ocorre na Amazônia e na Mata Atlântica, onde algumas populações estão isoladas. Espécie florestal que vive na borda de mata úmida bem preservada e em mata secundária adjacente. Tem comportamento bem agitado e é encontrada em casais ou em grupos variados no estrato médio-alto da vegetação, sendo muito comum na copa das árvores, onde se mistura com outros grupos de aves e os segue. Alimenta-se principalmente de frutas, de néctar e de alguns artrópodes. Costuma visitar comedouros em áreas rurais e urbanas próximas das matas. É pouco vocal e tem canto discreto, e o fator visual é o que mais contribui para detectá-la. É uma espécie pouco conhecida em relação a sua história natural, sendo importante prestar mais atenção em seus hábitos.

Sanhaço-cinzento
Thraupis sayaca

TAMANHO 17,5 cm
PESO 42 g
DIMORFISMO SEXUAL não

ENDÊMICA não
AMEAÇADA não
MIGRATÓRIA não

Ocorre em todo o Brasil, exceto na Amazônia, onde é substituída pelo sanhaço-da-amazônia, mas vem aparecendo nos últimos anos devido ao desmatamento. Espécie florestal que vive na borda de mata seca e úmida, em ambiente aberto com árvores isoladas e em áreas rurais e urbanas. É uma das aves mais comuns em algumas cidades brasileiras, sendo totalmente adaptada ao meio antrópico. É encontrada em casais ou em grupos no estrato médio-alto do ambiente, principalmente na copa das árvores. Alimenta-se preferencialmente de frutas, mas também consome sementes, insetos e larvas. É muito comum em comedouros, onde pode se reunir em grupos numerosos. É muito vocal e canta ao longo do dia, fator que mais contribui para detectá-la em campo.

Sanhaço-do-coqueiro

Thraupis palmarum

TAMANHO **18 cm**
PESO **39 g**
DIMORFISMO SEXUAL **não**

ENDÊMICA **não**
AMEAÇADA **não**
MIGRATÓRIA **não**

Ocorre em todo o Brasil, exceto na parte oeste do extremo sul do país. Espécie florestal que vive na borda de mata seca e úmida, inclusive em ambiente aberto com árvores isoladas, e em áreas rurais e urbanas, onde é muito comum. É encontrada em casais ou em pequenos grupos no estrato médio-alto do ambiente, principalmente na copa das árvores. Costuma estar ao lado do sanhaço-cinzento. Alimenta-se de frutas e insetos, além de pétalas de flores. Aparece com muita frequência em comedouros, onde pode se reunir e formar grupos numerosos. É muito vocal e canta ao longo do dia, fator que contribui para detectá-la em campo. O "coqueiro" de seu nome popular está diretamente associado ao *palmarum* de seu nome científico, e não ao uso exclusivo dessas plantas.

Saíra-viúva
Pipraeidea melanonota

TAMANHO **15 cm**	ENDÊMICA **não**
PESO **21 g**	AMEAÇADA **não**
DIMORFISMO SEXUAL **sim**	MIGRATÓRIA **não**

Ocorre nas regiões Sudeste e Sul do Brasil, mas pode aparecer ocasionalmente no Nordeste e no Centro-Oeste do país. Espécie florestal que vive na borda de mata seca e úmida, inclusive em ambiente aberto com árvores isoladas, além de áreas rurais e urbanas. Pode ser encontrada solitária, em casais ou em pequenos grupos ocupando o estrato médio-alto da mata, sendo comum na copa das árvores, onde pode seguir bando misto de aves. Alimenta-se de bagas, polpa de frutos, frutos, sementes, brotos, flores e pequenos insetos e larvas. Gosta muito de revoada de cupins, quando descem ao solo para capturar grandes quantidades desses insetos. É pouco vocal, mas seu canto típico é o fator que mais contribui para detectá-la em campo.

Sanã-vermelha
Laterallus leucopyrrhus

TAMANHO **17,5 cm**	ENDÊMICA **não**
PESO **45 g**	AMEAÇADA **não**
DIMORFISMO SEXUAL **não**	MIGRATÓRIA **não**

Ocorre de Minas Gerais e Espírito Santo ao Rio Grande do Sul. Espécie que vive preferencialmente em ambientes aquáticos denominados taboais, mas também são encontradas em áreas com outros tipos de vegetação aquática, desde a planície litorânea até regiões altas do planalto. Gosta muito de taboais isolados, sem espelho de água aparente. Vive em casais ou em pequenos grupos familiares, mas sempre escondidas na vegetação densa. Difíceis de serem observadas, sua detecção é feita basicamente pela voz. A vocalização típica confunde-se muitas vezes com a da sanã-parda, e ambas as espécies são encontradas no mesmo local. Provavelmente captura pequenos insetos e invertebrados para sua alimentação, que é pouco conhecida.

Sanhaço-de-encontro-azul
Thraupis cyanoptera

TAMANHO **18 cm**	ENDÊMICA **sim**
PESO **43 g**	AMEAÇADA **não**
DIMORFISMO SEXUAL **não**	MIGRATÓRIA **não**

Ocorre do sul da Bahia ao Rio Grande do Sul e acompanha o domínio da Mata Atlântica, sendo endêmica desse bioma. Espécie florestal que vive no interior e na borda de mata úmida bem preservada, em mata secundária adjacente e em fragmento florestal grande. É encontrada em casais ou em pequenos grupos no estrato médio-alto do ambiente, principalmente na copa das árvores. Utiliza o mesmo ambiente do sanhaço-de-encontro-amarelo. Alimenta-se preferencialmente de frutas, mas também consome sementes, insetos e larvas. Costuma aparecer em comedouros próximos da mata, onde podem se reunir em grupos numerosos com outros sanhaços. É muito vocal e canta ao longo do dia, fatores que contribuem para detectá-la em campo.

Saracura-do-mangue
Aramides mangle

TAMANHO **32 cm**	ENDÊMICA **não**
PESO **183 g**	AMEAÇADA **sim**
DIMORFISMO SEXUAL **não**	MIGRATÓRIA **não**

Ocorre na faixa litorânea que vai do Pará ao Paraná, entrando no interior do continente nas regiões Nordeste e Sudeste. Espécie que no litoral ocupa preferencialmente os manguezais e no interior utiliza ambientes variados, como áreas alagadas e com vegetação rasteira, além de ambientes antropizados – lagos e parques urbanos, por exemplo. Vive em casais e fica a maior parte do tempo escondida na vegetação densa, saindo ocasionalmente em áreas abertas, o que facilita sua observação. Alimenta-se principalmente de pequenos caranguejos. Realiza um movimento migratório entre o litoral e o interior da região Nordeste, encontrando-se ameaçada de extinção em alguns estados devido à destruição acelerada dos manguezais.

Saracura-do-mato

Aramides saracura

TAMANHO 37 cm
PESO 540 g
DIMORFISMO SEXUAL não
ENDÊMICA sim
AMEAÇADA não
MIGRATÓRIA não

Ocorre de Minas Gerais e Espírito Santo ao Rio Grande do Sul e acompanha a Mata Atlântica, sendo endêmica desse bioma. Espécie que vive em florestas úmidas, mas também utiliza ambientes alagados abertos, como brejos, várzeas, taboais e áreas antropizadas – lagos, represas e parques urbanos, por exemplo. Vive em casais ou em pequenos grupos familiares, ficando a maior parte do tempo escondida na vegetação densa. Sai ocasionalmente em áreas abertas, o que facilita sua observação. Onívora, alimenta-se de uma variedade de recursos – sementes, frutas, insetos, larvas e pequenos vertebrados, como roedores. Costuma cantar sempre no início da manhã e no final da tarde, e a vocalização alta e forte facilita sua detecção.

Saracura-lisa
Amaurolimnas concolor

TAMANHO 23 cm
PESO 133 g
DIMORFISMO SEXUAL não
ENDÊMICA não
AMEAÇADA não
MIGRATÓRIA não

Ocorre em todo o Brasil, exceto no extremo sul e em algumas regiões da Amazônia. Espécie que vive em ambientes florestais úmidos, com solo encharcado e emaranhado de cipós, como matas paludosas e restingas alagadas. São encontradas em casais e ficam a maior parte do tempo escondidas na vegetação densa, saindo ocasionalmente em áreas abertas, principalmente nos crepúsculos, o que facilita sua observação. Dorme empoleirada no sub-bosque da mata, sendo comum encontrá-la durante a noite. Possui várias vocalizações, mas seu canto típico é formado por uma sequência longa e ascendente de notas. Alimenta-se de invertebrados, como larvas, minhocas e insetos, além de pequenos vertebrados – anfíbios e lagartos, por exemplo.

Saracura-três-potes
Aramides cajaneus

TAMANHO 40 cm
PESO 450 g
DIMORFISMO SEXUAL não
ENDÊMICA não
AMEAÇADA não
MIGRATÓRIA não

Ocorre em todo o Brasil, sendo uma das saracuras mais conhecidas do país. Espécie que vive nos mais variados tipos de ambientes úmidos, como brejos, várzeas, taboais, estuários, manguezais e áreas antropizadas – lagos, represas e parques urbanos, por exemplo. Vive em casais e em pequenos grupos familiares e fica a maior parte do tempo escondida na vegetação densa, saindo ocasionalmente em áreas abertas, o que facilita sua observação. Onívora, alimenta-se de tudo que encontra pela frente, desde material vegetal, como capim, sementes e frutas, até invertebrados, principalmente insetos, crustáceos, larvas e pequenos vertebrados, como cobras-d´água e pequenos peixes. Sua vocalização alta e forte produz onomatopeia cujo som se assemelha a seu nome popular – três-potes.

Saracura-sanã
Pardirallus nigricans

TAMANHO 31 cm
PESO 217 g
DIMORFISMO SEXUAL não
ENDÊMICA não
AMEAÇADA não
MIGRATÓRIA não

Ocorre da Paraíba ao Rio Grande do Sul, inclusive em parte da região Centro-Oeste. É uma das saracuras mais comuns dentro de sua área de ocorrência. Vive nos mais variados ambientes úmidos, como brejos, várzeas, taboais e áreas antropizadas, como lagos e represas. É encontrada em casais ou em pequenos grupos familiares. Fica a maior parte do tempo escondida na vegetação densa, saindo ocasionalmente em áreas abertas, o que facilita sua observação. Possui voz típica, alta e forte, formada por notas longas e sequenciais, mas emite vários tipos de vocalização, inclusive um chamado que lembra o gavião-carijó. Alimenta-se de insetos, larvas e pequenos vertebrados, como anfíbios, além de brotos e capins.

Suindara
Tyto furcata

TAMANHO 37 cm
PESO 507 g
DIMORFISMO SEXUAL não
ENDÊMICA não
AMEAÇADA não
MIGRATÓRIA não

Ocorre em todo o Brasil, sendo menos comum na Amazônia. Espécie que vive em diferentes tipos de ambientes, mas sempre com a presença de vegetação florestal. É muito comum em áreas urbanas, inclusive de grandes cidades do país, onde é conhecida como coruja-das-torres ou coruja-de-igreja, por utilizar esses lugares para fazer seu ninho. Também é conhecida no interior do Nordeste como rasga-mortalha, sendo considerada uma ave de mau agouro pelas pessoas. Alimenta-se preferencialmente de roedores, tanto silvestres como introduzidos, contribuindo para o controle biológico desses animais nas grandes cidades, mas também captura morcegos, pequenos marsupiais, anfíbios, répteis, aves e artrópodes.

Savacu

Nycticorax nycticorax

TAMANHO 60 cm
PESO 810 g
DIMORFISMO SEXUAL não
ENDÊMICA não
AMEAÇADA não
MIGRATÓRIA não

Ocorre em todo o Brasil. Espécie que vive em ambientes aquáticos, como rios, lagos, manguezais, estuários e praias, além de represas e lagos urbanos. Pode ser encontrada solitária, em pares ou em grupos variados, formados por dezenas de indivíduos, entre adultos e jovens (marrons). Alimenta-se principalmente de peixes que captura com seu bico longo e afiado, mas também consome crustáceos, insetos e pequenos vertebrados, como anfíbios, répteis e filhotes de aves. Tem comportamento crepuscular e passa o dia descansando sobre as árvores, por isso também é conhecida como socó-dorminhoco. Durante a noite, é possível escutar sua vocalização grave e curta emitida em voo, quando está se deslocando entre áreas de dormitório e de alimentação.

Savacu-de-coroa
Nyctanassa violacea

TAMANHO 60 cm
PESO 716 g
DIMORFISMO SEXUAL não
ENDÊMICA não
AMEAÇADA não
MIGRATÓRIA parcialmente

Ocorre em todo o litoral do Brasil. Espécie que vive em ambientes aquáticos costeiros, como manguezais, estuários, brejos e várzeas. Pode ser encontrada solitária, em pares ou em grupos variados, formados por dezenas de indivíduos, entre adultos e jovens (marrons). Alimenta-se principalmente de caranguejos que captura com seu bico robusto e afiado. Tem comportamento crepuscular e noturno, mas também fica bem ativa durante o dia, principalmente nos horários de maré baixa, quando procura os caranguejos nos bancos de lama. Durante a noite, é possível escutar sua vocalização grave e curta emitida em voo, quando está se deslocando entre áreas de dormitório e de alimentação.

Socozinho

Butorides striata

TAMANHO 36 cm	ENDÊMICA não
PESO 226 g	AMEAÇADA não
DIMORFISMO SEXUAL não	MIGRATÓRIA não

Ocorre em todo o Brasil. Espécie que vive em ambientes aquáticos variados, como rios, lagoas, manguezais, estuários, brejos e várzeas, além de áreas antropizadas e lagos urbanos. Geralmente é encontrada solitária ou em pequenos grupos. Alimenta-se principalmente de peixes que captura com seu bico longo e afiado, mas também consome insetos aquáticos, crustáceos, moluscos, anfíbios e répteis. Fica parada e imóvel por longos períodos em busca de seu alimento, muitas vezes pousada sobre galhos secos na beira da água, passando despercebida dos observadores. Costuma realizar voos curtos entre a vegetação aquática ou atravessar de um lado para outro emitindo um chamado curto, o que facilita sua detecção.

Suiriri

Tyrannus melancholicus

TAMANHO 21,5 cm	ENDÊMICA não
PESO 37 g	AMEAÇADA não
DIMORFISMO SEXUAL não	MIGRATÓRIA parcialmente

Ocorre em todo o Brasil. É migratória em algumas regiões, como São Paulo, onde se reproduz nos meses mais quentes do ano. Depois migra, provavelmente, para a região Norte do país, mas sua migração ainda não é muito bem conhecida. É uma espécie de borda de mata e de áreas abertas com árvores isoladas, inclusive fragmento florestal, áreas rurais e urbanas, onde é muito comum. É encontrada em casais ou em pequenos grupos familiares no estrato médio-alto do ambiente. Alimenta-se de insetos grandes, que geralmente captura em voo, voltando para o mesmo poleiro. No período reprodutivo, é muito vocal. O "suiriri" de seu nome popular deriva de seu canto típico. Costuma cantar e abrir as asas, o que facilita sua detecção.

Suiriri-cavaleiro

Machetornis rixosa

TAMANHO 18,5 cm
PESO 29 g
DIMORFISMO SEXUAL não

ENDÊMICA não
AMEAÇADA não
MIGRATÓRIA não

Ocorre em todo o Brasil, exceto na maior parte da Amazônia, onde está presente apenas marginalmente e em áreas desmatadas. Espécie que ocorre em ambientes abertos, como campo natural, cerrado, pastagem, áreas rurais e urbanas, onde é muito comum. É encontrada em casais ou em grupos familiares caminhando no solo em busca de pequenos artrópodes, mas também consome restos de alimento humano. É uma ave de fácil detecção, mas seu canto típico ajuda a encontrá-la na paisagem. O "cavaleiro" de seu nome popular deriva do comportamento de subir em médios e grandes mamíferos, como capivaras, equinos e bovinos, para se alimentar dos carrapatos e, assim, fazer uma limpeza nesses animais, que ficam gratos pelo serviço.

Surucuá-de-barriga-amarela
Trogon viridis

TAMANHO 30 cm
PESO 93 g
DIMORFISMO SEXUAL sim
ENDÊMICA não
AMEAÇADA não
MIGRATÓRIA não

Ocorre na Mata Atlântica e na Amazônia. Espécie que vive no interior e na borda de floresta alta úmida, inclusive na restinga alta. Pode ser encontrada solitária, em casais ou em pequenos grupos ao redor de árvores que estejam frutificando. Alimenta-se de pequenos frutos, lagartas (taturanas) e artrópodes. Costuma passar longos períodos pousada no mesmo galho, o que dificulta sua detecção visual, mas facilita a observação da ave quando encontrada. Muito vocal, canta durante o dia todo, fator que mais contribui para detectá-la em campo. Frequentemente é confundida com o surucuá-dourado, mas, além de maior, tem o padrão de coloração da cauda distinto, sendo preciso prestar atenção nos detalhes para sua identificação.

fêmea

Surucuá-dourado
Trogon chrysochloros

TAMANHO 26 cm	ENDÊMICA sim
PESO 53 g	AMEAÇADA não
DIMORFISMO SEXUAL sim	MIGRATÓRIA não

Ocorre do sul da Bahia ao Rio Grande do Sul. Chega até o Mato Grosso do Sul e acompanha o domínio da Mata Atlântica, sendo endêmica desse bioma. Espécie que vive no interior e na borda de florestas altas, primária e secundária. Pode ser encontrada solitária ou em casais. Alimenta-se principalmente de lagartas (taturanas) e artrópodes, mas também consome pequenos frutos. Costuma passar longos períodos pousada no mesmo galho, e isso dificulta sua detecção visual, mas facilita a observação quando a ave é encontrada. Muito vocal, canta durante o dia todo, fator que mais contribui para detectá-la. É muito confundida com o surucuá-de-barriga-amarela ou com a forma de barriga amarela do surucuá-variado, mas tem o padrão de coloração da cauda distinto.

Surucuá-variado
Trogon surrucura

TAMANHO 26 cm	ENDÊMICA não
PESO 73 g	AMEAÇADA não
DIMORFISMO SEXUAL sim	MIGRATÓRIA não

Ocorre da Bahia e sul do Tocantins ao Rio Grande do Sul. Espécie que vive no interior e na borda de floresta alta úmida e no cerrado. Utiliza ambientes adjacentes antropizados, incluindo áreas rurais. Pode ser encontrada solitária, em casais ou em pequenos grupos. Alimenta-se de pequenos frutos, lagartas (taturanas – algumas venenosas), vermes e artrópodes. Costuma passar longos períodos pousada no mesmo galho, o que dificulta sua detecção visual, mas facilita a observação quando a ave é encontrada. Muito vocal, canta durante o dia todo, fator que mais contribui para detectá-la em campo. Existe na espécie uma forma distinta cuja barriga é amarela, que ocorre do nordeste de São Paulo à Bahia, sendo possível encontrar ambas as raças e colorações juntas.

Tangará

Chiroxiphia caudata

TAMANHO 13 cm
PESO 25,5 g
DIMORFISMO SEXUAL sim
ENDÊMICA sim
AMEAÇADA não
MIGRATÓRIA não

Ocorre do sul da Bahia ao Rio Grande do Sul e acompanha o domínio da Mata Atlântica, sendo endêmica desse bioma. Espécie florestal que vive no interior e na borda de mata úmida bem preservada, secundária adjacente e em fragmento florestal. É encontrada em casais ou em pequenos grupos, no estrato médio-baixo da mata. Alimenta-se de pequenos frutos. No período reprodutivo, os machos se reúnem em grupos, em arenas coletivas, para fazer uma dança pré-nupcial. Ficam dançando sequencialmente um ao lado do outro emitindo vocalizações orais e mecânicas, feitas com as penas modificadas das asas, a fim de atrair a atenção de uma fêmea pousada perto, que ao final do espetáculo vai escolher o melhor dançarino para reprodução.

Tangarazinho
Ilicura militaris

TAMANHO 12,8 cm
PESO 12 g
DIMORFISMO SEXUAL sim

ENDÊMICA sim
AMEAÇADA não
MIGRATÓRIA não

Ocorre da Bahia a Santa Catarina, com uma população isolada em Goiás, e acompanha o domínio da Mata Atlântica, sendo endêmica desse bioma. Espécie florestal que vive no interior e na borda de mata úmida bem preservada e em floresta secundária adjacente, inclusive em áreas urbanas arborizadas. É encontrada solitária ou em casais, no estrato médio-alto e na copa da mata. Alimenta-se de pequenos frutos, como a planta erva-de-passarinho. Tem vocalização discreta e canta ao longo do dia, fator que mais contribui para detectá-la. Além do canto vocal, emite um som mecânico feito em voo com penas adaptadas da asa, produzido principalmente no período reprodutivo, quando os machos fazem exibições para as fêmeas.

Tapaculo-preto
Scytalopus speluncae

TAMANHO 10,5 cm	ENDÊMICA sim
PESO 15 g	AMEAÇADA não
DIMORFISMO SEXUAL sim	MIGRATÓRIA não

Ocorre de Minas Gerais e Rio de Janeiro ao Rio Grande do Sul e acompanha o domínio da Mata Atlântica, sendo endêmica desse bioma. Espécie terrícola que vive no interior de floresta serrana úmida, escura e bem preservada e em mata secundária adjacente. É encontrada solitária ou em casais caminhando pelo chão da mata sobre rochas, troncos caídos e galhos, mas foge a qualquer sinal de perigo, sendo muito difícil observá-la. Alimenta-se de pequenos artrópodes que captura no solo. Possui canto longo e muito característico, fator que mais contribui para detectá-la na mata fechada. Quando atraída por *playback*, pode se aproximar em silêncio caminhando pelo chão e chegando a poucos centímetros do observador.

Tauató-miúdo
Accipiter striatus

TAMANHO 30 cm	ENDÊMICA não
PESO 150 g	AMEAÇADA não
DIMORFISMO SEXUAL sim	MIGRATÓRIA não

Ocorre nos estados do centro-leste do Brasil, do Piauí, passando pelo Tocantins e Mato Grosso, ao Rio Grande do Sul. Espécie florestal de pequeno porte e comportamento discreto, mas que vocaliza com frequência e costuma sobrevoar áreas abertas próximas da mata, o que facilita sua detecção. Pode ser encontrada em floresta bem preservada e em fragmentos, inclusive em áreas urbanas, onde pode ser comum. Alimenta-se principalmente de pequenas aves, as quais captura no interior e borda da mata, mas também preda pequenos roedores e anfíbios. Possui plumagem parecida com a de outros gaviões pequenos, como o tauató-passarinho, sendo preciso prestar muita atenção nos detalhes da plumagem e na cor da íris no momento de sua identificação.

Taperuçu-de-coleira-branca
Streptoprocne zonaris

TAMANHO 21,2 cm	ENDÊMICA não
PESO 76 g	AMEAÇADA não
DIMORFISMO SEXUAL não	MIGRATÓRIA não

Ocorre em todo o Brasil, exceto em determinadas áreas da região Nordeste e da Amazônia. Espécie que utiliza os mais variados tipos de ambiente – florestas, campos, praias e cidades. Dorme em esconderijos como paredões de rocha e grutas próximas da água. Pela manhã, saem em direção às regiões de alimentação, retornando no final do dia para dormir. Pousam verticalmente nas rochas, devido à forma de suas patas e garras. Pode se reunir em grupos com centenas e até milhares de indivíduos, que formam círculos no céu a grandes alturas. Esses bandos costumam vocalizar bastante, sendo facilmente detectados. Alimenta-se de insetos que captura em voo, muitas vezes sobrevoando áreas com extrema habilidade e velocidade, a pouca altura do chão.

Tesoura-cinzenta
Muscipipra vetula

TAMANHO 22 cm	ENDÊMICA sim
PESO 27 g	AMEAÇADA não
DIMORFISMO SEXUAL não	MIGRATÓRIA não

Ocorre do sul da Bahia ao Rio Grande do Sul e acompanha o domínio da Mata Atlântica, sendo endêmica desse bioma. Espécie de borda de mata úmida bem preservada, de clareiras naturais e de matas isoladas em regiões de campos naturais acima dos 700 metros de altitude, mas ocasionalmente pode ser observada em regiões mais baixas. É encontrada solitária ou em casais, no estrato médio-alto do ambiente. Alimenta-se de insetos grandes, que geralmente captura por meio de voos acrobáticos, voltando para o mesmo poleiro. Tem vocalização curta e típica, que emite com frequência, e fica pousada em galhos secos altos, fatores que mais contribuem para detectá-la em campo.

Tapicuru
Phimosus infuscatus

TAMANHO 54 cm	ENDÊMICA não
PESO 559 g	AMEAÇADA não
DIMORFISMO SEXUAL não	MIGRATÓRIA não

Ocorre em todo o Brasil, exceto no interior da Amazônia e em algumas partes do Nordeste. Espécie que vive em ambientes úmidos diversos, como rios, lagoas, várzeas, banhados, estuários, manguezais e praias, incluindo áreas antropizadas rurais e urbanas. É encontrada em casais e em grupos variados, com dezenas e até centenas de indivíduos. Alimenta-se de invertebrados, como minhocas, insetos, crustáceos e moluscos, os quais captura com seu bico longo e curvado. Também pode consumir material vegetal. Nas cidades, onde vem se tornando cada dia mais comum, costuma acompanhar as equipes de roçagem para capturar os insetos que fogem das máquinas. Pode ser facilmente confundida com outras espécies da mesma família, por isso, é preciso atenção em sua identificação.

Teque-teque
Todirostrum poliocephalum

TAMANHO **8,8 cm**	ENDÊMICA **sim**
PESO **7,5 g**	AMEAÇADA **não**
DIMORFISMO SEXUAL **não**	MIGRATÓRIA **não**

Ocorre do sul da Bahia a Santa Catarina, chegando a Mato Grosso do Sul, e acompanha o domínio da Mata Atlântica, sendo endêmica desse bioma. Espécie florestal que vive na borda de mata úmida, inclusive em fragmento florestal e em áreas rurais e urbanas. Costuma ser encontrada em casais, sempre no estrato médio-alto da mata, onde captura os insetos que fazem parte de sua dieta. Tem comportamento inquieto, pulando de galho em galho o dia todo. É muito vocal e tem canto típico, que emite ao longo do dia, fator que mais contribui para detectá-la no ambiente. Embora não possua a íris amarela e a cabeça toda preta, é frequentemente confundida com o ferreirinho-relógio, pois ambas as espécies vivem no mesmo ambiente.

Tesourinha
Tyrannus savana

TAMANHO 40 cm	ENDÊMICA não
PESO 32 g	AMEAÇADA não
DIMORFISMO SEXUAL sim	MIGRATÓRIA parcialmente

Ocorre em todo o Brasil. É migratória em algumas regiões, como São Paulo, onde se reproduz nos meses mais quentes do ano. Depois migra para o norte, a fim de invernar na Venezuela. Vive em ambientes abertos, como campo e cerrado, sendo comum também em áreas rurais e urbanas. É encontrada em casais ou em grupos variados, desde familiares, com poucas aves, até grupos grandes, com centenas e até milhares de indivíduos quando estão migrando. Alimenta-se basicamente de insetos, principalmente no período reprodutivo, e de frutos pequenos durante a migração. O "tesourinha" de seu nome popular deriva do formato típico da cauda, que no macho é um pouco maior, principalmente em relação às penas externas.

Tiê-de-bando
Habia rubica

TAMANHO 19,5 cm	ENDÊMICA sim
PESO 40 g	AMEAÇADA não
DIMORFISMO SEXUAL sim	MIGRATÓRIA não

Ocorre de Pernambuco ao Rio Grande do Sul, e acompanha o domínio da Mata Atlântica, sendo endêmica desse bioma. Vive no sub-bosque de mata úmida bem preservada, em mata secundária adjacente e em fragmento florestal grande, desaparecendo de áreas degradadas. Tem comportamento bem inquieto e costuma ser encontrada em casais ou, mais frequentemente, em grupos com mais de 10 indivíduos. Alimenta-se principalmente de artrópodes, como besouros e formigas, mas também consome alguns frutos e, ocasionalmente, invertebrados, como gastrópodes. Segue formigas de correição para capturar os insetos, sendo uma espécie típica de bando misto de sub-bosque. Possui canto típico e costuma vocalizar em grupo.

Tiririzinho-do-mato
Hemitriccus orbitatus

TAMANHO 11,5 cm	ENDÊMICA sim
PESO 9,7 g	AMEAÇADA não
DIMORFISMO SEXUAL não	MIGRATÓRIA não

Ocorre do Espírito Santo ao Rio Grande do Sul, chegando ao oeste do Paraná, e acompanha o domínio da Mata Atlântica, sendo endêmica desse bioma. Espécie florestal que vive no interior e na borda de mata úmida bem preservada e em mata secundária adjacente, inclusive em fragmento florestal. Costuma ser encontrada solitária ou em casais no estrato médio-alto da mata, onde captura os insetos que fazem parte de sua dieta. Tem comportamento inquieto, saltando de galho em galho em busca de comida. É facilmente detectada pelo som mecânico produzido pelas asas. Tem canto típico e vocaliza com frequência, fator que mais contribui para detectá-la no interior da mata fechada e escura.

Tiziu
Volatinia jacarina

TAMANHO 11,4 cm	ENDÊMICA não
PESO 10 g	AMEAÇADA não
DIMORFISMO SEXUAL sim	MIGRATÓRIA não

Ocorre em todo o Brasil e é menos comum na Amazônia. Vive em ambiente aberto natural e antropizado, com vegetação campestre, sendo muito comum em áreas urbanas e em áreas rurais onde existem pastos com capins exóticos. Nas cidades, costuma ficar em parques e em áreas mais periféricas, onde ainda existe ambiente aberto. É observada solitária, em casais ou em grupos que podem ter dezenas de indivíduos, muitas vezes com outras espécies de aves. Alimenta-se de sementes de gramíneas e de pequenos insetos. No período reprodutivo, o macho é muito vocal e pousa em lugares de destaque, como mourões de cerca, de onde salta e emite o som que produz a onomatopeia "tiziu" de seu nome popular, sendo muito conhecido pelo canto e acrobacias.

Tico-tico

Zonotrichia capensis

TAMANHO **15 cm**	ENDÊMICA **não**
PESO **20 g**	AMEAÇADA **não**
DIMORFISMO SEXUAL **não**	MIGRATÓRIA **não**

Ocorre em todo o Brasil, exceto no interior da Amazônia. Vive em ambiente aberto natural e antropizado com vegetação arbustiva e é muito comum em áreas rurais e urbanas com vegetação natural, desaparecendo de áreas muito antropizadas. Espécie encontrada em casais ou em pequenos grupos familiares no estrato baixo da vegetação e principalmente no solo. Alimenta-se de sementes, brotos, frutos e insetos, além de restos de alimento humano, sendo muito comum em comedouros. Tem um canto típico cujo som é entendido em algumas regiões do país como "Jesus, meu Deus" e "bom dia, seu Chico", e outro canto noturno. Ficou imortalizada pela canção "Tico-tico no fubá", chorinho composto em 1917 por Zequinha de Abreu e consagrado por Carmen Miranda.

Tiê-de-topete
Trichothraupis melanops

TAMANHO 17,5 cm
PESO 23 g
DIMORFISMO SEXUAL sim
ENDÊMICA não
AMEAÇADA não
MIGRATÓRIA não

Ocorre da Bahia, Goiás e Mato Grosso do Sul ao Rio Grande do Sul e acompanha o domínio da Mata Atlântica, sendo endêmica desse bioma. Espécie florestal que vive no interior de mata úmida bem preservada e em mata secundária adjacente, sendo incomum em fragmento florestal pequeno e em áreas antropizadas. Pode ser encontrada em casais ou em pequenos grupos no sub-bosque da mata, onde participa de bando misto com outras aves seguidoras de formiga. Alimenta-se principalmente de artrópodes, mas também consome frutas, sementes e caracóis. Pode visitar comedouros se estiverem próximos da mata. Costuma cantar apenas no início da manhã e no final da tarde, mas passa o dia todo fazendo um chamado típico, fator que mais contribui para detectá-la em campo.

macho

Tiê-galo
Loriotus cristatus

TAMANHO 15,5 cm
PESO 19 g
DIMORFISMO SEXUAL sim

ENDÊMICA não
AMEAÇADA não
MIGRATÓRIA não

Ocorre na Amazônia e na Mata Atlântica, inclusive em algumas regiões do Cerrado no Tocantins e em Goiás. Espécie florestal que vive no interior e na borda de mata úmida bem preservada e em mata secundária adjacente, sendo incomum em fragmento florestal pequeno e em áreas antropizadas. Pode ser encontrada em casais ou em pequenos grupos na copa das árvores, onde participa de bando misto com outras aves. Alimenta-se principalmente de artrópodes, mas também consome frutos e sementes. Pode visitar comedouros se estiverem próximos da mata. Pouco vocal, tem um chamado típico que facilita sua detecção em campo. O "galo" de seu nome popular é devido a seu topete vermelho, que chama muito a atenção quando está levantado.

Tiê-preto
Tachyphonus coronatus

TAMANHO 17,7 cm
PESO 29 g
DIMORFISMO SEXUAL sim
ENDÊMICA sim
AMEAÇADA não
MIGRATÓRIA não

Ocorre de Minas Gerais e Espírito Santo ao Rio Grande do Sul e acompanha o domínio da Mata Atlântica, sendo endêmica desse bioma. Espécie florestal que vive no interior e na borda de mata úmida bem preservada, em mata secundária adjacente, em fragmento florestal e em áreas verdes urbanas. Pode ser encontrada em casais ou em pequenos grupos no sub-bosque da mata, onde participa de bando misto com outras aves. Alimenta-se de artrópodes e de grande quantidade de frutas e sementes. Costuma visitar comedouros se estiverem próximos da mata. Canta apenas no início da manhã e no final da tarde, mas passa o dia todo fazendo um chamado típico, fator que mais contribui para detectá-la em campo. Ocasionalmente, o macho pode exibir o píleo vermelho da cabeça.

fêmea

Tiê-sangue
Ramphocelus bresilia

TAMANHO **19 cm**	ENDÊMICA **sim**
PESO **31 g**	AMEAÇADA **não**
DIMORFISMO SEXUAL **sim**	MIGRATÓRIA **não**

Ocorre do Rio Grande do Norte a Santa Catarina e acompanha o domínio da Mata Atlântica, sendo endêmica desse bioma. Típica do litoral, também ocorre no planalto. Espécie florestal que vive na borda de mata úmida, na restinga e no manguezal, inclusive em áreas rurais e urbanas. Utiliza o estrato médio-alto da vegetação, principalmente a copa das árvores. Alimenta-se de frutas e insetos, sendo muito frequente em comedouros, onde pode se reunir em grupos com dezenas de indivíduos. Pode ser encontrada em casais ou em grupos familiares, muitas vezes formados por um macho e várias fêmeas. Canta apenas no início da manhã e no final da tarde, mas passa o dia todo fazendo um chamado típico, fator que mais contribui para detectá-la em campo.

macho

Tiriba-de-testa-vermelha
Pyrrhura frontalis

TAMANHO 27 cm
PESO 94 g
DIMORFISMO SEXUAL não
ENDÊMICA sim
AMEAÇADA não
MIGRATÓRIA não

Ocorre da Bahia ao Rio Grande do Sul e acompanha o domínio da Mata Atlântica, sendo endêmica desse bioma. Espécie florestal que vive nas matas primária e secundária e em áreas rurais e urbanas, onde vem se tornando comum. Pode ser encontrada em casais ou em grupos variados, com mais de trinta indivíduos. Alimenta-se de frutos e de sementes, tanto de plantas silvestres quanto exóticas, visitando plantações, pomares e residências em busca de comida. Possui comportamento ativo, deslocando-se bastante durante todo o dia. Gosta de voar por dentro da mata sempre vocalizando, o que favorece sua detecção. Nas áreas urbanas, vem construindo seus ninhos em forros de telhados, competindo diretamente com o periquito-rico.

Tororó

Poecilotriccus plumbeiceps

TAMANHO 9 cm
PESO 5,7 g
DIMORFISMO SEXUAL não

ENDÊMICA não
AMEAÇADA não
MIGRATÓRIA não

Ocorre da Bahia ao Rio Grande do Sul, com uma população isolada no Nordeste do país. Espécie de ambiente fechado e denso, típico de borda de floresta preservada ou secundária adjacente, ou mesmo de áreas naturais com a presença da samambaia-das-taperas, onde é comum. Também ocupa ambientes disponíveis no sub-bosque de plantações de eucalipto e beira de estradas. Vive no estrato inferior da vegetação, sempre em casais, e é muito inquieta, o que dificulta sua observação. Alimenta-se de insetos e de larvas que captura entre as folhagens. Tem vocalização muito discreta e diferente, que não lembra muito a de uma ave típica, por isso acaba passando despercebida, mas esse fator é o que mais contribui para detectá-la em campo.

Tovaca-campainha
Chamaeza campanisona

TAMANHO 20 cm	ENDÊMICA não
PESO 99 g	AMEAÇADA não
DIMORFISMO SEXUAL não	MIGRATÓRIA não

Ocorre isoladamente na Amazônia e no Nordeste e, de forma contínua, do Rio de Janeiro ao Rio Grande do Sul, onde é comum. Espécie terrícola que vive no interior de floresta úmida, escura e bem preservada e ocasionalmente em mata secundária adjacente. É encontrada solitária ou em casais caminhando pelo chão da mata, sendo muito difícil observá-la. Costuma movimentar a cauda para cima e para baixo enquanto caminha. Alimenta-se de pequenos artrópodes, de insetos e de minhocas que captura no solo. Possui canto longo e sequencial muito característico, emitido preferencialmente no início da manhã e no final do dia, fator que mais contribui para detectá-la na mata fechada.

Tovacuçu
Grallaria varia

TAMANHO 19,5 cm	ENDÊMICA não
PESO 119 g	AMEAÇADA não
DIMORFISMO SEXUAL não	MIGRATÓRIA não

Ocorre na Amazônia e na Mata Atlântica, onde é mais comum. Espécie florestal que vive no interior de mata úmida e escura bem preservada, sendo encontrada em alguns fragmentos florestais grandes. É terrícola e de difícil visualização, costuma ser encontrada solitária ou em casais, mas foge a qualquer sinal de perigo, sendo muito difícil observá-la no interior da mata. Alimenta-se de artrópodes, como aranhas, escorpiões, centopeias e lacraias, além de minhocas e insetos que captura seguindo as formigas de correição. Possui canto grave e muito alto, detectável a longas distâncias, fator que mais contribui para identificá-la na mata fechada. Assim como o macuco, também possui ovos de cor azul-esverdeada.

Trepador-quiete
Syndactyla rufosuperciliata

TAMANHO 17,5 cm	ENDÊMICA não
PESO 25 g	AMEAÇADA não
DIMORFISMO SEXUAL não	MIGRATÓRIA não

Ocorre de Minas Gerais e Espírito Santo ao Rio Grande do Sul, chegando até o Mato Grosso do Sul. Espécie florestal que vive no interior e na borda de mata úmida bem preservada e secundária adjacente, como também em fragmento florestal. É encontrada em casais, no estrato médio-baixo da mata e entre a vegetação densa, com cipós, samambaias e bambus. Alimenta-se de insetos, larvas e artrópodes que captura investigando troncos, folhagens e bromélias. Pode acompanhar bando misto de aves de sub-bosque, que se reúnem para facilitar a busca e captura de alimento. Tem vocalização muito forte e típica, mas costuma cantar no início da manhã e no final do dia, fator que mais contribui para detectá-la na mata fechada e escura.

Trepadorzinho
Heliobletus contaminatus

TAMANHO 13 cm	ENDÊMICA sim
PESO 14 g	AMEAÇADA não
DIMORFISMO SEXUAL não	MIGRATÓRIA não

Ocorre de Minas Gerais e Rio de Janeiro ao Rio Grande do Sul, com uma população isolada no sul da Bahia. Acompanha o domínio da Mata Atlântica, sendo endêmica desse bioma. Espécie florestal que vive no interior e na borda de mata úmida. É encontrada em casais. Muito ativa, costuma explorar galhos, troncos e folhas secas, de onde retira musgos e liquens em busca dos insetos, larvas e artrópodes que fazem parte de sua dieta. Pode ser confundida com o bico-virado-carijó, devido às estriações de sua plumagem. Também participa de bando misto de aves de copa, que se reúnem para facilitar a busca e captura de alimento. Tem vocalização discreta, mas canta ao longo de todo o dia, fator que mais contribui para detectá-la em campo.

Trepador-sobrancelha
Cichlocolaptes leucophrus

TAMANHO **20 cm**
PESO **38 g**
DIMORFISMO SEXUAL **não**

ENDÊMICA **sim**
AMEAÇADA **não**
MIGRATÓRIA **não**

Ocorre do sul da Bahia ao Rio Grande do Sul e acompanha o domínio da Mata Atlântica, sendo endêmica desse bioma. Espécie florestal que vive no interior de mata alta e úmida. É encontrada solitária ou em casais, sempre revirando plantas epífitas, musgos e folhas secas penduradas em busca dos insetos, larvas e artrópodes que fazem parte de sua dieta. Sua plumagem e comportamento fazem com que essa espécie seja confundida com os arapaçus, cuja família não é a mesma que a dela. Também participa de bando misto de aves de copa, que se reúnem para facilitar a busca e captura de alimento. Não é muito vocal, mas tem canto bastante particular, além dos chamados, fator que mais contribui para detectá-la na mata fechada e escura.

Trinca-ferro
Saltator similis

TAMANHO 20 cm
PESO 46 g
DIMORFISMO SEXUAL não

ENDÊMICA não
AMEAÇADA não
MIGRATÓRIA não

Ocorre em todo o Brasil, exceto na Amazônia. Espécie florestal que vive na borda de diferentes tipos de matas secas e úmidas, inclusive em fragmentos florestais. Pode ser encontrada solitária ou em casais no estrato médio-alto da vegetação, sendo muito comum na copa das árvores. Alimenta-se de frutas, sementes, folhas, flores e artrópodes. Costuma visitar comedouros em busca de comida. Tem vocalização forte e típica, que pode variar regionalmente, sendo esse o fator que mais contribui para detectá-la na mata. Também conhecida como pixarro, é muito perseguida e capturada por traficantes de animais silvestres para servir como ave de gaiola, em razão de seu canto ser muito apreciado por quem gosta de manter ave silvestre em cativeiro.

Trinta-réis-real

Thalasseus maximus

TAMANHO 49 cm
PESO 470 g
DIMORFISMO SEXUAL não

ENDÊMICA não
AMEAÇADA sim
MIGRATÓRIA parcialmente

Ocorre em todo o litoral do Brasil. Espécie que vive em ambientes litorâneos, como mangue, estuário, praia e ilhas costeiras, onde se reproduz. Pode ser encontrada em pares, mas geralmente está em grupos de dezenas ou até centenas de indivíduos. Alimenta-se principalmente de peixes, mas também consome insetos e, eventualmente, preda ovos e filhotes de outras aves marinhas. É residente em algumas regiões e parcialmente migratória em outras. Em um grupo de trinta-réis-real, sempre se pode encontrar uma espécie menos comum, sendo importante prestar muita atenção ao bando. Está ameaçada de extinção devido à destruição do *habitat* das colônias reprodutivas e à degradação e contaminação das áreas de descanso e de alimentação.

Tucano-de-bico-preto
Ramphastos vitellinus

TAMANHO **46 cm**
PESO **363 g**
DIMORFISMO SEXUAL **não**
ENDÊMICA **não**
AMEAÇADA **sim**
MIGRATÓRIA **não**

Ocorre na Amazônia e na Mata Atlântica, inclusive em áreas de mata alta e úmida do entorno direto desses biomas, como o Cerrado. Espécie que vive no interior e na borda da mata e pode aparecer em capoeiras altas e em algumas áreas antropizadas próximas das matas. Pode ser observada em casais ou em grupos numerosos. Alimenta-se de frutos e é muito comum em pomares, mas também consome insetos e artrópodes. No período reprodutivo, preda pequenos vertebrados, como morcegos, anfíbios e filhotes de aves, para alimentar seus filhotes com proteína animal. Seu bico longo e afiado é muito eficiente na hora de roubar os filhotes no interior dos ninhos, sendo muito atacada pelas aves. Tem vocalização bastante característica, o que facilita sua detecção.

Tucano-de-bico-verde

Ramphastos dicolorus

TAMANHO 48 cm
PESO 331 g
DIMORFISMO SEXUAL não

ENDÊMICA sim
AMEAÇADA não
MIGRATÓRIA não

Ocorre do centro da Bahia e Goiás ao Rio Grande do Sul e acompanha o domínio da Mata Atlântica, sendo endêmica desse bioma. Espécie que vive em floresta, capoeira, áreas antropizadas e urbanas, onde vem se tornando cada dia mais comum. Pode ser observada em casais ou em grupos familiares, muitas vezes com o tucano-de-bico-preto. Alimenta-se de frutos e é muito comum em pomares, mas também consome insetos e artrópodes. No período reprodutivo, preda filhotes de aves para alimentar seus filhotes com proteína animal. Seu bico longo e afiado é muito eficiente na hora de roubar os filhotes no interior dos ninhos, sendo muito atacada pelas aves. Tem vocalização bastante característica, o que facilita sua detecção.

Tucanuçu

Ramphastos toco

TAMANHO 56 cm
PESO 618 g
DIMORFISMO SEXUAL não
ENDÊMICA não
AMEAÇADA não
MIGRATÓRIA não

Ocorre em todo o Brasil, exceto no interior da Amazônia e em algumas partes do Nordeste. Vive na borda de floresta e em ambiente aberto, inclusive em áreas antropizadas, rurais e urbanas. Pode ser encontrada em casais ou em grupos com mais de 30 aves. Alimenta-se basicamente de frutos e é muito comum em pomares, mas também consome insetos e artrópodes. No período reprodutivo, preda pequenos vertebrados, principalmente filhotes de aves, para alimentar seus filhotes com proteína animal. Seu bico longo e afiado é muito eficiente na hora de roubar os filhotes no interior dos ninhos, sendo muito perseguida e atacada pelas aves, principalmente por beija-flores. Tem vocalização grave muito característica, o que facilita sua detecção.

Tuim

Forpus xanthopterygius

TAMANHO 12 cm
PESO 31 g
DIMORFISMO SEXUAL sim

ENDÊMICA não
AMEAÇADA não
MIGRATÓRIA não

Ocorre em todo o Brasil, principalmente fora da Amazônia. Espécie que vive na borda de mata úmida e de mata seca, no cerrado, na capoeira, na mata de galeria, além de áreas rurais e urbanas, onde é muito comum. Pode ser encontrada em casais ou em grupos com até 20 indivíduos. Alimenta-se de frutos e principalmente de sementes, tanto de plantas silvestres quanto exóticas, visitando plantações, pomares e quintais de residências em busca de comida. Possui comportamento bastante ativo, deslocando-se durante todo o dia, inclusive nos horários mais quentes. Vocaliza bastante em voo, situação em que é mais fácil detectá-la. Constrói seus ninhos ocupando casas abandonadas do joão-de-barro, sobre as quais é comum vê-la pousada.

Tuque
Elaenia mesoleuca

TAMANHO 15 cm	ENDÊMICA não
PESO 17 g	AMEAÇADA não
DIMORFISMO SEXUAL não	MIGRATÓRIA não

Ocorre da Paraíba ao Rio Grande do Sul, chegando até Mato Grosso. Espécie de borda de mata e de ambiente florestal aberto, com árvores isoladas, inclusive de áreas rurais e urbanas. É encontrada solitária, em casais ou em grupos familiares, sempre no estrato médio-alto do ambiente, mas pode descer em busca de comida. Alimenta-se de pequenos frutos e insetos. É bastante vocal, cantando ao longo do dia, inclusive nos horários mais quentes, fator que contribui muito para detectá-la e identificá-la em campo. Pode ser facilmente confundida com o tuque-pium, embora seja mais esverdeada, ou com outras espécies do gênero *Elaenia*, pois essas aves podem ocorrer juntas, por isso é preciso observar os detalhes para uma boa identificação.

Tuju
Lurocalis semitorquatus

TAMANHO 27 cm	ENDÊMICA não
PESO 75 g	AMEAÇADA não
DIMORFISMO SEXUAL não	MIGRATÓRIA parcialmente

Ocorre em todo o Brasil. Espécie florestal noturna encontrada na borda da mata, inclusive em fragmentos florestais urbanos. Passa o dia pousada no alto das árvores descansando. No crepúsculo, seja ao amanhecer ou ao anoitecer, voa em busca dos insetos voadores que compõem sua alimentação. Tal dieta ajuda no controle biológico dos insetos, principalmente em áreas urbanas. Vive em casais e possui vocalização típica, que emite em voo. Parcialmente migratória, aparece na região Sudeste do Brasil nos meses mais quentes do ano para se reproduzir e, depois, retorna à região Norte do país. Assim como em relação a outras espécies de aves noturnas, existe pouca informação sobre sua história natural.

Tuque-pium
Elaenia parvirostris

TAMANHO 14,5 cm	ENDÊMICA não
PESO 13 g	AMEAÇADA não
DIMORFISMO SEXUAL não	MIGRATÓRIA parcialmente

Ocorre em todo o Brasil, exceto no Nordeste do país. É migratória em algumas regiões, como São Paulo, onde se reproduz nos meses mais quentes do ano, e depois migra para a Amazônia. Espécie de borda de mata e de ambiente florestal aberto, inclusive de áreas rurais e urbanas, onde é comum. É encontrada em casais ou em grupos familiares, sempre no estrato médio-alto da vegetação, mas pode descer em busca de comida. Alimenta-se de pequenos frutos e de insetos. No período reprodutivo, é muito vocal, cantando ao longo do dia. Canta de madrugada, somente antes de clarear. O "pium" de seu nome popular deriva de um de seus chamados, e o fator auditivo é o que mais contribui para detectá-la no ambiente.

Uru
Odontophorus capueira

TAMANHO 10,8 cm	ENDÊMICA sim
PESO 450 g	AMEAÇADA não
DIMORFISMO SEXUAL não	MIGRATÓRIA não

Ocorre ao longo de toda a Mata Atlântica, principalmente nas regiões Sudeste e Sul do Brasil, onde ainda existem grandes remanescentes florestais, sendo endêmica desse bioma. Espécie típica de floresta alta bem preservada. Tem comportamento de andar pelo chão, voando apenas a fim de escapar de predadores e na hora de empoleirar nas árvores para dormir. Vive em casais e em grupos familiares com mais de 15 indivíduos. Possui canto longo, sendo possível escutar vários grupos de urus cantando simultaneamente na mata, sempre no início da manhã e no final do dia. Alimenta-se de frutos que encontra no solo, além de sementes e de pequenos insetos. Mesmo de porte pequeno, é muito procurada pelos caçadores de animais silvestres.

Urubu-de-cabeça-vermelha
Cathartes aura

TAMANHO 73 cm
PESO 2.000 g
DIMORFISMO SEXUAL não

ENDÊMICA não
AMEAÇADA não
MIGRATÓRIA não

Ocorre em todo o Brasil, mas é menos comum que o urubu-preto. Vive em ambientes abertos, matas, bordas de mata, áreas rurais e urbanas. Alimenta-se de carcaças de animais mortos e, ocasionalmente, pode predar pequenos vertebrados. Possui um olfato muito apurado, que utiliza para detectar seu alimento a longas distâncias. É encontrada solitária ou em grupos e fica com frequência pousada em árvores secas, onde se mantém de asas abertas para se aquecer. Reúne-se para dormir em dormitórios coletivos, no alto das árvores, se deslocando diariamente entre essas áreas e os locais de alimentação. Essas aves prestam importante serviço ao meio ambiente e à sociedade, consumindo o material em decomposição, e precisam ser respeitadas.

Urubu-preto
Coragyps atratus

TAMANHO 62 cm
PESO 1.600 g
DIMORFISMO SEXUAL não
ENDÊMICA não
AMEAÇADA não
MIGRATÓRIA não

Ocorre em todo o Brasil. Espécie que vive em ambientes abertos naturais, bordas de mata, áreas rurais e urbanas. Alimenta-se de carcaças de animais mortos e de outros materiais em decomposição, além de animais feridos e filhotes indefesos. É encontrada solitária ou em grupos que, dependendo do local, como lixões, podem passar de centenas ou milhares de indivíduos. Essas aves prestam importante serviço ao meio ambiente e à sociedade, consumindo o material em decomposição. No entanto, quando estão próximas de aeroportos, podem causar acidentes aéreos sérios colidindo com as aeronaves. Reúnem-se para dormir em dormitórios coletivos, no alto das árvores, deslocando-se diariamente entre essas áreas e os locais de alimentação.

Urutau
Nyctibius griseus

TAMANHO **37 cm**
PESO **160 g**
DIMORFISMO SEXUAL **não**
ENDÊMICA **não**
AMEAÇADA **não**
MIGRATÓRIA **parcialmente**

Ocorre em todo o Brasil. Espécie florestal noturna encontrada tanto na borda da mata como em paisagens abertas com árvores isoladas, inclusive em fragmentos florestais urbanos. Passa o dia pousada no alto das árvores, preferindo a ponta de troncos secos, onde fica camuflada. Mesmo com os olhos fechados, consegue observar, através de pequenas aberturas nas pálpebras, o que ocorre a seu redor durante o dia. Vive solitária ou em casais, possuindo vocalização melancólica. Alimenta-se basicamente de insetos voadores, como mariposas e cupins, que captura em voo. Parcialmente migratória, aparece na região Sudeste do Brasil nos meses mais quentes do ano a fim de se reproduzir, retornando depois para a Amazônia.

Vissiá

Rhytipterna simplex

TAMANHO 19,5 cm
PESO 31 g
DIMORFISMO SEXUAL não

ENDÊMICA não
AMEAÇADA não
MIGRATÓRIA não

Ocorre na Amazônia e na Mata Atlântica até o sul de São Paulo. Espécie florestal que vive no interior de mata úmida bem preservada e na mata secundária adjacente, principalmente na planície litorânea. Pode cruzar áreas abertas entre blocos florestais, o que facilita sua observação. Costuma ser encontrada solitária, em casais ou em grupos familiares no sub-bosque da mata. Tem plumagem escura e uniforme e comportamento discreto, passando longos períodos pousada no mesmo lugar. Alimenta-se de insetos que costuma capturar com voos acrobáticos, retornando para o mesmo poleiro. Vocaliza pouco, tendo um canto muito característico e fundamental para sua detecção na mata fechada e escura.

Verdinho-coroado
Hylophilus poicilotis

TAMANHO 12,4 cm ENDÊMICA sim
PESO 11 g AMEAÇADA não
DIMORFISMO SEXUAL não MIGRATÓRIA não

Ocorre do Espírito Santo ao Rio Grande do Sul e acompanha o domínio da Mata Atlântica, sendo endêmica desse bioma. Espécie florestal que vive no interior e na borda de mata bem preservada, em mata secundária adjacente e em fragmento florestal. É encontrada solitária ou em casais no estrato médio-alto da mata, sendo difícil observá-la. Costuma seguir bando misto de aves em busca de comida. Alimenta-se de insetos e de larvas, mas também consome pequenos frutos. É muito vocal e canta ao longo do dia, mesmo nos horários mais quentes, fator que mais contribui para detectá-la em campo. Pode ser confundida com a fêmea da choquinha-lisa, embora tenha o bico mais cônico.

Viuvinha
Colonia colonus

TAMANHO 13,3 cm ENDÊMICA não
PESO 18 g AMEAÇADA não
DIMORFISMO SEXUAL não MIGRATÓRIA não

Ocorre em todo o Brasil, exceto no interior da Amazônia. Espécie florestal que vive na borda de mata bem preservada e na mata secundária adjacente, inclusive na mata ciliar e em fragmento florestal. É encontrada em casais ou em pequenos grupos familiares, sempre no topo das árvores, pousada em galhos secos bem destacados. As penas centrais da cauda são mais longas, o que facilita sua identificação na contraluz. Fica mais ativa no início da manhã e no final do dia, nos demais horários pode ficar pousada abaixo da copa das árvores, entre as folhagens. Alimenta-se de insetos que captura em voos acrobáticos, voltando para o mesmo poleiro. Tem canto típico e muito discreto, fator que sempre contribui para detectá-la no ambiente florestal.

Vira-folhas
Sclerurus scansor

TAMANHO 19,5 cm ENDÊMICA sim
PESO 36 g AMEAÇADA não
DIMORFISMO SEXUAL não MIGRATÓRIA não

Ocorre do sul da Bahia ao Rio Grande do Sul, chegando até Goiás, e acompanha o domínio da Mata Atlântica, sendo endêmica desse bioma. Espécie terrícola que vive no interior de floresta úmida, escura e bem preservada e em mata secundária adjacente. É encontrada solitária ou em casais caminhando pelo chão da mata, onde fica revirando a serrapilheira e troncos podres em busca de insetos, artrópodes e larvas, que fazem parte de sua alimentação. Possui canto longo e muito característico, mas canta poucas vezes ao longo do dia, geralmente no início da manhã e no final da tarde, sendo mais comum escutar seus chamados curtos e metálicos, o que facilita sua detecção na mata escura, onde passa despercebida visualmente.

Zidedê
Terenura maculata

TAMANHO 9,5 cm ENDÊMICA sim
PESO 6,5 g AMEAÇADA não
DIMORFISMO SEXUAL sim MIGRATÓRIA não

Ocorre do sul da Bahia a Santa Catarina e acompanha o domínio da Mata Atlântica, sendo endêmica desse bioma. Espécie florestal que vive em áreas florestais amplas e bem preservadas, desaparecendo de ambientes antropizados. Pode ser encontrada em casais ou em grupos familiares, sempre na copa das árvores, descendo ocasionalmente para o sub-bosque. Costuma ficar em bando misto com outras aves de copa. Alimenta-se de pequenos insetos e aranhas que captura debaixo de folhas e galhos. Seu comportamento agitado e inquieto, associado ao fato de viver no dossel da mata, faz com que ela seja de difícil detecção visual, mas, devido a sua vocalização característica, torna-se mais fácil de encontrá-la pelo canto.

Observações

Ordem taxonômica e nomenclatura seguem Pacheco *et al.* (2021).

Espécies endêmicas da Mata Atlântica seguem Vale *et al.* (2018) e atualizações recentes baseadas em Pacheco *et al.* (2021).

Espécies ameaçadas de extinção seguem São Paulo (2018) e MMA (2022) e IUCN (2024).

Espécies migratórias seguem Somenzari *et al.* (2018).

Dados de tamanho seguem Sick (1997) e Pallinger & Menq (2021).

Dados de massa seguem Dunning Jr. (2008), Sick (1997) e Pallinger & Menq (2021).

Dados gerais seguem Sick (1997), Willis & Oniki (2003), Birds of the World (2024), eBird (2024), Wikiaves (2024) e dados não publicados do pesquisador Fabio Schunck.

Referências

BIRDS OF THE WORLD. The Cornell Lab of Ornithology. Disponível em: <https://birdsoftheworld.org/bow/home>. Acesso em: abr. 2024.

BRASIL. Ministério do Meio Ambiente. Portaria MMA nº 148, de 7 de junho de 2022. Altera os Anexos da Portaria nº 443, de 17 de dezembro de 2014, da Portaria nº 444, de 17 de dezembro de 2014, e da Portaria nº 445, de 17 de dezembro de 2014, referentes à atualização da Lista Nacional de Espécies Ameaçadas de Extinção. *Diário Oficial da União*: seção 1, Brasília, DF, ed. 108, p. 74, 8 jun. 2022. Disponível em: <https://www.icmbio.gov.br/cepsul/images/stories/legislacao/Portaria/2020/P_mma_148_2022_altera_anexos_P_mma_443_444_445_2014_atualiza_especies_ameacadas_extincao.pdf>. Acesso em: 20 mar. 2024.

EBIRD. The Cornell Lab of Ornithology. Disponível em: <http://www.ebird.org>. Acesso em: 20 mar. 2024.

DUNNING JR., J. B. *CRC Handbook of Avian Body Masses.* 2. ed. Londres: Taylor & Francis Group, 2008.

IUCN 2024. *The IUCN Red List of Threatened Species.* Versão 2024-2. Disponível em: <https://www.iucnredlist.org>. Acesso em: 20 nov. 2024.

PACHECO, J. F. *et al.* "Annotated Checklist of the Birds of Brazil by the Brazilian Ornithological Records Committee – Second Edition". *Ornithology Research.* 2021, 29, p. 94-105.

PALLINGER, F.; MENQ, W. *Aves de rapina do Brasil*: diurnos. São Paulo: Pallinger Arte & Vida Selvagem, 2021. v. 1.

SÃO PAULO (estado). Decreto Estadual nº 63.853, de 27 de novembro de 2018. Declara as espécies da fauna silvestre do Estado de São Paulo regionalmente extintas, as ameaçadas de extinção, as quase ameaçadas e as com dados insuficientes para avaliação de seu grau de conservação, bem como as diretrizes a que estão sujeitas. *Diário Oficial do Estado de São Paulo*: seção 1, São Paulo, v. 128, n. 221. 11 p., 2018.

SICK, H. *Ornitologia brasileira.* Rio de Janeiro: Nova Fronteira, 1997.

SOMENZARI, M. *et al.* "An Overview of Migratory Birds in Brazil". Papéis Avulsos de Zoologia. 2018, 58:1-66.

VALE, M. M. *et al.* "Endemic Birds of the Atlantic Forest: Traits, Conservation Status, and Patterns of Biodiversity". Journal Field Ornithology. 2018, 89:193-206.

WIKIAVES. Observação de aves e ciência cidadã para todos. Disponível em: <https://www.wikiaves.com.br/>. Acesso em: 20 mar. 2024.

WILLIS, E. O.; ONIKI, Y. Aves do estado de São Paulo. Rio Claro: Divisa Gráfica e Editora, 2003.

observação de aves

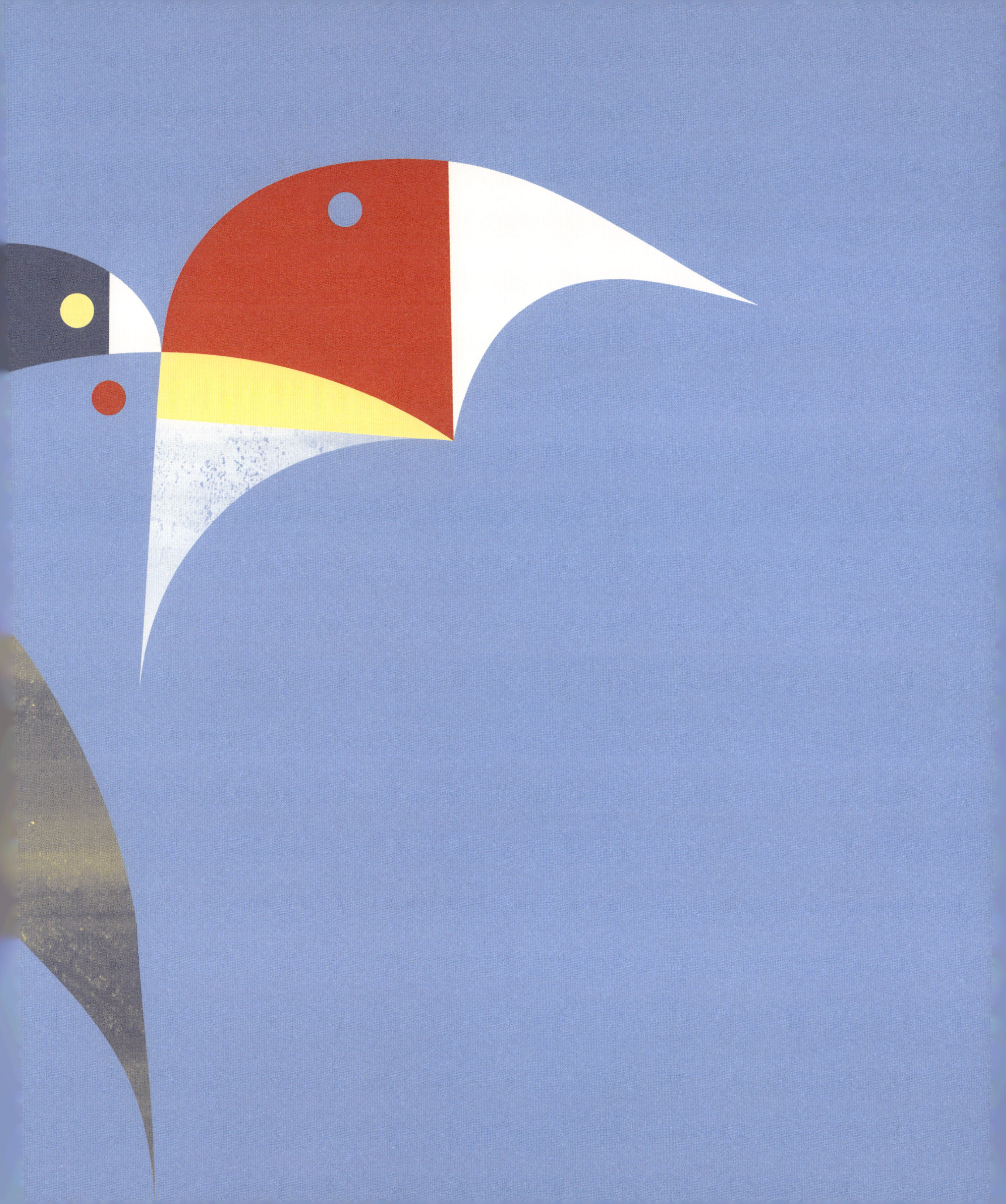

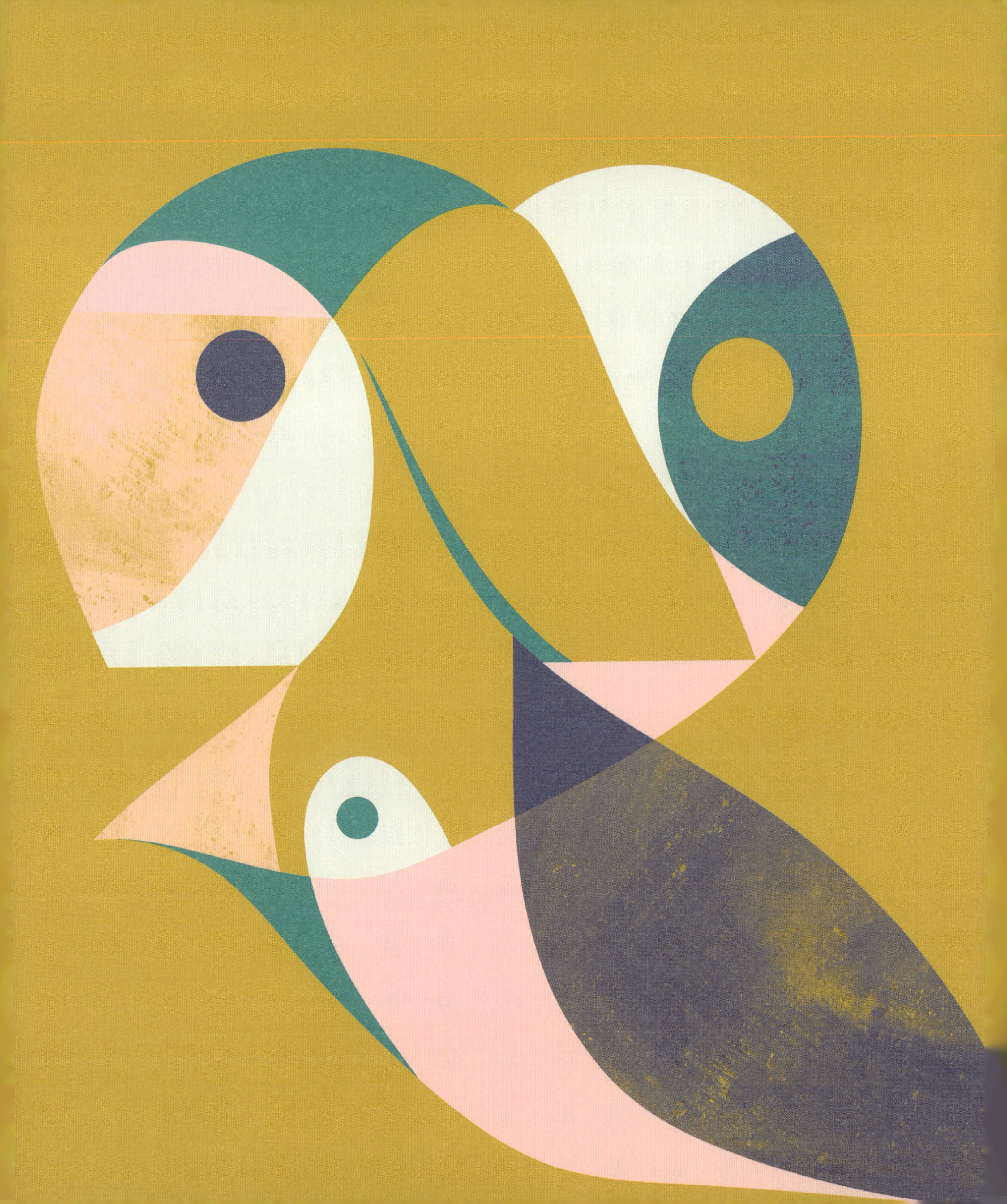

o começo

Marcelo Bokermann

Podemos dizer que a observação de aves começou assim que os humanos paleolíticos passaram a reparar naqueles seres emplumados e em como seus hábitos se alteravam de acordo com mudanças climáticas, aproximação ou distanciamento de predadores e inimigos, entre outros fatores.

Observar as dinâmicas da natureza e as relações estabelecidas entre os seres vivos e os elementos naturais faz parte da trajetória humana. Aprendemos e evoluímos como espécie observando o comportamento das demais formas de vida que compartilham a Terra conosco. Chuvas, secas, estações do ano e até alterações sutis na paisagem resultam em mudanças no comportamento dos animais.

A observação de aves como entretenimento, que resultaria na ciência que chamamos ornitologia, começou na Inglaterra ainda no século XVIII, sendo praticada inicialmente por pessoas das classes sociais mais privilegiadas. No entanto, com o passar dos séculos, foi se popularizando e ganhando cada vez mais adeptos, entre adultos, jovens e crianças. Hoje é uma atividade de lazer praticada por milhões de pessoas ao redor do mundo, com a fotografia de aves, que também vem ganhando muitos praticantes graças à popularização das tecnologias digitais. No Brasil, a observação de aves vem sendo realizada e incentivada desde a década de 1970, e a fotografia das espécies começou a ganhar novos adeptos entre as décadas de 1990 e 2000. Porém, ambas se tornaram mais populares nos últimos 10 a 15 anos, com o surgimento das plataformas *on-line* de observação de aves, como Wikiaves e eBird, constituindo-se em atividades complementares praticadas cada vez mais por pessoas de diferentes idades, profissões, classes sociais e regiões do país.

A atividade técnica de observação de aves consiste basicamente em contemplar aves com o uso de algum equipamento óptico, preferencialmente um binóculo ou uma luneta, que possibilita perceber tanto a beleza e o comportamento desses animais alados quanto os detalhes e cores necessários para identificar a espécie. O observador precisa conhecer as partes de uma ave, que variam muito entre as espécies. A identificação é feita com base em guias de campo tradicionais, em papel, ou mesmo em aplicativos de *smartphones*. As espécies observadas e identificadas em campo são organizadas em listas e disponibilizadas em plataformas *on-line* de observação de aves, que gerenciam os dados dos observadores e das localidades visitadas. Quando os valiosos dados públicos das observações são compilados, organizados e analisados por pesquisadores para responder a certas questões científicas, origina-se a ciência cidadã, prática que vem aumentando muito nos últimos anos e está mudando os rumos do conhecimento científico mundial sobre as aves e a natureza, o que contribui de forma decisiva com ações efetivas de conservação.

A observação de aves se destaca dentre outras atividades de lazer por ser uma prática multidisciplinar que envolve diferentes aspectos: sociais, por meio do convívio entre os praticantes e da facilidade em se fazer amizades, seja nos clubes de observadores ou em eventos; de entretenimento, impulsionados por viagens para observar aves de diferentes regiões, que favorece o contato com culturas diferentes; fisiológicos, por meio de caminhadas e exercícios corporais variados, que melhoram o condicionamento físico e os sentidos, principalmente visão e audição; intelectuais, com a obtenção de conhecimento técnico em livros e eventos sobre aves; tecnológicos, por meio do uso de recursos digitais, ópticos ou computacionais, como *softwares* e aplicativos; e, principalmente, aspectos ambientais, pois a atividade proporciona o contato direto do observador com a natureza, uma relação que gera inúmeros benefícios para o bem-estar físico e mental das pessoas, além de contribuir com a conservação da natureza.

O grande diferencial da observação de aves é que há mais de 10 mil espécies vivendo nos mais variados tipos de ambientes no mundo, desde desertos, regiões geladas até oceanos, sendo animais preferencialmente diurnos, que voam e vocalizam com frequência, o que facilita sua detecção tanto em áreas naturais, como reservas e parques, onde se encontra um número maior de espécies, quanto em ambientes urbanos, nos quais há menos espécies, mas uma diversidade considerável. Ou seja, podemos observar aves da janela de nossas casas, em nosso bairro, em nossa cidade e em tantos outros lugares. Basta pegar o binóculo, chamar os amigos e se divertir!

Dicas e lembretes

Existem muitos grupos e clubes de observadores de aves espalhados pelo Brasil. São ótimos lugares para conhecer observadores, fotógrafos e pesquisadores, fazer amizades, compartilhar e receber conhecimento e participar de atividades relacionadas à prática da observação de aves. Ir para campo em grupo é recomendado tanto pela troca de experiências quanto pela segurança dos participantes. Escolha um grupo de observadores de aves em sua cidade ou região e descubra os inúmeros benefícios que essa prática pode agregar em sua vida.

Escolha locais apropriados e seguros para observar as aves, como parques, reservas e áreas particulares. Sempre peça autorização para entrar e avise os funcionários ou proprietários do local sobre sua presença. No início, é bom visitar áreas com ambientes abertos, como campos, beira de rios ou lagos, bosques de mata, além de jardins e pomares. Florestas fechadas são ambientes de observação mais difíceis, principalmente para quem não tem tanta experiência. Comece observando as espécies em sua casa, em seu bairro, em parques de sua cidade e, aos poucos e com mais experiência, amplie as visitas para ambientes e lugares diferentes.

A maior parte das aves é diurna e acorda bem cedo. Então, dê preferência para observá-las em horários durante os quais elas estão mais ativas, geralmente nos momentos que procuram alimento e que o sol não está tão quente; ao meio-dia elas costumam se esconder a fim de se proteger do calor. Sendo assim, os melhores horários para observação são das 5h às 9h30 e das 15h às 18h30. Caso queira observar aves noturnas, os melhores horários são das 18h30 às 21h30 e das 4h às 5h30, mas esses períodos podem mudar conforme a região e a época do ano. É possível observar aves durante o ano todo, mas no período reprodutivo elas ficam mais ativas, o que facilita as detecções em campo. No Sudeste do Brasil, a maior parte das aves se reproduz entre setembro e março.

As aves têm ótima visão e são muito desconfiadas. Então, evite usar roupas de cores quentes, como vermelho, laranja e amarelo, preferindo aquelas que se camuflam no ambiente, como verde, cinza e marrom. Use roupas e calçados confortáveis, principalmente quando for fazer alguma caminhada mais longa. Calça e camisa de manga longa ajudam a proteger a pele do sol e dos insetos. Não se esqueça de levar repelente, protetor solar, chapéu, capa de chuva, lanche e água para beber.

As aves são muito vocais, e uma das maneiras mais práticas de detectar uma espécie em determinado local é pela vocalização, principalmente em ambientes florestais e na observação de aves noturnas. Além do binóculo e da luneta, utilizados para observar e identificar as aves visualmente, você também pode gravar os cantos desses animais usando um *smartphone* ou um gravador próprio para isso, com microfones externos. Essas gravações servem tanto para aprender mais sobre aves quanto para ajudar na identificação de uma espécie desconhecida, consultando bases de dados *on-line* ou aplicativos específicos. O compartilhamento das gravações em plataformas digitais favorece tanto a atividade de observação de aves quanto as ações de conservação.

As aves possuem as mais variadas cores e formas, sendo um grupo muito fotogênico. Para fotografá-las você pode utilizar uma câmera profissional, com lentes intercambiáveis, ou semiprofissional (compacta), que possui *zoom* óptico e digital e é mais recomendada para iniciantes e para quem quer apenas documentar uma espécie em determinado local, pois são mais baratas e leves. A documentação fotográfica das aves também é muito importante e recomendada, tanto para o aprendizado pessoal do observador e fotógrafo quanto para a identificação das espécies. Assim como as gravações das vocalizações, compartilhar as imagens em plataformas *on-line* ajuda muito a atividade de observação e as ações de conservação. Mesmo para quem deseja apenas fotografar as aves, o uso do binóculo é fundamental, pois ele auxilia a encontrá-las com mais facilidade.

Outra boa dica é levar caderneta, lápis e guias de campo para as observações, assim é possível anotar os detalhes das espécies observadas. Esse procedimento de anotar, ainda em campo, algumas características da ave ajuda muito na parte de identificação da espécie com o uso do guia. Essa prática é importante porque, caso seja encontrada uma espécie rara, há possibilidade de observá-la por mais tempo para produzir imagens, gravações e, quem sabe, descobrir um ninho ou registrar algum comportamento não conhecido, o que contribui com a produção de dados para observadores e pesquisadores.

Antes de postar em plataforma ornitológica *on-line* qualquer registro feito em campo, principalmente em relação à espécie que você ainda não conhece, confirme a identificação utilizando um guia de campo, aplicativo ou fonte confiável e verifique se o local da observação faz parte da área de distribuição conhecida da espécie. Checar as listas postadas posteriormente também é importante, pois uma digitação errada pode mudar a espécie observada e prejudicar o aprendizado de outros observadores, ou mesmo comprometer estudos que utilizem dados de plataformas *on-line*. [v. p. 279]

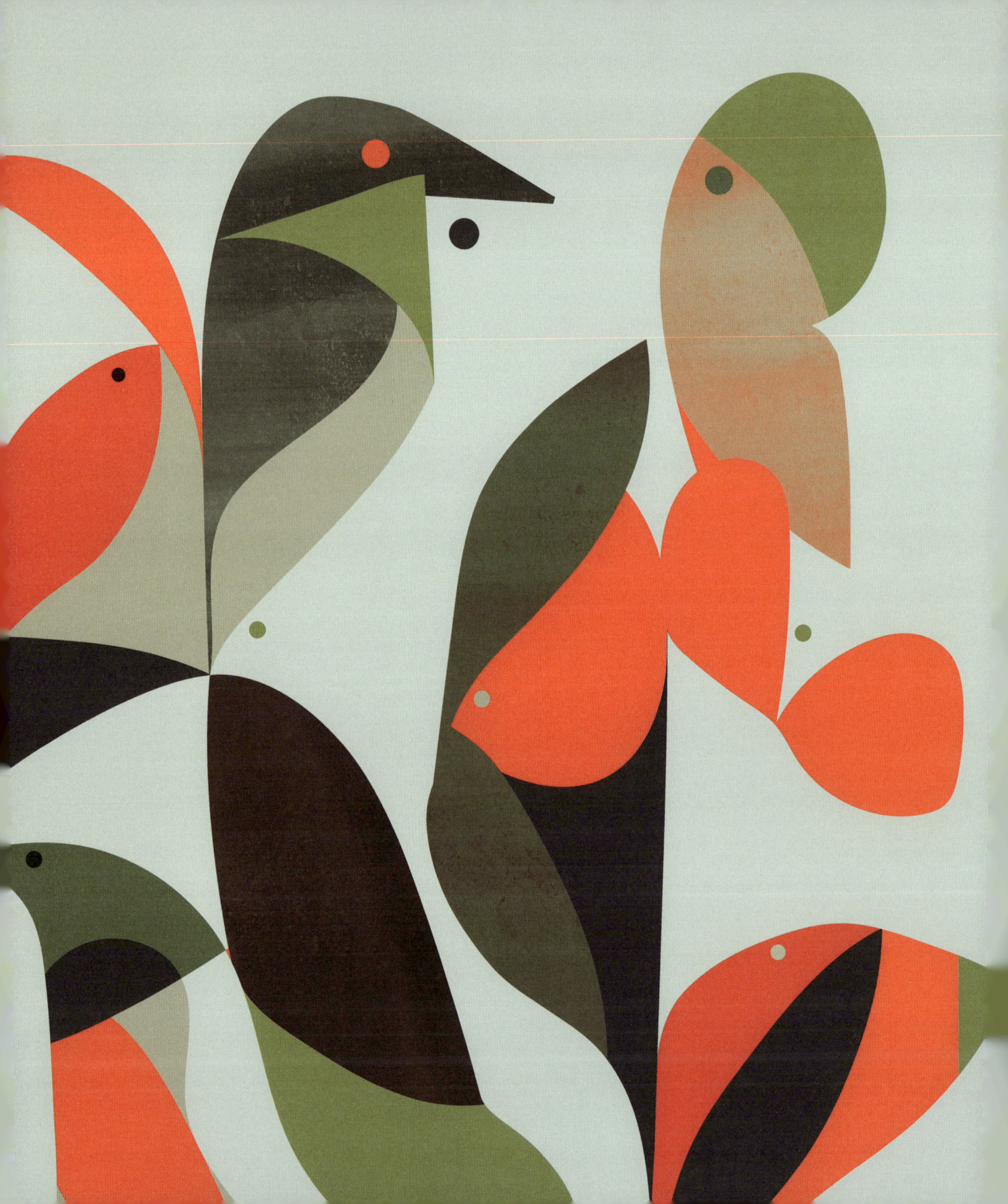

as aves: mais natureza em nossa vida

Martha Argel

Por estarem tão próximas a nós, por convivermos com elas onde quer que estejamos, por serem tão comuns e fáceis de ver, as aves silvestres nos oferecem formas imediatas e simples de nos reconectarmos com a natureza e de usufruirmos de todos os benefícios dessa reaproximação.

De fato, segundo estudo realizado na Inglaterra[*], observar ou ouvir aves silvestres trouxe melhoras ao bem-estar mental das pessoas estudadas. Nesse estudo, o efeito benéfico prolongou-se por até oito horas, sendo sentido inclusive por participantes que tinham depressão. Diante desses resultados, poderíamos dizer que a observação de aves é terapêutica, começando a ser chamada entre os observadores de "passarinhoterapia".

Há vários motivos pelos quais as pessoas se apaixonam pelas aves livres e por sua observação na natureza – a beleza da plumagem e dos cantos, o prazer da busca e da descoberta, as passarinhadas com os amigos. Mas talvez o maior fascínio esteja na chance de fazer contato com animais "selvagens", a rara oportunidade de conexão com a vida silvestre, tão ausente do nosso dia a dia e, como vimos, tão necessária. A observação de aves tem o potencial de suprir nosso déficit de natureza.

---

[*] Hammoud et al., "Smartphone-based ecological momentary assessment reveals mental health benefits of birdlife", in *Nature*, disponível em: https://www.nature.com/articles/s41598-022-20207-6. Acesso em: abr. 2024.

E o que podemos aprender com as aves?

Observar aves é um jeito incrível de explorar a diversidade e a beleza da natureza. Passarinhando, conhecemos a diversidade, o comportamento e o papel desses animais na trama da vida. Porém, não só isso aprendemos com elas! Ao mesmo tempo que desfrutamos a beleza desses seres, descobrimos no ambiente onde vivem a extraordinária variedade de organismos presentes nele.

"Parece que abri uma janela nova para o mundo"; "é como aprender a ler um livro que antes não conseguia"; "é como se um véu que cobria meus olhos tivesse caído" são frases ditas por muitos estreantes encantados depois da primeira passarinhada. Enquanto observamos aves, aprimoramos a capacidade de prestar atenção ao ambiente que existe a nossa volta. É como se reaprendêssemos a enxergar o meio que nos cerca. Passamos a ver além do mundo criado pelo ser humano e nos movemos fora dos ambientes planejados e climatizados para as pessoas e controlados por elas.

Acompanhando o comportamento das aves, passamos a entender as relações que compõem a complexa teia da vida em nosso mundo. Elas predam insetos e aranhas; espalham as sementes dos frutos que comem; polinizam as flores que visitam; precisam de águas límpidas para pescar; servem de alimento aos predadores.

Também começamos a notar os ritmos da natureza – o maior movimento das aves no início da manhã, a pausa no meio do dia, a busca por lugares de dormida no fim da tarde e as aves noturnas que surgem com a escuridão. Da mesma forma, nos damos conta dos ciclos ao longo do ano – o tempo que leva para as aves construírem seu ninho e cuidar dos filhotes e como as aves migratórias surgem e se vão de acordo com as estações.

Com o passar do tempo, essa nova familiaridade com a natureza pode nos conscientizar das mudanças constantes promovidas pelo ser humano, que nem sempre são positivas, e nos tornar mais perceptivos às agressões ambientais que impactam animais, plantas, o ecossistema e a própria sociedade humana. Muitas vezes, com essa mudança de percepção, passamos a agir de forma muito mais respeitosa com o mundo no qual vivemos.

Ave e pássaro são a mesma coisa?

Em teoria, as palavras *ave* e *pássaro* não têm exatamente o mesmo significado. Aves são todos os seres cujo corpo é coberto por penas e que apresenta bico em vez de dentes. Elas compõem um grupo de animais vertebrados cuja classe se denomina Aves.

Já os pássaros se constituem em um grande grupo dentro das aves, a ordem Passeriformes, que inclui mais da metade das espécies de aves do mundo. É difícil definir em termos não técnicos o que é um pássaro. Mais fácil seria usar como critério o que os pesquisadores e observadores chamam de "jeitão" – padrão da forma de corpo responsável por, *grosso modo*, caracterizar cada ordem de aves. Assim, são pássaros, por exemplo, os sabiás, o pardal, o bem-te-vi, os tico-ticos e os canários, e todos têm mesmo jeitão de pássaros.

As outras ordens de aves que, de forma geral, têm seu próprio jeitão reconhecível são, por exemplo: os Galliformes – entre os quais, galinhas, perus, faisões; os Columbiformes – pombas e rolinhas; os Ciconiiformes – entre os quais, garças, cegonhas e socós; os Strigiformes – corujas; e assim por diante. Do ponto de vista científico, nenhuma dessas aves seria chamada de pássaro, pois não pertencem à ordem Passeriformes, e sim a várias outras ordens.

Assim, poderíamos dizer que todo pássaro é uma ave, mas nem toda ave é um pássaro. No dia a dia, porém, não há qualquer obrigação de fazermos a distinção entre os dois termos, e as pessoas podem usá-los como sinônimos, se quiserem. Você pode sair para observar aves ou ver passarinhos, tanto faz. O importante é apreciar e se encantar com esses incríveis seres emplumados.

No mundo todo existem cerca de 10 mil espécies de aves, das quais cerca de 6 mil são pássaros. No Brasil, são 1.971 espécies, divididas em 33 ordens, e a ordem Passeriformes abrange 1.119 espécies de pássaros.

Observar aves ajuda a ciência!

Ao observar aves, é possível aliar o lazer e a prática dessa atividade tão prazerosa à colaboração com os cientistas que estudam esses animais. Essa é a base da chamada ciência cidadã, ou ciência colaborativa, processo que possibilita a qualquer pessoa participar da coleta de informações científicas, mesmo sem ter formação ou treinamento na área.

Na ciência cidadã, os ornitólogos profissionais e outros pesquisadores recorrem à população em geral para conseguir um volume muito grande de dados, os quais eles analisam empregando metodologias científicas, o que gera conhecimento científico útil tanto à comunidade acadêmica quanto à sociedade como um todo.

E a maneira como isso ocorre na observação de aves é muito simples. Os observadores e fotógrafos fazem simplesmente o que estão acostumados: tomam nota de suas observações, fotografam as aves e gravam suas vozes. Os dados são enviados para os cientistas seguindo protocolos previamente preparados. Então os cientistas sintetizam o material, analisam tudo e tiram conclusões. Atualmente existem plataformas *on-line* de ciência cidadã por meio das quais os observadores podem fazer suas contribuições. As anotações e arquivos de imagem e de áudio podem ser carregados pelos *sites* das plataformas ou por meio de aplicativos para celulares.

As plataformas de ciência cidadã não são apenas ferramentas voltadas à colaboração das pessoas com a ciência. Esses portais constituem uma riquíssima fonte de informação, aberta e disponível a todas as pessoas, bastando ter acesso à internet para utilizá-las.

Plataformas de ciência cidadã para observadores de aves

Wikiaves (wikiaves.com.br) – plataforma colaborativa brasileira mais utilizada no país, tem mais de 46 mil colaboradores e quase 5 milhões de fotografias e áudios! A identificação de imagens e áudios é feita pelo autor; arquivos sem identificação podem ser carregados e identificados por outros usuários.

eBird (ebird.org) – plataforma mais utilizada pelos observadores do mundo todo. Podem ser carregadas listas de aves, registros isolados, fotografias e gravações de áudio. A identificação é de responsabilidade do usuário.

iNaturalist (inaturalist.org) – plataforma para carregamento de fotografias e áudios não específica para aves, mas muito fácil de usar. Os algoritmos da plataforma sugerem a identidade de imagens e áudios, e os demais usuários colaboram, fazendo identificações mais precisas.

Xeno-Canto (xeno-canto.org) – *website* colaborativo para compartilhamento de vozes de animais silvestres, principalmente aves. Conta com mais de 13 mil horas de gravações.

Conhecer, amar e proteger

Os observadores de aves podem desempenhar um papel importante na proteção das espécies e de seu *habitat* de diversas maneiras:

- adotando hábitos que auxiliam as aves e o ambiente – estimulados pelo amor que sentem por elas e pela vontade de conhecê-las melhor. Com o tempo, os *birders* passam a entender melhor os hábitos das aves e suas necessidades ambientais. Também adquirem habilidade para perceber quais hábitos podem prejudicá-las e começam a se interessar por tomar atitudes corretas, por exemplo: destinar adequadamente resíduos capazes de causar danos às aves; realizar podas fora da época de reprodução; cultivar plantas que são fonte de alimento e de abrigo para esses animais;

- espalhando o amor pelas aves – quando uma pessoa se apaixona por elas, acaba transmitindo seu entusiasmo a familiares, amigos, colegas de trabalho. Com isso, espalha também o interesse, o carinho e a disposição para ajudar na proteção das aves e dos locais onde elas vivem;

- criando beleza – os fotógrafos são importantes na disseminação do interesse pelas aves, pois suas fotografias geram encantamento e despertam a atenção das pessoas;

- provando que a conservação é rentável – ao passarinharem em alguma área, seja ela pública ou particular, os observadores despertam atenção para a atividade e, muitas vezes, ajudam a transformá-la em atividade econômica. Em lugares muito visitados pelos observadores, a proteção e restauração ambientais são incentivadas, pois o ambiente conservado constitui fonte de renda. É uma prática que traz benefícios para os observadores, os proprietários, a economia, as aves e o ambiente;

- envolvendo-se na proteção do meio ambiente – em sua busca por aves diferentes ou pouco comuns, os observadores com frequência descobrem locais bem preservados que mais tarde passam a ser áreas protegidas. Muitos também participam de ações pela proteção de áreas importantes para a vida silvestre ou de recomposição ambiental. Os *birders*

Natureza é vida

Nesta era dominada pelo virtual, em que a comunicação é instantânea e tudo acontece a uma velocidade estonteante, nossa rotina se distancia mais e mais da natureza. Grande parte da população brasileira vive em metrópoles, o que torna ainda mais escassa a convivência com ambientes naturais.

Nós, seres humanos, somos também natureza. Por isso há uma relação real entre ambiente natural, saúde e qualidade de vida. Os benefícios que a natureza traz para a saúde física e mental estão compreendidos entre os chamados serviços ecossistêmicos – bens e serviços de importância econômica, ambiental e social proporcionados a nós pelos ecossistemas.

Os ambientes naturais favorecem a prática de atividades físicas, como caminhadas e exercícios, aumentam a aptidão física e reduzem os riscos de doenças crônicas. Em crianças e adultos, o contato com o meio natural estimula os sentidos, coloca o corpo em movimento, nos expõe à luz natural e ao vento, exercita nosso equilíbrio ao percorrermos trilhas e caminhos irregulares. Nas crianças, estimula o desenvolvimento da curiosidade, da percepção e da atenção. A respiração se torna mais profunda e prolongada, com efeitos positivos no ritmo do coração, na pressão arterial e nos níveis de estresse. A exposição ao meio natural reduz os sintomas de ansiedade e de depressão, proporciona sensação de serenidade e eleva os níveis de satisfação e de felicidade, o que se reflete em uma melhora na qualidade de vida.

E aí, já se conectou à natureza hoje?

também podem, ao se deparar com a ocorrência de ações prejudiciais ao ambiente, tomar iniciativas como convencer os responsáveis a mudar de atitude.

Vamos passarinhar?

Caso este livro tenha despertado seu interesse pelas aves ou aprofundado um desejo já existente, mantenha-o vivo, seja adquirindo mais conhecimento sobre as aves, seja simplesmente fazendo uma pausa nas tarefas do dia a dia para contemplar um passarinho por alguns instantes. Ao sentir o encantamento que as aves provocam, abre-se uma janela para o mundo a nosso redor e adquirimos uma percepção diferente. As aves nos reaproximam da natureza resgatando uma conexão há muito tempo perdida e apagada de nossa memória. Mantenha aberta essa janela, pois através dela a beleza e a liberdade das aves entram para tornar nossos dias um pouco mais leves.

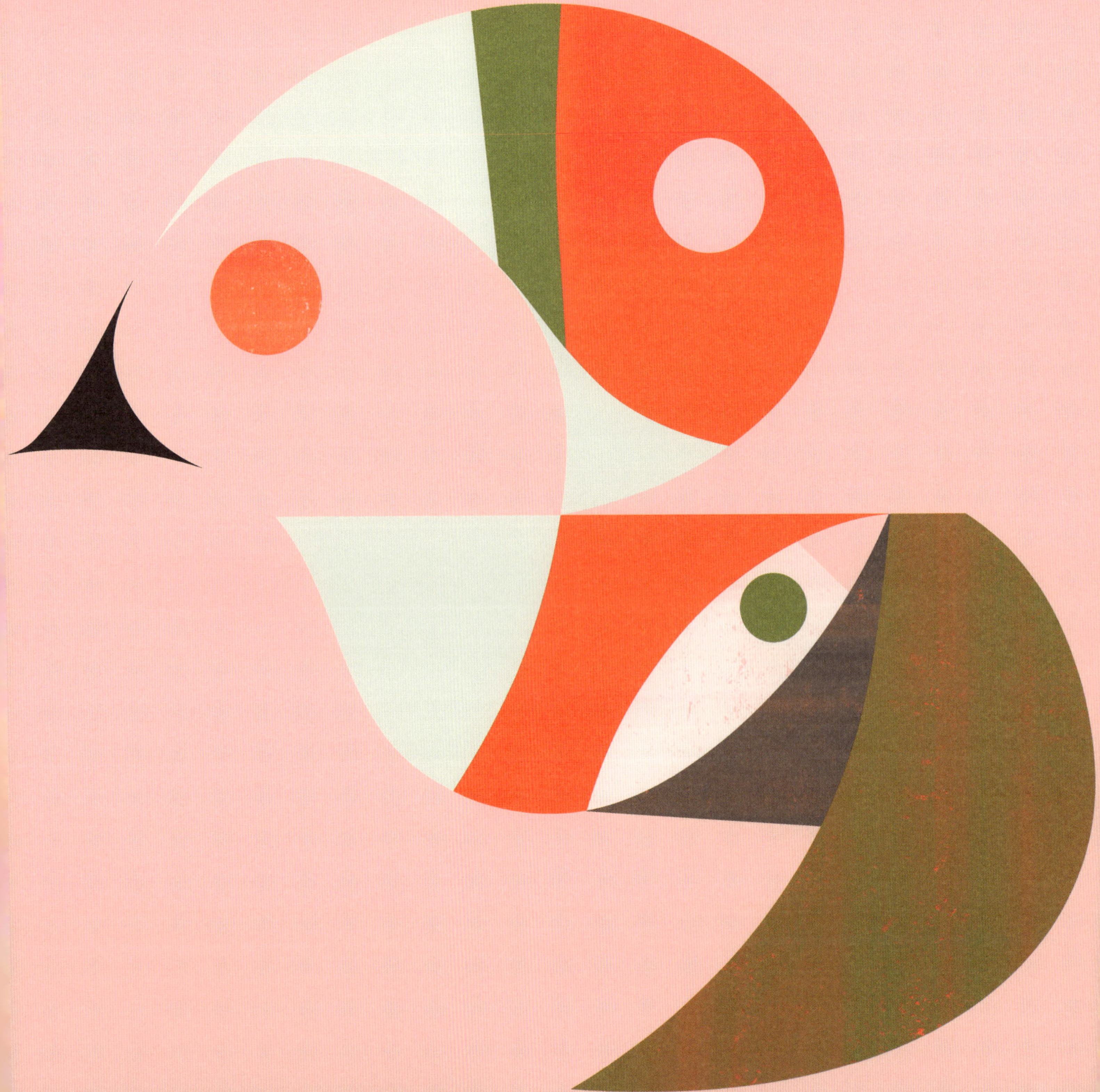

voando mais alto

Martha Argel

Definir a prática de observar aves é algo muito simples, mas ao mesmo tempo bem complexo. Observar aves, de fato, requer apenas duas coisas: uma pessoa que observe e aves para serem observadas. Simples assim. Porém as aves, talvez como única condição, devem ser de vida livre, e não criadas por pessoas.

No entanto, essa atividade não restringe *quem* pode observá-las nem *onde, como, quando* e *por que* observá-las. Qualquer pessoa pode observar aves, onde e quando bem quiser – você pode estar em casa ou no local de trabalho e, ao pausar sua atividade, olhar pela janela e de repente se fascinar pelo voo de uma andorinha. Ou pode estar num congestionamento de uma avenida movimentada e se deparar inusitadamente com um beija-flor visitando flores nas plantas de um canteiro.

O simples ato da observação pode, porém, abrir as portas para um mundo vasto, e é aí que observar aves passa a ser uma atividade apaixonante, cheia de possibilidades e complexidades.

Quem pode ser observador de aves? Todo mundo!

Há quem acredite que para ser observador de aves uma pessoa precisa ser cientista ou ter alguma formação especial. Nada mais longe da realidade! Todos e todas podem observar aves, sem exigências de idade, profissão ou condição financeira, basta gostar delas.

Um passo além

O primeiro ato de observar uma ave, de perceber sua presença, pode não passar de um momento e se perder na rotina, na correria da vida. Em muitos casos, porém, ele é a fagulha que desperta curiosidade. Que ave é aquela? Será que ela mora aqui ou está de passagem? O que ela está fazendo? Será que tem ninho? Tem filhotinhos? A curiosidade se aprofunda e é imprevisível quando será saciada.

Uma pessoa todo dia olha pela janela a fim de ver certo passarinho em determinada árvore. Decide colocar comida e água para ter mais aves, mais perto de si, na varanda ou no jardim. Começa a prestar atenção, por onde passa, nas aves que antes não enxergava. Busca descobrir o nome de cada uma. Arranja binóculo, máquina fotográfica, aplicativos e livros que ajudem a ver mais aves e ter mais informações sobre elas. Procura lugares diversificados para ver espécies diferentes. E assim está pronto mais um observador de aves, também chamado de passarinheiro, *birder* ou *birdwatcher*.

Alguns observadores vão muito além e se transformam em ornitólogos, passando a realizar pesquisas acadêmicas sobre as espécies. Outros viram fotógrafos conhecidos por sua dedicação e pelas belas imagens que conseguem. Há, ainda, quem se apaixone tanto pelas aves que decida protegê-las e juntar-se aos esforços pela proteção dos ambientes onde elas vivem.

Caso você ache interessante a ideia de conhecer melhor as aves e queira obter mais informação sobre sua observação, vamos ver de que maneira é possível desfrutar dessa atividade.

Aproveitar mais as aves

A primeira dica é: preste atenção! Fique de olhos e ouvidos atentos e você perceberá muito mais a presença das aves. Vai ouvi-las cantando do lado de fora de sua janela e vê-las durante uma caminhada ou enquanto espera no ponto de ônibus. Afinal de contas, elas estão por toda parte.

Outra dica é estar mais em contato com o verde e frequentar ambientes com maior abundância de vegetação. A maioria das aves depende das plantas para se alimentar, procurando frutos, flores e bichinhos entre a folhagem. O maior contato com o verde também é bom para a mente, ajuda a relaxar e proporciona bem-estar físico e mental.

Vá a parques, frequente as praças de seu bairro, caminhe pelas ruas arborizadas das vizinhanças. Ao visitar áreas mais naturais, reduza o ritmo e caminhe em silêncio, ouvindo os sons e procurando perceber os movimentos. Caso tenha um jardim ou quintal, aumente a quantidade e variedade de plantas que dão flores e frutas – elas atraem aves; se mora em apartamento, pode criar um minijardim na varanda ou junto a uma janela.

E se apenas contemplar as aves de longe já não for suficiente para você, é hora de pensar em equipar-se!

O equipamento básico

O equipamento mais conhecido e tradicional do observador de aves é o binóculo, aparelho capaz de ampliar a imagem da ave localizada a uma distância muito maior daquela em que se pode observar seus detalhes a olho nu, e isso facilita sua identificação.

Com um pouco de prática, o uso do binóculo permite a você encontrar mais aves e acompanhar os movimentos delas por mais tempo, o que torna muito mais interessante a observação.

Muitos observadores costumam usar uma caderneta de campo, onde são anotadas as espécies vistas e dados como dia, horário e local das observações. As notas são muito importantes, pois são a memória das aves que você já viu e de suas saídas para observação.

O celular pode ter várias utilidades na observação de aves. Ele pode substituir a caderneta de campo, servindo de gravador para registrar as vozes das aves. Você pode, ainda, instalar aplicativos de identificação das espécies e de ciência cidadã. Mais adiante voltaremos a falar deles.

Muitos interessados por aves preferem dedicar-se à fotografia, que requer uma boa câmera, teleobjetiva e tripé. O fotógrafo de aves também precisa ter uma mão firme e prática, conhecer os hábitos das aves que deseja registrar e ter familiaridade com o ambiente onde está fotografando. Sobretudo, o fotógrafo de aves precisa de muita paciência para obter a imagem perfeita!

Como escolher os binóculos?

Os binóculos mais adequados para a observação de aves são de 8 ou 10 aumentos – dê preferência aos modelos identificados como 8x42 ou 10x42 (o segundo número refere-se ao diâmetro da lente maior, em milímetros). Você pode obter mais informações fazendo uma busca na internet por "como escolher binóculos para observar aves". Uma dica: desconfie de binóculos muito baratos. Aparelhos de má qualidade podem decepcionar você e fazer com que desista de observar aves.

Escolha com cuidado o equipamento fotográfico

Câmeras fotográficas e lentes para a fotografia de aves não são baratas, e por isso pesquise bem antes de adquirir qualquer equipamento. O ideal é pedir orientação a fotógrafos mais experientes, que você pode encontrar pelas redes sociais (há muitas páginas e grupos voltados à fotografia de aves). Pense, ainda, em fazer algum curso específico para isso.

Para obter mais informações

É muito fácil encontrar informações pela internet. Há muitos sites, canais de vídeo e grupos de mídias sociais que fornecem todo tipo de conteúdo imaginável. Você pode, por exemplo, aprender mais sobre as aves que já conhece e descobrir outras espécies. Há páginas de divulgadores científicos e até mesmo cursos de observação de aves *on-line* e tutoriais para vários procedimentos.

No Facebook, existem grupos e páginas dedicados à observação e ao estudo das aves. Você pode aprender muito com postagens antigas, encontrar indicações de fontes confiáveis de informação e, quem sabe, até conhecer observadores de aves de sua cidade e ficar sabendo de eventos e passarinhadas.

Conheça as aves de sua cidade

Faça uma busca na internet pela expressão "aves de..." com o nome de seu município. Entre os resultados, vai aparecer a página de seu município no *site* Wikiaves. Clique em "Lista de espécies registradas" e será direcionado a uma lista em que o nome de cada ave leva à página da respectiva espécie, com informações sobre ela e muitas fotografias. É uma forma de familiarizar-se com as aves de sua cidade e ao mesmo tempo deliciar-se com a beleza e o colorido delas!

Uma das dificuldades enfrentadas para quem está começando a observar aves é descobrir quais exatamente são as espécies avistadas. Existem vários recursos que auxiliam o observador na identificação das aves.

O mais tradicional são os guias de campo, livros ilustrados com as espécies mais prováveis de serem vistas pelo leitor.

Uma ferramenta extremamente útil são os aplicativos de identificação de aves para celulares, que permitem a identificação por meio de fotografias, da descrição ou dos sons gravados com o microfone do celular.

Existem também *sites* que funcionam como verdadeiras enciclopédias para a identificação das aves e um melhor entendimento sobre elas. No Brasil, o mais conhecido é o Wikiaves, uma plataforma colaborativa com páginas para cada espécie brasileira. Outra plataforma colaborativa muito usada é o eBird, do laboratório de ornitologia da Universidade Cornell, nos Estados Unidos. Voltaremos a falar sobre tais plataformas mais adiante.

Passarinhar em bando é mais divertido!

Até onde se pode ir em relação à observação de aves é uma decisão de cada um de nós. Ao longo do caminho, porém, pode acontecer de encontrarmos companhia, outras pessoas que demonstrem a mesma curiosidade e igual encantamento com as aves. E esse interesse partilhado transforma o simples observar em uma experiência comunitária, uma convivência em que, além de aves, desfrutamos de companhia e de amizades, as quais nos incentivam a ir além e ampliam nosso prazer na atividade.

Para encontrar pessoas com quem compartilhar o interesse pelas aves, procure grupos e páginas sobre o assunto nas redes sociais. Pode ser que, em sua cidade, a prefeitura ou outras entidades promovam eventos como saídas de campo, exposições fotográficas e artísticas, cursos e encontros relacionados ao tema, e essas são ótimas oportunidades para conhecer outros observadores. Talvez até exista em seu município um clube de observadores de aves.

Os clubes de observadores de aves são entidades que reúnem interessados e organizam regularmente passarinhadas – saídas para observar aves. As passarinhadas são alegres e divertidas, reunindo pessoas de todas as idades, profissões e níveis de conhecimento. Nelas, os iniciantes são muito bem recebidos porque, em geral, a maioria dos participantes está

Alguns guias de campo

Aves do Sudeste do Brasil: guia de identificação, de Daniel Mello, Gabriel Mello, Francisco Mallet-Rodrigues e Luciano Lima (Rio de Janeiro, 2020).

Aves da costa da Mata Atlântica, de Leonardo Casadei (Santos, 2020).

Aves do Brasil: Mata Atlântica do Sudeste, de Robert S. Ridgely, John A. Gwynne, Guy Tudor e Martha Argel (São Paulo, Horizonte Geográfico, 2015).

Aves do Brasil: Pantanal & Cerrado, de John A. Gwynne, Robert S. Ridgely, Guy Tudor e Martha Argel. (São Paulo, Horizonte Geográfico, 2010).

Aves do Estado de São Paulo, de Edson Endrigo e André Cordeiro De Luca. (São Paulo, Aves & Fotos Editora, 2020).

Aves do Rio Grande do Sul, de Fernando Jacobs e Paulo Fenalti (Pelotas, 2020).

Aves catarinenses, de Cristiano Voitina (Camboriú, 2017).

Aplicativos de identificação de aves para celular (gratuitos)

Merlin Bird Id – ajuda a identificar as aves por meio de algumas características ou de fotografias. Permite também a identificação de sons.

BirdNet – permite a identificação das aves pelo som.

Wikiaves – disponibiliza a identificação acompanhada de fotografias.

começando na observação. São também ocasiões afetivas, que trazem a chance de reencontrar amigos e conhecer novas pessoas em uma atividade saudável e cooperativa.

Para quem já tem mais prática, ou quer conhecer novos lugares e novas espécies, existem *tours* organizados por guias e empresas especializados em turismo de observação de aves que oferecem seus serviços e anunciam viagens nas redes sociais e em *sites* próprios. Essa é a melhor maneira de observar aves raras e difíceis de encontrar.

O Clube de Observadores de Aves de Bertioga

O Clube de Observadores de Aves de Bertioga (Coab) foi criado para promover a prática da observação de aves no município e propiciar, por meio das aves, um contato maior das pessoas com a riquíssima biodiversidade local. Para tanto, o clube promove passarinhadas regulares em áreas de conservação ambiental e outros pontos do município. Guiadas por ornitólogos experientes, essas vivências de campo estão abertas à comunidade em geral e a turistas.

Durante as saídas de campo, os participantes têm a oportunidade de ver muitas aves, incluindo espécies endêmicas da Mata Atlântica, espécies típicas dos diferentes ambientes naturais presentes no município e, com um pouco de sorte, até espécies raras.

Além disso, as informações levantadas durante tais vivências – espécies vistas e ouvidas, período do ano em que isso ocorreu, ambientes nos quais foram registradas, número de indivíduos de cada espécie – constituem dados científicos de grande valor, pois são incorporados aos estudos do Projeto Avifauna, mantido pelo Sesc Bertioga. Dessa maneira, todos os participantes das passarinhadas do Coab estão colaborando com as pesquisas de ornitólogos e de outros pesquisadores por meio da chamada ciência cidadã.

> **Fique por dentro das atividades do Sesc Bertioga com as aves**
>
> As vivências e atividades de observação de aves do Sesc Bertioga, realizadas em conjunto com o Clube de Observadores de Aves de Bertioga, são gratuitas e abertas a participantes de qualquer idade.
>
> A divulgação das atividades é feita no *site* do Sesc e nas redes sociais do Coab: Instagram.com/coa.bertioga.

Projeto Avifauna Sesc Bertioga

Marcelo Bokermann

O Projeto Avifauna foi criado no Sesc Bertioga em 1993 a partir da observação e do estudo das aves observadas no Centro de Férias. Foram contratados especialistas em levantamentos ornitológicos científicos para uma avaliação que durou seis meses e registrou 83 espécies de aves. O resultado da pesquisa subsidiou a publicação dos livros *Aves que habitam o Sesc Bertioga* e *Colorindo e conhecendo as aves do Sesc Bertioga*, em 1995, além de embasar outros projetos, como a produção de materiais de apoio para ações de educação socioambiental realizadas pelo Sesc Bertioga. Com o tempo, outras atividades foram incorporadas ao projeto, como pesquisa, manejo, atração e alimentação das aves por meio de comedouros, bebedouros e espécies vegetais nativas e exóticas, que eram plantadas considerando seu potencial de atração das aves e sua adaptação a um paisagismo funcional. Tais iniciativas inauguraram um novo repertório de conhecimentos compartilhados entre o Sesc Bertioga e as demais unidades do Sesc São Paulo.

Em 1999, iniciou-se um novo estudo de campo, uma vez que diferentes espécies de aves estavam sendo avistadas na região, mas sem registros documentados. Nesse novo levantamento, os especialistas identificaram 134 espécies.

A nova pesquisa foi concluída em 2002, e o resultado deu origem ao livro *Aves do Sesc Bertioga*, lançado em 2004 e reeditado em 2009 e reimpresso em 2012.

A obra tornou-se um material de referência, contribuindo para ações educativas e o desenvolvimento do Projeto Avifauna, além de sua relevância como produto editorial do Sesc São Paulo para atender o público interessado e captar novos públicos.

A partir do ano 2000, profissionais com conhecimentos sobre avifauna e ornitologia foram contratados para fazer parte do quadro funcional do Sesc São Paulo e atuar como agentes de educação ambiental e guarda-parques. Tais profissionais têm colaborado com o monitoramento ativo e contínuo das espécies avistadas na cidade de Bertioga, ampliando seu registro e qualificando ações educativas e operacionais. O conhecimento produzido e sistematizado ao longo dos anos é referência para o desenvolvimento de materiais, como guias de identificação e artigos científicos, que são as bases para ações educativas e recreativas. Alguns exemplos são as atividades de observação de aves voltadas a hóspedes e grupos de escolas no Centro de Férias; o batismo das ruas do Centro de Férias com nomes de aves; cursos livres e encontros de observação de aves como forma de evidenciar e aproximar a clientela do Sesc do tema das aves; a criação do Clube de Observadores de Aves de Bertioga (Coab), que realiza saídas mensais de campo com membros das comunidades local e regional, para atividades de observação e troca de saberes. O Coab possui atualmente uma lista com cerca de 430 espécies de aves já registradas no município.

Com a abertura da Reserva Natural Sesc Bertioga ao público, em 2016, ampliou-se o compartilhamento de informações sobre a biodiversidade da região. A elaboração do Plano de Manejo contou com a participação da comunidade local. No diagnóstico de fauna foram registradas 71 espécies de aves. Após esse estudo, a equipe da Reserva passou a fazer um monitoramento da área durante as atividades do dia a dia, chegando a um total de 78 espécies, o que mostra o potencial da região para a conservação e a prática de observação de aves.

Entre 2021 e 2022, foi realizada uma nova pesquisa sobre as aves do Sesc Bertioga, considerando pela primeira vez todas as cinco glebas pertencentes a uma área com cerca de 3.675.000 metros quadrados de Mata Atlântica, que vai desde a praia até o alto da serra (900 metros de altitude), formando um amplo mosaico de ambientes, que inclui floresta de restinga, manguezal, floresta paludosa, rios e mata de encosta[52]. O estudo, feito pelo ornitólogo Fabio Schunck com a equipe do Sesc Bertioga, contou com 96 dias em campo e é considerado o maior esforço de pesquisa sobre aves realizado e registrado no município de Bertioga. Nessa pesquisa foram detectadas 302 espécies de aves nas cinco áreas do Sesc Bertioga e em seu entorno direto. Durante o estudo foram produzidas imagens e gravações de vocalizações de mais da metade das aves registradas em campo, um amplo material que vem sendo utilizado das mais variadas formas, principalmente neste livro.

Em 2024, o Projeto Avifauna completou 31 anos de atuação, registrando 360 espécies de aves em todas as pesquisas e levantamentos nas áreas do Sesc Bertioga. Além de produzir conteúdo tecnocientífico importante para o avanço do conhecimento e conservação das espécies, pretendemos difundir esse conhecimento, por meio de mídias impressas e digitais, a um público cada vez mais amplo e aplicá-lo na formação e capacitação de profissionais das mais variadas áreas, bem como priorizar o uso dos dados em ações de manejo, de lazer e de educação.

O Projeto Avifauna vem formando um importante legado e contribuindo de forma decisiva com ações efetivas voltadas à sustentabilidade e conservação da natureza, e as aves têm sido utilizadas como instrumento principal desse processo. Tendo como base a missão institucional do Sesc São Paulo de transformação social por meio da ação educativa, somada à vocação das áreas do Sesc Bertioga, tem-se a junção das dimensões socioeducativas com aspectos naturais únicos, colaborando com potencial de espaço educador voltado à temática socioambiental, com a ressonância dessas ações no território de Bertioga. O respeito pelo ambiente e o fortalecimento do contato com a natureza estão presentes desde o início das atividades da unidade, apresentando à população a possibilidade de desenvolvimento associado à conservação. Nesse sentido, o Projeto Avifauna é considerado marco na trajetória do Sesc Bertioga e na atuação ambiental do Sesc São Paulo.

tabela de espécies

N°	Espécie	Nome científico	Espécies ameaçadas de extinção	1993 Centro de Férias
Ordem Tinamiformes				
Família Tinamidae				
1	macuco #	*Tinamus solitarius*	VU (3)	
2	inhambuguaçu	*Crypturellus obsoletus*		
3	jaó-do-sul #	*Crypturellus noctivagus*	VU (2), EN (3)	
4	inhambu-chintã	*Crypturellus tataupa*		
Ordem Anseriformes				
Família Anatidae				
5	marreca-caneleira **	*Dendrocygna bicolor*		
6	irerê	*Dendrocygna viduata*		
7	capororoca **	*Coscoroba coscoroba*		
8	pato-do-mato	*Cairina moschata*		
9	marreca-ananaí	*Amazonetta brasiliensis*		X
10	marreca-toicinho	*Anas bahamensis*		
Ordem Galliformes				
Família Cracidae				
11	jacuguaçu	*Penelope obscura*		
12	jacutinga #	*Aburria jacutinga*	EN (1,2), CR (3)	
Família Odontophoridae				
13	uru #	*Odontophorus capueira*		

Tabela. Lista das 360 espécies de aves registradas nas áreas do Sesc Bertioga entre 1993 e 2023. Os símbolos junto aos nomes científicos significam: # espécie endêmica da Mata Atlântica segundo Vale *et al.* (2018); * espécie migratória e ** espécie parcialmente migratória para o Brasil segundo Somenzari *et al.* (2018).

1999-2002 Centro de Férias	2000-2023 5 áreas do Sesc	2015-2023 Reserva Natural	2021-2022 5 áreas do Sesc	Página com a ficha da ave
			X	171
	X		X	162
			X	164
			X	162
			X	171
X	X			
	X			
	X		X	192
X	X	X	X	176
			X	171
X	X		X	163
	X		X	164
			X	260

As categorias de ameaça são: **EN.** Em Perigo; **VU.** Vulnerável e **CR.** Criticamente Ameaçada. Os números indicados entre parênteses após a categoria de ameaça correspondem às listas global, nacional e estadual de ameaça: 1. IUCN 2024; 2. MMA 2022 e 3. São Paulo 2018. A nomenclatura e a ordem taxonômica seguem a *Lista de aves do Brasil*, elaborada pelo Comitê Brasileiro de Registros Ornitológicos – CBRO (Pacheco *et al.* 2021).

N°	Espécie	Nome científico	Espécies ameaçadas de extinção	1993 Centro de Férias
	Ordem Columbiformes			
	Família Columbidae			
14	pombo-doméstico	*Columba livia*		X
15	pomba-galega	*Patagioenas cayennensis*		
16	pomba-asa-branca	*Patagioenas picazuro*		
17	pomba-amargosa	*Patagioenas plumbea*		
18	pariri	*Geotrygon montana*		
19	juriti-pupu	*Leptotila verreauxi*		
20	juriti-de-testa-branca	*Leptotila rufaxilla*		
21	avoante	*Zenaida auriculata*		X
22	pararu-azul	*Claravis pretiosa*		
23	rolinha-roxa	*Columbina talpacoti*		X
24	rolinha-picuí	*Columbina picui*		X
	Ordem Cuculiformes			
	Família Cuculidae			
25	anu-branco	*Guira guira*		X
26	anu-coroca	*Crotophaga major*		
27	anu-preto	*Crotophaga ani*		X
28	saci	*Tapera naevia*		
29	alma-de-gato	*Piaya cayana*		
30	papa-lagarta-acanelado *	*Coccyzus melacoryphus*		
31	papa-lagarta-de-asa-vermelha *	*Coccyzus americanus*		
32	papa-lagarta-de-euler	*Coccyzus euleri*		
	Ordem Nyctibiiformes			
	Família Nyctibiidae			
33	urutau **	*Nyctibius griseus*		
	Ordem Caprimulgiformes			
	Família Caprimulgidae			
34	joão-corta-pau	*Antrostomus rufus*		
35	tuju **	*Lurocalis semitorquatus*		
36	bacurau	*Nyctidromus albicollis*		

1999-2002 Centro de Férias	2000-2023 5 áreas do Sesc	2015-2023 Reserva Natural	2021-2022 5 áreas do Sesc	Página com a ficha da ave
X	X	X	X	203
X	X		X	201
X	X		X	202
	X		X	201
	X		X	187
	X		X	166
	X			
X	X		X	77
X	X			
X	X		X	212
X	X			
X	X	X	X	68
			X	69
X	X	X	X	68
			X	218
	X		X	65
	X		X	182
	X			
			X	182
X	X	X	X	263
	X			
	X		X	260
X	X		X	81

N°	Espécie	Nome científico	Espécies ameaçadas de extinção	1993 Centro de Férias
37	corucão **	*Podager nacunda*		
38	bacurau-de-asa-fina	*Chordeiles acutipennis*		
	Ordem Apodiformes			
	Família Apodidae			
39	taperuçu-de-coleira-branca	*Streptoprocne zonaris*		X
40	andorinhão-de-sobre-cinzento	*Chaetura cinereiventris*		
41	andorinhão-do-temporal *	*Chaetura meridionalis*		
42	andorinhão-estofador	*Panyptila cayennensis*		
	Família Trochilidae			
43	beija-flor-preto **	*Florisuga fusca*		X
44	beija-flor-rajado #	*Ramphodon naevius*		
45	balança-rabo-de-bico-torto	*Glaucis hirsutus*		
46	rabo-branco-rubro	*Phaethornis ruber*		
47	rabo-branco-de-garganta-rajada #	*Phaethornis eurynome*		
48	beija-flor-de-orelha-violeta	*Colibri serrirostris*		
49	beija-flor-de-veste-preta **	*Anthracothorax nigricollis*		
50	beija-flor-rubi #	*Heliodoxa rubricauda*		
51	estrelinha-ametista	*Calliphlox amethystina*		
52	besourinho-de-bico-vermelho	*Chlorostilbon lucidus*		
53	beija-flor-de-fronte-violeta #	*Thalurania glaucopis*		X
54	beija-flor-tesoura	*Eupetomena macroura*		X
55	beija-flor-cinza	*Aphantochroa cirrochloris*		
56	beija-flor-de-banda-branca	*Chrysuronia versicolor*		X
57	beija-flor-de-papo-branco	*Leucochloris albicollis*		X
58	beija-flor-de-garganta-verde	*Chionomesa fimbriata*		X
59	beija-flor-de-peito-azul	*Chionomesa lactea*		X
60	beija-flor-roxo	*Chlorestes cyanus*		
	Ordem Gruiformes			
	Família Aramidae			
61	carão	*Aramus guarauna*		

1999-2002 Centro de Férias	2000-2023 5 áreas do Sesc	2015-2023 Reserva Natural	2021-2022 5 áreas do Sesc	Página com a ficha da ave
		X	X	122
X	X			
X	X		X	240
	X		X	64
X	X		X	64
	X			
X	X		X	90
	X		X	86
			X	78
	X	X	X	209
	X		X	208
X	X			
X	X		X	85
	X		X	88
	X			
X	X		X	90
X	X		X	83
X	X		X	89
X	X		X	82
X	X		X	81
X	X		X	81
X	X		X	84
X	X			
X	X	X	X	87
	X	X	X	111

Nº	Espécie	Nome científico	Espécies ameaçadas de extinção	1993 Centro de Férias
	Família Rallidae			
62	sanã-parda	*Laterallus melanophaius*		
63	sanã-vermelha	*Laterallus leucopyrrhus*		
64	pinto-d'água-carijó	*Coturnicops notatus*	CR(3)	
65	saracura-carijó	*Pardirallus maculatus*		
66	saracura-sanã	*Pardirallus nigricans*		
67	saracura-lisa	*Amaurolimnas concolor*		
68	saracura-do-mangue	*Aramides mangle*	VU(3)	
69	saracura-três-potes	*Aramides cajaneus*		
70	saracura-do-mato #	*Aramides saracura*		
	Ordem Charadriiformes			
	Família Charadriidae			
71	batuiruçu *	*Pluvialis dominica*		
72	batuiruçu-de-axila-preta *	*Pluvialis squatarola*		
73	quero-quero	*Vanellus chilensis*		X
74	batuíra-de-bando *	*Charadrius semipalmatus*		
75	batuíra-de-coleira	*Charadrius collaris*		X
	Família Recurvirostridae			
76	pernilongo-de-costas-brancas	*Himantopus melanurus*		
	Família Scolopacidae			
77	maçarico-do-campo *	*Bartramia longicauda*	VU(3)	
78	vira-pedras *	*Arenaria interpres*		
79	maçarico-de-sobre-branco *	*Calidris fuscicollis*		
80	narceja	*Gallinago paraguaiae*		
81	maçarico-pintado *	*Actitis macularius*		
82	maçarico-solitário *	*Tringa solitaria*		
83	maçarico-grande-de-perna--amarela *	*Tringa melanoleuca*		
	Família Jacanidae			
84	jaçanã	*Jacana jacana*		

1999-2002 Centro de Férias	2000-2023 5 áreas do Sesc	2015-2023 Reserva Natural	2021-2022 5 áreas do Sesc	Página com a ficha da ave
	X			
			X	228
	X			
	X			
		X	X	230
	X		X	230
			X	228
	X		X	230
	X		X	229
	X			
	X			
X	X	X	X	207
			X	79
X	X		X	80
		X		
		X		
	X			
	X			
X	X	X	X	180
			X	169
			X	169
			X	170
X	X			

N°	Espécie	Nome científico	Espécies ameaçadas de extinção	1993 Centro de Férias
	Família Stercorariidae			
85	mandrião-do-sul *	*Stercorarius maccormicki*		
	Família Laridae			
86	gaivotão	*Larus dominicanus*		X
87	talha-mar **	*Rynchops niger*		
88	trinta-réis-pequeno	*Sternula superciliaris*	EN (3)	
89	trinta-réis-real **	*Thalasseus maximus*	VU (3)	
	Ordem Sphenisciformes			
	Família Spheniscidae			
90	pinguim-de-magalhães *	*Spheniscus magellanicus*		
	Ordem Procellariiformes			
	Família Oceanitidae			
91	alma-de-mestre *	*Oceanites oceanicus*		
	Família Procellariidae			
92	pardela-sombria *	*Puffinus puffinus*		
	Ordem Suliformes			
	Família Fregatidae			
93	fragata	*Fregata magnificens*		X
	Família Sulidae			
94	atobá-pardo	*Sula leucogaster*		
	Família Anhingidae			
95	biguatinga	*Anhinga anhinga*		
	Família Phalacrocoracidae			
96	biguá	*Nannopterum brasilianum*		
	Ordem Pelecaniformes			
	Família Ardeidae			
97	socó-boi	*Tigrisoma lineatum*		
98	arapapá	*Cochlearius cochlearius*		
99	savacu	*Nycticorax nycticorax*		
100	savacu-de-coroa **	*Nyctanassa violacea*		

1999-2002 Centro de Férias	2000-2023 5 áreas do Sesc	2015-2023 Reserva Natural	2021-2022 5 áreas do Sesc	Página com a ficha da ave
	X			
X	X		X	142
	X			
	X			
			X	254
	X			
	X			
	X			
X	X	X	X	140
	X			
	X			
X	X		X	97
	X			
X	X			
X	X		X	231
	X		X	232

N°	Espécie	Nome científico	Espécies ameaçadas de extinção	1993 Centro de Férias
101	socozinho	*Butorides striata*		X
102	garça-vaqueira	*Bubulcus ibis*		
103	garça-moura	*Ardea cocoi*		
104	garça-branca-grande	*Ardea alba*		X
105	maria-faceira	*Syrigma sibilatrix*		X
106	garça-real	*Pilherodius pileatus*		
107	garça-branca-pequena	*Egretta thula*		X
108	garça-azul	*Egretta caerulea*		
	Família Threskiornithidae			
109	guará	*Eudocimus ruber*		
110	coró-coró	*Mesembrinibis cayennensis*		
111	tapicuru	*Phimosus infuscatus*		
112	curicaca	*Theristicus caudatus*		
113	colhereiro **	*Platalea ajaja*		
	Ordem Cathartiformes **Família Cathartidae**			
114	urubu-preto	*Coragyps atratus*		X
115	urubu-de-cabeça-vermelha	*Cathartes aura*		
116	urubu-de-cabeça-amarela	*Cathartes burrovianus*		
	Ordem Accipitriformes **Família Accipitridae**			
117	gavião-caracoleiro	*Chondrohierax uncinatus*		
118	gavião-gato	*Leptodon cayanensis*		
119	gavião-tesoura **	*Elanoides forficatus*		
120	gavião-pega-macaco	*Spizaetus tyrannus*		
121	gavião-pato	*Spizaetus melanoleucus*	VU (3)	
122	gavião-belo	*Busarellus nigricollis*		
123	gavião-caramujeiro **	*Rostrhamus sociabilis*		
124	gavião-bombachinha *	*Harpagus diodon*		
125	tauató-miúdo	*Accipiter striatus*		
126	gavião-bombachinha-grande	*Accipiter bicolor*		

1999-2002 Centro de Férias	2000-2023 5 áreas do Sesc	2015-2023 Reserva Natural	2021-2022 5 áreas do Sesc	Página com a ficha da ave
	X	X	X	233
	X	X	X	148
	X	X	X	148
X	X	X	X	144
X	X	X	X	174
	X			
X	X		X	145
	X		X	143
	X		X	158
			X	119
			X	241
X	X	X	X	128
	X	X	X	131
X	X		X	262
X	X	X	X	261
		X		
		X	X	150
	X		X	153
		X	X	155
		X	X	154
			X	154
	X			
	X		X	148
	X	X		
			X	240
	X		X	149

Nº	Espécie	Nome científico	Espécies ameaçadas de extinção	1993 Centro de Férias
127	gavião-pernilongo	*Geranospiza caerulescens*		
128	gavião-caboclo	*Heterospizias meridionalis*		
129	gavião-pombo-pequeno #	*Amadonastur lacernulatus*	VU (1,2,3)	
130	gavião-carijó	*Rupornis magnirostris*		X
131	gavião-de-rabo-branco	*Geranoaetus albicaudatus*		
132	gavião-de-cauda-curta	*Buteo brachyurus*		
	Ordem Strigiformes			
	Família Tytonidae			
133	suindara	*Tyto furcata*		X
	Família Strigidae			
134	corujinha-do-mato	*Megascops choliba*		
135	corujinha-sapo #	*Megascops atricapilla*		
136	murucututu-de-barriga-amarela #	*Pulsatrix koeniswaldiana*		
137	coruja-do-mato	*Strix virgata*		
138	coruja-buraqueira	*Athene cunicularia*		X
139	coruja-orelhuda	*Asio clamator*		
140	mocho-diabo	*Asio stygius*		
	Ordem Trogoniformes			
	Família Trogonidae			
141	surucuá-de-barriga-amarela	*Trogon viridis*		
142	surucuá-variado	*Trogon surrucura*		
143	surucuá-dourado #	*Trogon chrysochloros*		
	Ordem Coraciiformes			
	Família Momotidae			
144	juruva #	*Baryphthengus ruficapillus*		
	Família Alcedinidae			
145	martim-pescador-grande	*Megaceryle torquata*		X
146	martim-pescador-verde	*Chloroceryle amazona*		X
147	martim-pescador-miúdo	*Chloroceryle aenea*		
148	martim-pescador-pequeno	*Chloroceryle americana*		

1999-2002 Centro de Férias	2000-2023 5 áreas do Sesc	2015-2023 Reserva Natural	2021-2022 5 áreas do Sesc	Página com a ficha da ave
	X		X	156
X	X	X		
	X	X	X	154
X	X		X	151
	X			
	X	X	X	154
X	X		X	230
X	X		X	126
			X	127
	X		X	178
	X		X	124
X	X		X	123
	X		X	125
X	X			
	X	X	X	236
			X	237
			X	237
	X		X	166
X	X		X	179
X	X		X	179
	X			
	X	X	X	177

N°	Espécie	Nome científico	Espécies ameaçadas de extinção	1993 Centro de Férias
	Ordem Piciformes			
	Família Ramphastidae			
149	tucanuçu	*Ramphastos toco*		
150	tucano-de-bico-preto	*Ramphastos vitellinus*	VU (1)	
151	tucano-de-bico-verde #	*Ramphastos dicolorus*		
152	araçari-poca #	*Selenidera maculirostris*	VU (3)	
153	araçari-banana #	*Pteroglossus bailloni*	VU (3)	
	Família Picidae			
154	picapauzinho-barrado	*Picumnus cirratus*		
155	picapauzinho-de-coleira #	*Picumnus temminckii*		X
156	benedito-de-testa-amarela #	*Melanerpes flavifrons*		
157	pica-pau-verde-carijó	*Veniliornis spilogaster*		X
158	pica-pau-de-banda-branca	*Dryocopus lineatus*		
159	pica-pau-de-cabeça-amarela	*Celeus flavescens*		X
160	pica-pau-bufador	*Piculus flavigula*		
161	pica-pau-dourado #	*Piculus aurulentus*		
162	pica-pau-verde-barrado	*Colaptes melanochloros*		
163	pica-pau-do-campo	*Colaptes campestris*		X
	Ordem Falconiformes			
	Família Falconidae			
164	acauã	*Herpetotheres cachinnans*		
165	falcão-caburé	*Micrastur ruficollis*		
166	falcão-relógio	*Micrastur semitorquatus*		
167	carcará	*Caracara plancus*		X
168	gavião-carrapateiro	*Milvago chimachima*		
169	quiriquiri	*Falco sparverius*		
170	cauré	*Falco rufigularis*		
171	falcão-de-coleira	*Falco femoralis*		
172	falcão-peregrino *	*Falco peregrinus*		

1999-2002 Centro de Férias	2000-2023 5 áreas do Sesc	2015-2023 Reserva Natural	2021-2022 5 áreas do Sesc	Página com a ficha da ave
	X	X	X	257
	X	X	X	255
X	X	X	X	256
			X	71
	X			
			X	197
X	X		X	198
	X		X	90
X	X	X	X	196
X	X		X	192
X	X		X	194
	X	X	X	193
			X	199
	X	X	X	195
X	X		X	192
			X	64
	X		X	134
			X	135
X	X		X	107
X	X		X	152
X	X	X		
	X			
X	X	X	X	134
	X		X	134

Nº	Espécie	Nome científico	Espécies ameaçadas de extinção	1993 Centro de Férias
	Ordem Psittaciformes			
	Família Psittacidae			
173	apuim-de-costas-pretas #	*Touit melanonotus*	VU (1,2,3)	
174	periquito-rico #	*Brotogeris tirica*		X
175	cuiú-cuiú #	*Pionopsitta pileata*		
176	sabiá-cica #	*Triclaria malachitacea*		
177	maitaca-verde	*Pionus maximiliani*		X
178	papagaio-verdadeiro	*Amazona aestiva*		
179	papagaio-moleiro	*Amazona farinosa*	CR (3)	
180	tuim	*Forpus xanthopterygius*		X
181	tiriba-de-testa-vermelha #	*Pyrrhura frontalis*		
182	periquitão	*Psittacara leucophthalmus*		
	Ordem Passeriformes			
	Família Thamnophilidae			
183	zidedê #	*Terenura maculata*		
184	choquinha-pequena #	*Myrmotherula minor*	VU (1,2,3)	
185	choquinha-cinzenta #	*Myrmotherula unicolor*		
186	choquinha-de-garganta-pintada #	*Rhopias gularis*		
187	choquinha-lisa	*Dysithamnus mentalis*		
188	choquinha-de-peito-pintado #	*Dysithamnus stictothorax*		
189	choquinha-de-asa-ferrugem #	*Dysithamnus xanthopterus*		
190	chorozinho-de-asa-vermelha	*Herpsilochmus rufimarginatus*		
191	choca-da-mata	*Thamnophilus caerulescens*		
192	chocão-carijó #	*Hypoedaleus guttatus*		
193	matracão	*Batara cinerea*		
194	borralhara #	*Mackenziaena severa*		
195	papa-formiga-de-grota #	*Myrmoderus squamosus*		
196	papa-taoca-do-sul #	*Pyriglena leucoptera*		
197	choquinha-de-dorso-vermelho #	*Drymophila ochropyga*		
198	pintadinho #	*Drymophila squamata*		

1999-2002 Centro de Férias	2000-2023 5 áreas do Sesc	2015-2023 Reserva Natural	2021-2022 5 áreas do Sesc	Página com a ficha da ave
			X	70
X	X		X	191
	X		X	131
			X	218
X	X		X	172
	X		X	182
	X	X	X	183
X	X		X	258
	X	X	X	249
	X			
			X	265
			X	115
			X	113
			X	111
	X		X	114
			X	115
			X	111
	X		X	116
	X		X	110
	X		X	111
			X	179
			X	99
			X	182
	X		X	185
			X	112
			X	200

Nº	Espécie	Nome científico	Espécies ameaçadas de extinção	1993 Centro de Férias
	Família Conopophagidae			
199	cuspidor-de-máscara-preta #	*Conopophaga melanops*		
200	chupa-dente	*Conopophaga lineata*		
	Família Grallariidae			
201	tovacuçu	*Grallaria varia*		
202	pinto-do-mato #	*Cryptopezus nattereri*		
	Família Rhinocryptidae			
203	entufado #	*Merulaxis ater*		
204	macuquinho #	*Eleoscytalopus indigoticus*		
205	tapaculo-preto #	*Scytalopus speluncae*		
	Família Formicariidae			
206	galinha-do-mato	*Formicarius colma*		
207	tovaca-campainha	*Chamaeza campanisona*		
	Família Scleruridae			
208	vira-folhas #	*Sclerurus scansor*		
	Família Dendrocolaptidae			
209	arapaçu-verde	*Sittasomus griseicapillus*		
210	arapaçu-liso #	*Dendrocincla turdina*		
211	arapaçu-grande	*Dendrocolaptes platyrostris*		
212	arapaçu-de-garganta-branca	*Xiphocolaptes albicollis*		
213	arapaçu-rajado #	*Xiphorhynchus fuscus*		
214	arapaçu-de-cerrado	*Lepidocolaptes angustirostris*		
215	arapaçu-escamoso-do-sul #	*Lepidocolaptes falcinellus*		
	Família Xenopidae			
216	bico-virado-miúdo	*Xenops minutus*		X
217	bico-virado-carijó	*Xenops rutilans*		
	Família Furnariidae			
218	joão-de-barro	*Furnarius rufus*		X
219	joão-porca	*Lochmias nematura*		
220	trepador-sobrancelha #	*Cichlocolaptes leucophrus*		
221	trepadorzinho #	*Heliobletus contaminatus*		

1999-2002 Centro de Férias	2000-2023 5 áreas do Sesc	2015-2023 Reserva Natural	2021-2022 5 áreas do Sesc	Página com a ficha da ave
	X		X	130
	X		X	115
			X	251
			X	199
			X	133
			X	171
			X	240
X	X		X	148
			X	251
			X	265
			X	74
			X	73
			X	71
	X		X	71
			X	74
X	X		X	72
			X	71
X	X		X	96
			X	99
X	X	X	X	165
			X	166
			X	252
			X	251

N°	Espécie	Nome científico	Espécies ameaçadas de extinção	1993 Centro de Férias
222	limpa-folha-coroado #	*Philydor atricapillus*		
223	trepador-quiete	*Syndactyla rufosuperciliata*		
224	limpa-folha-de-testa-baia	*Dendroma rufa*		
225	barranqueiro-de-olho-branco #	*Automolus leucophthalmus*		
226	arredio-pálido #	*Cranioleuca pallida*		
227	curutié	*Certhiaxis cinnamomeus*		
228	pichororé #	*Synallaxis ruficapilla*		
229	joão-teneném	*Synallaxis spixi*		
	Família Pipridae			
230	tangarazinho #	*Ilicura militaris*		
231	tangará #	*Chiroxiphia caudata*		
232	rendeira	*Manacus manacus*		
	Família Cotingidae			
233	corocoxó #	*Carpornis cucullata*		
234	pavó	*Pyroderus scutatus*		
235	araponga #	*Procnias nudicollis*	VU (1)	X
	Família Tityridae			
236	flautim #	*Schiffornis virescens*		
237	anambé-branco-de-bochecha--parda	*Tityra inquisitor*		
238	caneleiro	*Pachyramphus castaneus*		
239	caneleiro-preto **	*Pachyramphus polychopterus*		
240	caneleiro-bordado	*Pachyramphus marginatus*		
241	caneleiro-de-chapéu-preto **	*Pachyramphus validus*		
	Família Oxyruncidae			
242	araponga-do-horto	*Oxyruncus cristatus*		
	Família Onychorhynchidae			
243	assanhadinho	*Myiobius barbatus*		
	Família Platyrinchidae			
244	patinho	*Platyrinchus mystaceus*		

1999-2002 Centro de Férias	2000-2023 5 áreas do Sesc	2015-2023 Reserva Natural	2021-2022 5 áreas do Sesc	Página com a ficha da ave
	X		X	169
			X	251
			X	169
	X		X	81
			X	74
	X	X	X	129
X	X		X	199
	X	X	X	166
			X	239
	X		X	238
	X		X	210
			X	120
	X		X	189
X	X		X	75
	X		X	139
X	X		X	66
			X	105
			X	105
			X	104
X	X	X	X	105
			X	74
			X	76
			X	188

Nº	Espécie	Nome científico	Espécies ameaçadas de extinção	1993 Centro de Férias
	Família Rhynchocyclidae			
245	abre-asa-de-cabeça-cinza #	*Mionectes rufiventris*		X
246	cabeçudo	*Leptopogon amaurocephalus*		
247	borboletinha-do-mato	*Phylloscartes ventralis*		
248	bico-chato-de-orelha-preta	*Tolmomyias sulphurescens*		
249	teque-teque #	*Todirostrum poliocephalum*		X
250	ferreirinho-relógio	*Todirostrum cinereum*		X
251	tororó	*Poecilotriccus plumbeiceps*		
252	miudinho	*Myiornis auricularis*		
253	tiririzinho-do-mato #	*Hemitriccus orbitatus*		
	Família Tyrannidae			
254	gibão-de-couro	*Hirundinea ferruginea*		
255	risadinha	*Camptostoma obsoletum*		
256	guaracava-de-barriga-amarela	*Elaenia flavogaster*		
257	guaracava-de-crista-branca *	*Elaenia chilensis*		
258	tuque-pium **	*Elaenia parvirostris*		
259	tuque	*Elaenia mesoleuca*		
260	piolhinho	*Phyllomyias fasciatus*		
261	piolhinho-serrano #	*Phyllomyias griseocapilla*		
262	alegrinho	*Serpophaga subcristata*		
263	capitão-castanho *	*Attila phoenicurus*		
264	capitão-de-saíra	*Attila rufus*		X
265	bem-te-vi-pirata **	*Legatus leucophaius*		X
266	irré **	*Myiarchus swainsoni*		
267	maria-cavaleira	*Myiarchus ferox*		X
268	vissiá	*Rhytipterna simplex*		
269	bem-te-vi **	*Pitangus sulphuratus*		X
270	suiriri-cavaleiro	*Machetornis rixosa*		X
271	bem-te-vi-rajado **	*Myiodynastes maculatus*		
272	nei-nei	*Megarynchus pitangua*		

1999-2002 Centro de Férias	2000-2023 5 áreas do Sesc	2015-2023 Reserva Natural	2021-2022 5 áreas do Sesc	Página com a ficha da ave
X	X	X	X	63
			X	100
			X	98
		X	X	94
X	X		X	242
X	X		X	141
			X	250
	X			
			X	243
	X	X	X	157
X	X	X	X	211
X	X		X	159
			X	160
			X	260
	X		X	259
			X	199
			X	201
X	X			
			X	105
X	X	X	X	106
X	X		X	90
			X	162
X	X	X	X	173
			X	264
X	X		X	91
X	X		X	235
X	X		X	92
	X	X	X	181

Nº	Espécie	Nome científico	Espécies ameaçadas de extinção	1993 Centro de Férias
273	bentevizinho-de-penacho--vermelho	*Myiozetetes similis*		X
274	suiriri **	*Tyrannus melancholicus*		X
275	tesourinha **	*Tyrannus savana*		X
276	peitica **	*Empidonomus varius*		
277	viuvinha	*Colonia colonus*		
278	freirinha	*Arundinicola leucocephala*		X
279	lavadeira-mascarada	*Fluvicola nengeta*		
280	príncipe **	*Pyrocephalus rubinus*		
281	tesoura-cinzenta #	*Muscipipra vetula*		
282	filipe **	*Myiophobus fasciatus*		X
283	enferrujado **	*Lathrotriccus euleri*		
284	papa-moscas-cinzento	*Contopus cinereus*		
285	suiriri-pequeno	*Satrapa icterophrys*		X
	Família Vireonidae			
286	pitiguari	*Cyclarhis gujanensis*		
287	verdinho-coroado #	*Hylophilus poicilotis*		
288	juruviara **	*Vireo chivi*		X
	Família Corvidae			
289	gralha-do-campo	*Cyanocorax cristatellus*		
	Família Hirundinidae			
290	andorinha-pequena-de-casa	*Pygochelidon cyanoleuca*		X
291	calcinha-branca	*Atticora tibialis*		
292	andorinha-serradora **	*Stelgidopteryx ruficollis*		X
293	andorinha-grande **	*Progne chalybea*		X
294	andorinha-de-sobre-branco	*Tachycineta leucorrhoa*		
295	andorinha-de-bando *	*Hirundo rustica*		
	Família Troglodytidae			
296	corruíra	*Troglodytes musculus*		X
297	garrinchão-de-bico-grande	*Cantorchilus longirostris*		X

1999-2002 Centro de Férias	2000-2023 5 áreas do Sesc	2015-2023 Reserva Natural	2021-2022 5 áreas do Sesc	Página com a ficha da ave
X	X		X	93
X	X		X	234
X	X		X	243
X	X	X	X	190
			X	265
X	X		X	141
X	X	X	X	168
X	X	X	X	204
			X	240
X	X		X	141
	X		X	132
			X	184
X	X			
	X		X	201
			X	265
X	X	X	X	167
	X			
	X	X		X	68
			X	99
X	X	X	X	68
X	X	X	X	67
	X			
		X	X	64
X	X		X	121
X	X		X	146

N°	Espécie	Nome científico	Espécies ameaçadas de extinção	1993 Centro de Férias
	Família Polioptilidae			
298	chirito	*Ramphocaenus melanurus*		
	Família Donacobiidae			
299	japacanim	*Donacobius atricapilla*		
	Família Turdidae			
300	sabiá-una *	*Turdus flavipes*		X
301	sabiá-barranco	*Turdus leucomelas*		
302	sabiá-laranjeira	*Turdus rufiventris*		X
303	sabiá-poca **	*Turdus amaurochalinus*		X
304	sabiá-coleira	*Turdus albicollis*		
	Família Mimidae			
305	sabiá-do-campo	*Mimus saturninus*		
	Família Estrildidae			
306	bico-de-lacre	*Estrilda astrild*		X
	Família Passeridae			
307	pardal	*Passer domesticus*		X
	Família Motacillidae			
308	caminheiro-zumbidor	*Anthus chii*		X
	Família Fringillidae			
309	pintassilgo	*Spinus magellanicus*		
310	fim-fim	*Euphonia chlorotica*		X
311	gaturamo	*Euphonia violacea*		
312	ferro-velho #	*Euphonia pectoralis*		X
	Família Passerellidae			
313	tico-tico-do-campo	*Ammodramus humeralis*		
314	tico-tico	*Zonotrichia capensis*		X
	Família Icteridae			
315	polícia-inglesa-do-sul	*Leistes superciliaris*		X
316	japuíra	*Cacicus chrysopterus*		
317	guaxe	*Cacicus haemorrhous*		X
318	corrupião	*Icterus jamacaii*		

1999-2002 Centro de Férias	2000-2023 5 áreas do Sesc	2015-2023 Reserva Natural	2021-2022 5 áreas do Sesc	Página com a ficha da ave
	X		X	109
			X	164
X	X	X	X	217
	X		X	218
X	X		X	215
X	X		X	216
	X		X	213
X	X	X	X	214
X	X		X	95
X	X		X	186
X			X	102
	X			
X	X		X	138
X	X		X	147
X	X		X	136
	X			
X	X	X	X	244
X				
			X	164
X			X	161
	X			

N°	Espécie	Nome científico	Espécies ameaçadas de extinção	1993 Centro de Férias
319	iraúna-grande	*Molothrus oryzivorus*		
320	chupim	*Molothrus bonariensis*		X
321	pássaro-preto	*Gnorimopsar chopi*		
	Família Parulidae			
322	pia-cobra	*Geothlypis aequinoctialis*		X
323	mariquita	*Setophaga pitiayumi*		
324	pula-pula-assobiador	*Myiothlypis leucoblephara*		
325	pula-pula-ribeirinho	*Myiothlypis rivularis*		
326	pula-pula	*Basileuterus culicivorus*		
	Família Mitrospingidae			
327	catirumbava #	*Orthogonys chloricterus*		
	Família Cardinalidae			
328	tiê-de-bando #	*Habia rubica*		
	Família Thraupidae			
329	saíra-de-chapéu-preto	*Nemosia pileata*		
330	saí-verde	*Chlorophanes spiza*		
331	saíra-ferrugem #	*Hemithraupis ruficapilla*		
332	saí-andorinha **	*Tersina viridis*		
333	saí-azul	*Dacnis cayana*		X
334	trinca-ferro	*Saltator similis*		
335	bico-de-pimenta #	*Saltator fuliginosus*		
336	cambacica	*Coereba flaveola*		X
337	tiziu	*Volatinia jacarina*		X
338	tiê-de-topete	*Trichothraupis melanops*		
339	tiê-galo	*Loriotus cristatus*		
340	tiê-preto #	*Tachyphonus coronatus*		X
341	tiê-sangue #	*Ramphocelus bresilia*		X
342	bigodinho **	*Sporophila lineola*		
343	baiano	*Sporophila nigricollis*		
344	papa-capim-de-costas-cinza	*Sporophila ardesiaca*		
345	coleirinho **	*Sporophila caerulescens*		X

1999-2002 Centro de Férias	2000-2023 5 áreas do Sesc	2015-2023 Reserva Natural	2021-2022 5 áreas do Sesc	Página com a ficha da ave
			X	162
X	X	X	X	117
	X			
X	X	X	X	192
X		X	X	175
			X	205
	X		X	206
	X		X	205
	X		X	108
			X	243
			X	221
		X	X	225
			X	221
X		X	X	218
X	X		X	219
	X		X	253
			X	99
X	X		X	101
X	X	X	X	243
			X	245
X	X		X	246
X	X	X	X	247
X	X		X	248
X	X	X		
	X			
	X	X		
X	X	X	X	118

Nº	Espécie	Nome científico	Espécies ameaçadas de extinção	1993 Centro de Férias
346	saí-canário	*Thlypopsis sordida*		X
347	figuinha-de-rabo-castanho	*Conirostrum speciosum*		
348	figuinha-do-mangue	*Conirostrum bicolor*	VU(3)	
349	canário-da-terra	*Sicalis flaveola*		X
350	cigarra-bambu #	*Haplospiza unicolor*		
351	saíra-viúva	*Pipraeidea melanonota*		
352	sanhaço-cinzento	*Thraupis sayaca*		X
353	sanhaço-do-coqueiro	*Thraupis palmarum*		X
354	sanhaço-de-encontro-amarelo #	*Thraupis ornata*		
355	sanhaço-de-encontro-azul #	*Thraupis cyanoptera*		
356	saíra-sapucaia #**	*Stilpnia peruviana*	VU(3)	
357	saíra-amarela	*Stilpnia cayana*		
358	saíra-sete-cores #	*Tangara seledon*		
359	saíra-militar #	*Tangara cyanocephala*		
360	saíra-lagarta #	*Tangara desmaresti*		

OBS: Os dados dos estudos realizados em 1993, 1999, 2015 e entre 2000 e 2023 foram reavaliados tecnicamente quanto à classificação taxonômica atual e ocorrência no município de Bertioga. Com isso, os números totais de espécies de cada estudo sofreram uma pequena variação em relação às publicações originais. As publicações referentes aos anos mencionados são: 1993 (Sesc 1995); 1999-2002 (Sesc 2004); 2000-2023 (Sesc 2023a); 2015-2023 (Sesc 2015 e Sesc 2023a) e 2021-2023 (Sesc 2023b).

1999-2002 Centro de Férias	2000-2023 5 áreas do Sesc	2015-2023 Reserva Natural	2021-2022 5 áreas do Sesc	Página com a ficha da ave
X	X	X	X	220
			X	141
			X	137
X	X		X	103
			X	115
X		X	X	228
X			X	226
X	X		X	227
X	X			
	X	X	X	228
	X		X	223
	X		X	221
X		X	X	224
	X		X	222
			X	221

Sesc 1995. *Aves que habitam o Sesc Bertioga*. Projeto Avifauna. 66 p.

Sesc 2004. *Aves do Sesc Bertioga. Projeto Avifauna*. 171 p.

Sesc 2015. *Plano de Manejo da Reserva Natural Sesc Bertioga*. Relatório Técnico.

Sesc 2023a. *Inventário de aves do Projeto Avifauna*. Base de dados digital do Projeto Avifauna.

Sesc 2023b. *Inventário ornitológico de 5 áreas naturais do Sesc Bertioga - SP e elaboração de textos gerais e fichas técnicas das aves*. Relatório Técnico.

Glossário

Antropizado: alterado pela ação humana.

Aves migratórias: aves que realizam deslocamentos sazonais anuais de ida e volta, de curta, média ou longa distância, entre os locais de reprodução e não reprodução (invernagem), em razão de condições adversas, como clima e disponibilidade de alimento, que impedem que fiquem o ano todo na mesma região.

Biodiversidade: variedade de organismos vivos que existem em uma região, incluindo plantas, animais, fungos e microrganismos; diz respeito também a toda diversidade de inter-relações existentes entre esses organismos. A biodiversidade é importante para a saúde dos ambientes naturais e a sobrevivência dos seres humanos, de suas culturas e de sua economia.

Bioma: extensa região da Terra com características bem específicas e relativamente homogêneas em termos de clima e aparência geral da vegetação. No Brasil são reconhecidos seis grandes biomas terrestres – Amazônia, Mata Atlântica, Caatinga, Cerrado, Pantanal e Pampas – além do bioma marinho. O Sesc Bertioga está localizado no bioma da Mata Atlântica, cuja biodiversidade é considerada uma das maiores do mundo.

Capoeira: local de mata que foi roçado ou queimado para cultivo ou outra finalidade. Vegetação secundária ou mato ralo que cresce onde foi derrubada a mata virgem.

Ciência cidadã: também chamada de ciência colaborativa, consiste na participação direta de pessoas comuns em atividades científicas, como coleta de dados, análise de resultados e divulgação de conhecimento. Nos estudos da biologia das aves, os cientistas cidadãos são voluntários ao redor do mundo monitorando e documentando as diversas espécies em relação a aspectos como presença, número, localidade, época, ambiente e comportamento. A atuação deles é fundamental para a obtenção de um volume maior de dados, que cientistas e pesquisadores não conseguiriam obter sozinhos.

Dimorfismo sexual: ocorre quando indivíduos do sexo masculino e feminino de uma espécie apresentam características físicas não sexuais muito diferentes.

Espécies endêmicas: espécies cuja distribuição natural está restrita a determinada região geográfica. Por exemplo, a saíra-sapucaia, presente no Sesc Bertioga, é endêmica da região de Mata Atlântica. O Brasil é um dos países com maior número de aves endêmicas no mundo – são quase 300 espécies de aves que não existem em nenhum outro país.

Estuário: embocadura de um rio que forma uma larga chanfradura no traçado do litoral, sujeita aos efeitos da maré. Corresponde geralmente a um vale submerso pela transgressão marinha.

Frugívoro: que se alimenta de frutas.

Insetívoro: que se alimenta de insetos.

Manguezal: tipo de vegetação presente na foz de rios que deságuam no mar, na zona onde a água doce se mistura com a salgada. É formado por árvores chamadas de mangues, que crescem em cima do lodo preto, e muito rico em nutrientes, que se depositam ao serem trazidos pela água do rio. Os manguezais são berçários da vida marinha, pois grande número de organismos marinhos procura suas águas extremamente nutritivas na época da reprodução.

Mata ciliar: cobertura vegetal nativa presente nas margens de rios, lagos e represas. O nome "mata ciliar" vem do fato de essa vegetação ser tão importante para a proteção dos corpos de água como são os cílios para nossos olhos.

Mata paludosa: vegetação em solo com alta concentração de água.

Nectarívoro: que se alimenta de néctar das flores.

Onomatopaico: adjetivo formado a partir de uma *onomatopeia*.

Onomatopeia: palavra formada a partir de um som natural relacionado, como o *tique-taque* do relógio.

Ornitologia, ornitólogos: ornitologia é a ciência que estuda as aves em todos os seus aspectos – biologia, classificação, ecologia, comportamento, anatomia, fisiologia, evolução, genética, distribuição geográfica, conservação etc. Ornitólogos são cientistas especialistas em aves.

Recomposição ambiental: processo de replantio e melhora ambiental de áreas que tiveram sua vegetação original removida ou descaracterizada. Os projetos de recomposição ambiental visam à recuperação de locais degradados e incluem o plantio de espécies vegetais nativas. Com esse enriquecimento da vegetação nativa, muitas espécies animais voltam a se estabelecer no ambiente, atraídas pela maior oferta de alimentos, abrigo e locais de reprodução. Desse modo, o principal objetivo da recomposição ambiental é o aumento da biodiversidade.

Residentes: espécies que vivem em uma região o ano todo e lá se reproduzem. Alguns exemplos de aves residentes no Sesc Bertioga são o bem-te-vi, a cambacica e a corruíra.

Restinga: planícies arenosas existentes ao longo da costa, logo após a praia e um pouco mais elevadas que ela, de modo que a água do mar não as atinge. Sobre essas planícies, formadas pelo depósito da areia trazida pelas ondas durante milhares de anos, crescem vários tipos de vegetação nativa, também chamadas de restinga, que podem se constituir de vegetação rasteira a matas altas.

Serviços ecossistêmicos: bens e serviços de importância econômica, ambiental e social proporcionados às pessoas e à sociedade como um todo pelos ecossistemas. Eles incluem: (1) serviços de regulação – benefícios advindos da regulação natural dos processos ambientais, como moderação de eventos climáticos, purificação do ar e da água, controle de erosões, deslizamentos e enchentes, minimização de secas, controle de pragas e doenças; (2) serviços de provisão – produtos obtidos a partir dos ecossistemas, como água, alimentos, madeira, fertilizantes, fibras, produtos farmacêuticos; (3) serviços culturais – benefícios não materiais com valor recreativo, terapêutico, científico, educacional, cultural, espiritual, estético, histórico; (4) serviços de suporte – serviços que garantem a presença da vida na Terra e permitem a existência dos demais serviços ecossistêmicos, como ciclagem de nutrientes, decomposição de resíduos, formação e manutenção do solo, polinização e dispersão de sementes, proteção contra radiação solar ultravioleta.

Vertebrados: animais dotados de coluna vertebral e de crânio rígido que protege o cérebro. Os vertebrados incluem organismos conhecidos por nós como aves, mamíferos, anfíbios, répteis e peixes.

Sobre o autor e os colaboradores

Fabio Schunck é biólogo, ornitólogo, anilhador de aves e doutor em Zoologia pela Universidade de São Paulo. Membro do Comitê Brasileiro de Registros Ornitológicos e da Sociedade Brasileira de Ornitologia. Desenvolve pesquisa com comunidades de aves, história natural, migração e resgate de dados históricos. Colabora com projetos de espécies ameaçadas de extinção, taxonomia, biogeografia, evolução, virologia, malária aviária e educação ambiental. Publicou mais de oitenta artigos científicos, além de dezenas de textos de divulgação científica e capítulos de livros.

Marcelo Bokermann é graduado em Biologia e Música. É escritor, compositor, ilustrador científico e taxidermista, com artigos publicados principalmente na área da ornitologia. Atualmente é supervisor do Setor de Educação para a Sustentabilidade do Sesc Bertioga, sendo funcionário do Sesc São Paulo desde 2000 e realizando trabalhos nas áreas de educação ambiental, difusão científica e conservação da biodiversidade.

Martha Argel é bióloga e doutora em Ecologia, tendo trabalhado com ciência e meio ambiente por mais de três décadas. É coautora de *Aves do Brasil – Pantanal & Cerrado* e *Aves do Brasil – Mata Atlântica do Sudeste*. Escreveu ainda livros-texto de Biologia e Ciências, livros de divulgação científica e vários artigos acadêmicos, além de romances e coletâneas de contos.

Este livro foi composto com as famílias tipográficas
Strawford e Utopia e impresso no papel Offset 120g/m²
no miolo e Supremo Alta Alvura 250g/m² na capa,
na gráfica PifferPrint em dezembro de 2024.

MISTO
Papel | Apoiando o manejo
florestal responsável
FSC® C044162